中国政策科学研究会国家安全政策委员会

ZHONGGUOZHENGCEKEXUEYANJIUHUIGUOJIAANQUANZHENGCEWEIYUANHUI

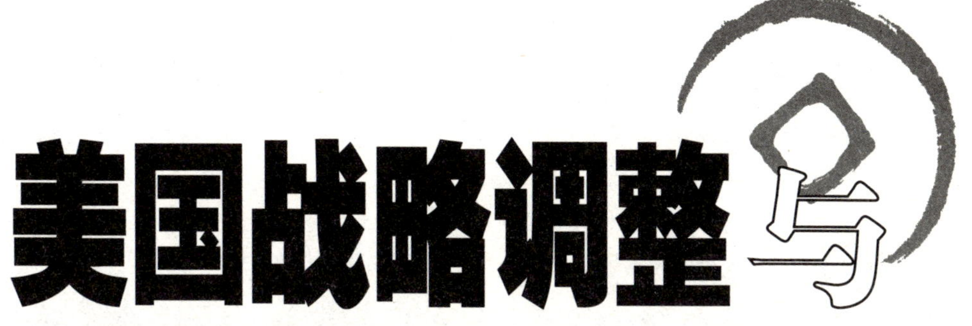

中国国家安全

第十一届中国国家安全论坛论文集

◆ 主　编　巴忠倓

◆ 副主编　糜振玉　俞　源　彭光谦

时 事 出 版 社

主　编：巴忠倓

副主编：糜振玉　俞　源　彭光谦

编委会委员（按拼音字母排列）

郭福全　华　野　孔令铜　李庆功

吕　伟　乔　良　漆　谦　孙　峰

王湘穗　王宪磊　王彦丰　徐长银

薛崇民　张杰刚　赵天民　朱国林

目　录

赵南起上将的贺词

赵南起

中美关系是目前世界最重要的双边关系。中国政策科学研究会国家安全政策委员会召开第十一届年会，专题讨论美国战略调整与中国国家安全，对中美关系的长期发展和近期走势作出判断，并研究战略对策，这对维护我国安全发展的大环境很有价值。党的十八大报告指出，人类只有一个地球，各国共处一个世界。历史昭示我们，弱肉强食不是人类共存之道，穷兵黩武无法带来美好世界。要和平不要战争，要发展不要贫穷，要合作不要对抗，我们要努力推动建设公正、和平、共同繁荣的和谐世界。希望与会同志以十八大精神为指导，畅所欲言，为维护国家安全建言献策。预祝会议取得圆满成功！

赵南起

2012 年 12 月 8 日

应对美国战略重心东移，关键是把我们自己的事情做好

——全国政协副主席李金华同志在开幕式上的讲话

李金华

各位专家、同志们，大家上午好！

中国国家安全论坛已经第十一届了，讨论美国战略调整与中国国家安全，我觉得这个议题安排的非常及时，也是非常必要的。

大家知道中美关系已经超出双边关系的范畴，牵动着世界形势的变化，中美关系平稳发展已经成为稳定世界形势的重要因素。中美关系跌宕起伏必将对世界经济政治形势产生深远影响。所以评估我国的安全环境，首先要评估中美关系的状况。我对中美关系没有深入研究，主要向各位专家、学者请教，我把最近思考的一些问题提出来，希望抛砖引玉，共同研讨。

1. 中美既是战略伙伴关系，也是战略对手关系。建国以来，特别是改革开放30多年来，美国对中国的经济发展起到一定的积极的推动作用，但是每当我们遇到问题、遇到麻烦时，背后都

有一个共同的推手，就是美国。美国的这次战略重心东移，主要是要对中国进行遏制，但是美国对中国的遏制不是从这次战略转移才开始的。为什么美国长期以来一直不断地、千方百计地遏制中国的发展？这是值得我们深思的。

我分析有几个原因：第一，是价值观念。美国价值观念、社会制度与我们不一样，或者说它所代表的国家根本利益不一样。共产主义幽灵在世界上刚刚出现的时候，美国统治阶级就视为仇敌，一定要消灭共产主义。苏联解体的时候，美国统治阶级欣喜若狂。作为美国的价值观，在它的骨子里，就是要把社会主义搞垮。第二，近30年来，我国经济快速发展，由原来一个经济比较落后的国家发展成为一个世界经济大国，仅次于美国，老大对老二总要千方百计地进行压制。这些年来，美国对中国的遏制跟我国经济快速发展密切相关。他不希望中国的经济能够赶上它甚至超过它。第三，美国一旦国内矛盾激化的时候，总要出台很多的反华政策。美国有那么庞大的军事工业，它生产这些东西不是自我消费的，这些产品如何销出去？多年来美国一直充当世界警察。它通过遏制中国，同时与其他国家结盟，使这些国家大量向美国购买武器。第四，金融危机以后，美国国内经济一蹶不振，它千方百计地嫁祸于中国，把责任推到中国头上。这一系列的事情说明什么？我们和美国既是战略伙伴关系，同时美国也把中国当作战略对手。

美国对中国的遏制不是短时间的。为什么？价值观念不可能改变，社会制度不可能改变。我们坚持走中国特色社会主义道路，绝不去实施西方那个所谓民主制度，而美国就是要把你纳入它的轨道。它在世界上不断挑起别国内乱，就是想把它的价值观念输出给别人。

中国经济发展是任何国家、任何力量阻挡不了的。但是我们也不要过于看重我们经济总量赶上美国、超过美国。即使中国经济总量超过美国，中国也还不是一个经济强国。但中国超过美国总有一天是可以做到的，这是历史发展的大趋势。

既然中国和美国之间的较量是长期的，我们就应该做持久较量的准备。不要对任何一个美国的领导人寄予任何不切实际的希望，不论哪个党上台都是一样的。因为它基本的东西是确定的，改变不了的。

2. 美国全球战略重心将向亚洲持续转移。美国国防部公开宣布将其60%的军事力量部署在亚太地区。全世界都十分清楚美国的主要目标是对准中国的。它逐步形成一道遏制中国的包围圈，特别是拉拢日本、韩国、澳大利亚、菲律宾、新加坡以及印度、越南，这个态势是非常清楚的。

当然，形势的发展，不可能完全以美国的意愿为转移。任何事物都是有正必有反，有利必有弊。我们要善于分析和利用各方面的矛盾。比如，美国跟日本虽然是互相利用，但是日本右翼势力一旦上台，是什么结果，对美是福是祸还很难说。我们研究国家安全战略，要用马克思主义哲学观点分析这些矛盾，光看美国还不行，还要看日本、韩国、澳大利亚以及我们周边这些国家。要把矛盾的脉络整理清楚。美国拉拢再多的国家，但是它们之间有利益共同的一面，也有矛盾的一面，而且这些周边国家跟中国在经济上也是相互依赖的。

3. 应对美国战略重心东移关键还是做好我们自己的工作。习近平总书记提出了努力实现中国梦，实现中华民族伟大复兴的宏伟目标。要认真贯彻落实我们党制定的整体战略和主要任务。任何事物的发展，内因是根本，外因是条件，所以我们要想在这场较量中取得主动权，首先还是要把我们自己的事情办好。把中国由现在一个经济大国真正发展成一个经济强国。

中国的实力、中国的人均经济、科技等方面的水平，与美国的差距还是比较大的。我们现在的经济总量在世界上是第二位，但是人均大概在100位左右。真正要赶上美国现有水平，我们还要有相当长的路要走。

同时，中国特色社会主义制度，本身也有一个不断改革和完善的过程。为什么这些年很多的企业家带着资金、带着护照跑到国外去？原因很多，我们的社会主义市场经济还不够完善恐怕是其中之一。还有一个问题是中国如何尽快建成一个成熟的法制国家、法制社会、法制政府。民主和法制是分不开的，没有法制就不可能有民主，民主一定是在法制的前提下实现的。所以我们改革开放这方面的任务还很繁重，当前迫切需要解决的是如何尽快完善我们的市场经济体制。

4. 国家安全意识一定要从青少年教育开始抓起。什么是爱国主义？爱国主义很重要的一条就是大家都要维护国家的安全、维护国家最高利益。我希望把国家安全基本理念列入小学、中学、大学教育课程。很多年轻人对于国家安全、中美关系的了解是不够的，应当引起我们的高度重视。

我希望各位专家、学者能够在这些问题上多提出一些高见，不仅从理论、认识上提建议，更多地从实际上，我们应该怎么做，多提出建设性的意见和建议。

（根据记录整理，未经本人审阅）

以十八大精神为指导，认真研究美国战略调整

——中国政策科学研究会国家安全政策委员会巴忠倓会长致开幕词

巴忠倓

尊敬的李金华副主席，尊敬的各位领导、各位专家，上午好！

第十一届中国国家安全论坛今天开幕了，在此，我谨代表论坛组委会对莅临本届论坛的全国政协李金华副主席，对各位领导、专家表示热烈的欢迎，并对大家在繁忙的工作中抽出宝贵时间，放弃周末休息来参加这次论坛，表示衷心的感谢。

本届论坛的主题是“美国战略调整与中国国家安全”，论坛组委会今年选定这个主题，主要是为了进一步加强对美国问题的研究，对影响我国当前乃至今后相当长一段时间的主要战略因素，进行深入的前瞻性的系统分析和综合评估，从维护和拓展我国安全利益的基本点出发，献计献策。

2012 年 11 月 6 日美国举行了总统选举，现任总统奥巴马赢得了第二个任期。从奥巴马执政四年的情况来看，美国全球战略重心，逐步向亚太地区转移，美国在我周边东西南北四大战略方

向加强军事部署、展开军事行动，企图构筑军事联盟、中国面临的战略压力日益增加。

2013 年 1 月 21 日，奥巴马将再次举行就任典礼，此后四年的任期，奥巴马的亚洲战略、对华战略将会如何调整，对我国国家安全将会产生什么影响，形成什么样的战略挑战？是我们大家都非常关注的问题。

我有三点初步看法：一是美国全球战略将更加偏重于亚洲，对亚洲的战略投入会继续加大，这是奥巴马政府的既定方针；二是美国亚洲战略将以美日、美韩、美菲、美澳、美泰联盟为基础，逐步把印度、越南等拉进去，加紧构建以美国为主导的太平洋联盟体系，拓展美国在亚洲的战略利益；三是美国对华战略军事因素将增长，针对我国东海、南海、东南沿海这几个战略方向的军事部署将明显加强，对我国实施以军事为后盾的战略遏制，将可能大于奥巴马的第一任期。

同时也应该看到，我国应对美国挑战的战略力量也在迅速增长，我国也掌握着应对美国挑战的诸多战略优势。面对美国咄咄逼人的战略攻势，我国与美合作、与美斗争都要加强。以斗争求团结才能使得中美关系大局实现稳定并得以发展，以上是我个人的初步看法，提出来与各位领导、专家探讨。

为了开好这次论坛，我有几点建议供大家参考：

1. 我们研究美国战略调整、研究对美关系，要以十八大精神为依据。2012 年 2 月，习近平总书记访问美国时指出，不相互制造麻烦，不逾越相互底线，协作伙伴关系才有进一步保证。2012 年 5 月，习近平总书记接见美国国务卿希拉里时指出，中美是政治制度、文化背景、经济发展水平不同的两个大国，构建新型大国关系就要有不到长城非好汉的决心和信心，也要有摸着石头过河的智慧。2012 年 9 月，习近平总书记对来访的美国国防部长说，希望美方从地区和平稳定大局出发，不要介入到主权争议，不做任何可能激化矛盾和令局势更加复杂的事情。习近平总书记这一系列重要讲话，和十八大的有关部署，都是我们研究美国战略调整的依据，我们应该紧紧围绕这些重要论述把中美关系运作好。

2. 我们研究美国战略调整、研究中美关系、研究对美斗争，要运用马克思主义辩证法，善于通过现象看本质，要坚持马列主义的基本观点。我们知道帝国主义是资本主义的最高阶段，它的本质是侵略和扩张。这几年来，美国的所作所为证明它并没有超越这个规律。把握好马克思主义的基本原理，这是非常重要的。要认真研究敌我友关系。毛泽东同志指出，谁是我们的敌人，谁是我们的朋友，这是革命的首要问题。我认为这是分析形势的一个颠扑不破的真理。尽管当前在分析敌我问题上不像战争年代那么清楚，正因为如此，我们需要下更大的工夫来研究和探讨。如果我们真的敌我不分，甚至认敌为友，那是要吃大亏的；要“听其言观其行”。这也是毛泽东主席的教导。我们同其他国家打交道，不仅看其怎么说，还要看其是怎么做的。行动是检验真理的试金石，光听好话不看行动是要上当受骗的；要根据战略目标作相应的军事部署。我搞过多年作战工作，我的体会是军队是政权的工具，军事部署是国家战略的生动体现，美国战略东移首先是兵力的东移，对此要有清醒的认识。

3. 研究中美关系要在深入分析判断的基础上，提出我国的应对策略，也就是我们通常所说的对策建议。这是我们这次研讨会的着眼点和落脚点。对策建议应该包括一个中心、两个方面、三个层次。所谓一个中心，就是确保我国的安全利益为中心；两个方面是，与美打交道，既讲互利合作，又要讲必要的斗争，要把握有利、有理、有节的原则；三个层次，就是提出的建议，既有战略性的、又有政策性的，还要有具体的改进措施。

我们面前的挑战将是长期的，体现在经济、政治、文化、外交、军事等各个领域。斗争是手段，求安全求发展是目的。要更好地维护我国的战略机遇期，使我国以经济建设为中心的全面建设得以顺利实施，保证十八大提出的到 2020 年国民经济总量和全国人民收入翻一番的目标得以实现。

希望大家围绕美国战略调整和国家安全这个主题各抒己见，知无不言、言无不尽，提出真知灼见。论坛结束以后我们将对大家的发言进行系统整理，呈有关部门参考。

相信在大家的共同努力下，我们论坛一定会取得重大成果，这些成果也必将对维护国家安全起到重要的参考作用。

北斗卫星导航与空间安全

中国科学院院士、国际宇航科学院院士、
北斗卫星导航系统工程总设计师　孙家栋

作为人类活动的第四维空间领域，太空对于国家的军事安全、经济增长、社会繁荣稳定及人类可持续发展具有重大价值。太空对于信息社会和知识经济的重要性，如同石油和电力对于工业社会的重要性一样。对太空及资源的控制和利用，已成为国家繁荣强盛的源泉，是国家安全的重要保障。

卫星导航系统是当今社会重要的时间和空间基准。美国建立的 GPS 卫星导航系统在我国已经广泛渗透到核心领域中，已成为保障国家经济社会正常运行的重要手段。为摆脱对 GPS 的依赖，党中央、国务院高瞻远瞩地做出重要战略决策，建立我国独立自主的卫星导航系统。目前北斗二号一期工程组网已经完成，即将正式投入运行使用，将为国家安全和空间安全提供强有力的保障。

一、北斗卫星导航的发展概况

（一）卫星导航系统的作用和地位

1. 国防安全的重要支撑

（1）提升军队信息化水平，提高远程机动和一体化作战能力；（2）提高精确打击能力，显著降低战争消耗和负面影响；（3）提高遏制危机、控制战局的能力；（4）增强武器突防和敌我识别能力，有效降低自身伤亡；（5）为航天器提供高精度测轨手段，提高天基行动能力。

2. 经济社会发展的重要保障

卫星导航已经广泛渗透到国家核心基础设施中，应用于经济建设和社会生活各个领域，是社会信息化、数字化的重要支撑：（1）为电信网、电力网、金融网提供时间基准；（2）为各种移动载体和运输工具提供导航和监控手段；（3）为基础设施建设与测绘提供高效低成本的作业手段。

3. 大国地位和综合国力的重要标志

建设与使用卫星导航系统可以集中体现科技、经济、工业和军事实力，能显著提高国际威望和对全球政治、经济和军事影响力。

美国不断提高 GPS 的精确度和抗干扰、抗攻击以及反利用能力，主导国际规则制定，极力保持其霸主地位。俄罗斯全面恢复 GLONASS，不断完善提高并加强应用推广。欧盟克服经费和管理等重重矛盾推进 GALILEO 组网。印度和日本积极筹建独立自主的区域卫星导航系统。

（二）北斗卫星导航系统的发展情况

1. 北斗卫星导航系统的建设意义及步骤

北斗卫星导航系统建设的重要性主要体现在四点上：一是国际竞争必须抢占的战略制高点；二是提高基于信息系统体系行动能力的重要支点；三是加快战斗力生成模式转变的重要着力点；四是世界经济和科技领域博弈的焦点。

北斗卫星导航系统按照三步走的总体规划，“先区域、后全球，先有源、后无源”的总体发展思路分步实施，形成突出区域、面向全球、富有特色的北斗卫星导航系统发展道路。把北斗系统建成世界一流卫星导航系统。

2. 北斗卫星导航系统建设情况

北斗卫星导航试验系统（有源导航）于1994年启动建设，2000年形成区域有源服务能力，2003年建成。由3颗地球静止轨道卫星组成，两颗工作星，一颗在轨备份星。能为我国及周边地区的中低动态用户提供快速定位、短报文通信和授时服务。有源定位精度20米，120个汉字的短报文通信。

北斗卫星导航区域系统（无源导航+有源导航），于2004年8月启动建设，由5颗地球静止轨道（GEO）卫星、5颗倾斜同步轨道（IGSO）卫星和4颗中圆轨道（MEO）卫星共14颗卫星组成。2012年10月完成了“5+5+4”星座的建设。定位精度在重点地区是10米，其他地区是20米，提升了短报文通信能力。

北斗卫星导航全球系统（无源导航+有源导航），由3颗GEO、3颗IGSO和24颗MEO卫星组成，2014年开始试验星发射，2016年左右开始组网发射，2020年建成全球系统，实现区域系统到全球系统的平稳过渡。到时覆盖全球范围，重点地区定位精度是5米，其他地区是10米，短报文通信容量提升10倍以上，系统精度性能和可靠性达到世界一流水平。

二、北斗卫星导航的应用情况

（一）1. 北斗芯片终端研制工作全面展开

北斗芯片终端，包括基带芯片、射频芯片、天线、高精度测量OEM板等产品的研制工作已全面展开。目前北斗芯片研制已取得重要进展，国内具有自主知识产权的北斗/GPS双模芯片已经在车载终端中得到了实际应用。

（二）北斗行业和区域示范项目稳步推进，初见成效

交通运输部“重点运输过程监控管理示范”，中国气象局“基于北斗导航卫星的大气、海洋和空间监测预警示范”，广东省“珠三角卫星导航应用示范”已经实施，初显成效。

公安，民政减灾，旅游，农业、林业和成渝地区，湖南省、陕西省等行业与区域示范项目正在抓紧组织论证和启动实施。

（三）位置网和地基增强网完成初步论证

中国位置网是北斗位置服务的基础共性平台，可大大推动北斗的应用发展，构建北斗应用现代产业链。现已完成总体方案论证。

北斗地基增强网可以为大众和行业提供米级、分米级、厘米级的精准导航服务。现已完成方案论证和演示验证。

(四) 北斗应用完善相关政策和服务，逐步走出国门

积极制定了政策法规，出台北斗相关的国家标准和行业标准，逐步构建产业推进和保障体系。已完成国际 GNSS 监测评估服务 iGMAS 的体系架构设计，具备实施条件。已开展北斗进入国际民航组织 ICAO 和国际海事组织 IMO 标准框架的工作。

三、北斗卫星导航与空间安全

空间安全已经成为国家安全的重要组成部分，维护空间安全是维护国家安全和发展的基石。谁能有效地进入空间、利用空间和控制空间，谁就能取得政治、经济、科技和军事战略上的优势。北斗卫星导航系统是我国重要的空间资源，对我国及全球的政治、经济和军事极具影响力，北斗卫星导航与空间安全的关系密切。

(一) 北斗卫星导航为我国空间安全提供有力支撑

北斗卫星导航系统作为我国重要的空间资源，已经成为我国信息化战争的战略制高点和信息产业重要的经济增长点。

北斗卫星导航将成为我国信息化战争的时间和空间基准，在战场建设、精确打击、指挥决策、态势感知等方面能发挥巨大作用，能够显著提高部队的战斗力和整体作战效能，对战争的进程和胜负产生重要影响。

北斗卫星导航是保障我国经济社会安全的重要基础设施。广泛渗透到交通、电信、电力、金融等核心设施中，为基础设施建设与测绘提供高效低成本的作业手段，为大众提供低成本高精度

的位置服务等。

经多年GPS在我国的使用，我国经济和军事对GPS系统的依赖程度已经对国家安全产生威胁，用北斗卫星导航系统替代美国GPS系统将大大增强我国的经济和军事安全，是我国空间安全的重要组成部分和有力支撑。

（二）北斗卫星导航系统为我国利用空间提供有力支持

北斗卫星导航系统能连续高精度地确定地球同步轨道（GEO，约35400km）高度以下的卫星轨道，对运行在低于7400km轨道上的卫星可提供连续精确的点定位，对位于MEO或高于MEO轨道运行的卫星可采用连续采集数据技术确定其轨道位置。北斗卫星导航系统大大提高航天器的测控效率，由地基雷达测控覆盖的8%，提升为中低轨卫星100%的覆盖率。为我国利用空间提供有力的支持，提升我国进入空间的能力。

四、结束语

建立北斗卫星导航系统可为我国空间安全提供有力支撑，为我国利用空间提供有力支持。北斗卫星导航系统建成后替代GPS系统，将大大增强我国军事安全和经济安全，为提升我国的战略威慑和占领战略竞争制高点发挥重要作用。

月球——新的战略平台

中国科学院院士、国际宇航科学院院士、
月球探测工程首席科学家　欧阳自远

一、月球探测的形势

（一）第一次探月高潮

1958年~1976年（共发射108枚探测器，成功或部分成功52枚（48%）；6次载人登月3次，不载人登月取样，共取回382千克月球样品。月球探测已经实现了月球飞越、环绕、硬/软着陆、巡视、无人采样返回和载人登月，突破了大量的关键技术，将人类的航天技术水平推上了前所未有的高度。“阿波罗”工程投资254亿美元（相当于2005年1360亿美元）是当时规模最大、耗资最多的科技项目。参加阿波罗计划的有2万家企业、200多所大学、80多个科研机构，总人数超过40万人。“阿波罗”的出现导致20世纪60—70年代产生了液体燃料火箭、微波雷达、无线电制导、合成材料、计算机等一大批高科技工业群体。“阿波罗”计划派生出了大约3000种应用技术“成果”（航天航空、军事、通信、材料、医疗卫生、计算机、其他民用科技），据美国 Chase 研究会测算，投入产出比为 1:14。“阿波罗”载人登月计划取得了巨大的成功，引领了 20 世纪 60—70 年代几乎全部高新技术的创新与发展和一大批新型工业群体的诞生与成长。

（二）2002 年：中国月球探测的发展战略与长远规划

探：无人月球探测（2003～2017）（绕：环绕探测；落：月球软着陆和巡视探测；回：自动取样返回）

登：载人登月（2017—2025）

驻：月球基地、开发和长驻

（三）重返月球的新形勢

1. 美国新航天计划

2004 年 1 月 14 日，美国总统布什宣布了探索太空和将人类的足迹扩展到整个太阳系的美国新的太空计划。

2008 年前将无人驾驶的探测器送上月球。

2015 年—2020 年之间美国宇航员重返月球，并在那里建立太空基地。以此为跳板，2030 年后，将宇航员送上火星乃至更遥远的宇宙空间。

2005 年 9 月，NASA 的迈克尔·格里芬局长向美国参议院陈述：“航天飞机和空间站是误入歧途，是代价高昂的战略性错误。我们被限制在低轨道已经有太长的时间，使 NASA 丧失了正确发展的机会，我们国家空间计划的重心应该是开发太阳系。”因此，美国决定 2010 年航天飞机退役，2010 年国际空间站停止投资。

2005 年 9 月 19 日，NASA 的迈克尔·格里芬宣布：为 2018 年载人重返月球投资 1040 亿美元。2025 年载人登上火星，耗资

2170亿美元。

美国的月球战略：2006年10月，美国新版《国家太空政策》出台。该政策称："国家空间政策的目标是加强国家在太空的领先地位……如有必要，美国有权不让任何'敌视美国利益'的国家或个人进入太空。"保持美国空间科技的领导地位，控制未来的能源，占有军事领先的优势。

从着眼开发变为着眼安全：为了促进经济繁荣和加强国家安全，美国必须发展强大而先进的太空能力；美国暂停"星座计划"是经济危机后采取的战术调整，转而采用"更为灵活"的探索技术路线。

2010年4月15日，美国总统奥巴马宣布，美国将在2025年前，将美国宇航员运送至低地轨道以外的天体例如小行星；到21世纪30年代中期，将美国宇航员运送至火星轨道。（2018年后只要需要立即可以实施载人登月）。2020年实现载人登月，开始建设月球基地。2020年载人登陆火星，建设火星基地。

2. 欧空局火星探测和载人登月计划安排。

3. 俄罗斯的深空探测计划（2016～2025）：

月球探测（2015：着陆取冰返回；2017：月球资源着陆探测；2020—2022：月球极区采样返回；20年内建立月球基地）。

2020～2021：重新启动"福布斯—土壤"项目。

2022：发射木卫三着陆器。

2020～2025：金星－D（轨道器＋着陆器）。

太阳风和太阳极地探测器。

4. 印度的月球与深空探测计划

二、重返月球的缘由

1990—2010年的20年间，各国一共发射了9个月球探测器，全是环月轨道器。在进入21世纪后，提出重返月球计划的国家有：美国、欧空局、俄罗斯、日本、德国、英国、法国、乌克兰、奥地利、巴西、印度、韩国等。

（一）月球能源的开发利用前景与实施方案

1. 月球表面丰富而稳定的太阳能的利用。

2. 月壤中气体（如氢、氦氖、氩、氮等）资源，尤其是核聚变燃料3He的开发和利用。

（1）月球的太阳能

经计算，每年到达月球范围内的太阳光辐射能量大约为12万亿千瓦。在月球上，太阳能的能量密度为1.353千瓦/平方米。月球上白天和黑夜都相当于14个地球日，可以获得极其丰富而稳定的太阳能。通过激光、微波传输，地球上的接受系统通过地面天线接受能束，再将其转换成电能。.

日本清水建筑株式会社的研究部宣布，围绕月球1.1万公里长的赤道建一条太阳能发电带，由机器人进行管理运作。它将能产生13万亿千瓦太阳能，并且连续不断。然后将电能转化为微波束和激光束，数条直径达20公里的天线将它们传回地球的接收站，再由地面发电站将微波束和激光束重新转换为电能。通过这种方式发的电可以满足全世界的用电需要。

（2）可控核聚变发电能源

在太阳的中心，温度高达1500万摄氏度，应力达到3000多亿个大气压，在这样的高温高压条件下，氢原子核聚变成氦原子核，并放出大量能量。几十亿年来，太阳犹如一个巨大的核聚变反应装置，无休止地向外辐射着能量。

1952 年美国试爆了第一颗氢弹，促使科学家考虑如何控制核聚变反应在瞬间爆发的毁灭性能量，“人造太阳”之梦由此而始。50 年来，在地球上模拟太阳内部的核聚变反应，并把产生的惊人能量稳定地输送到电站，一直是人类未能实现的梦想。

可控核聚变发电：50 多年来，已经建立了 200 多台试验装置，取得重大进展。

成都核工业西南物理研究院的中国环流器二号 A 装置上，首次实现了高约束模式运行。1998 年，完成了国际热核反应堆（ITER）工程设计，预计 2020 年建成［七国共建，100 亿欧元，功率 50 万千瓦，等离子体持续时间 500 秒。中国已交纳 100 亿人民币（包括设备研制），成立了中国受控核聚变研究中心］。这个试验反应堆将可以产生 500—700 兆瓦的聚变功率，但它还不是一个真实的经济、实用的人造太阳。

美国能源部宣布，投资约合 24 亿英镑，位于加利福尼亚州利弗莫尔劳伦斯国家实验所的“国家点火装置”（National Ignition Facility）已建成合格。向反应堆中心发射 192 束激光束，这些光束瞄准的是一个含有氘和氚气的玻璃目标物，温度达到 1 亿度。该反应堆将在 2020 年开始运行，到 2050 年将有 1/4 的能源是由核聚变能提供。

一加仑海水可提供相当于 300 加仑汽油产生的能量，50 杯海水产生的燃料所含的能量，相当于 2 吨煤。核聚变电站将不会产生碳，而且生成的放射性副产品也比当前的核电站更少，储存方法也更简单。核聚变电站的核反应堆失控或“坍塌”，也不会造成危险。因此，核聚变能将对环境和经济都有利。

(3) 月壤中的氦 -3

由日冕连续径向外流的等离子体流。到达地球时的平均速度为 400km/s。月球无大气（高真空状态），无磁场，太阳风在月球表面的通量高达 3×10^{8}/cm². s。太阳风气体主要浓集在颗粒表面微米级的深度。月球上的静海西部是昼夜温度最高的地区；月球黑夜存在 200 多个热异常区域，这些地区可能与月球内部的热异常有关。根据我们获得的全月球微波图像可以清晰识别月海、月陆、山脉和撞击坑等主要地质单元。

月壤表层单位面积内氦 -3 含量分布（1X10 -9 克/平方米）

月壤中的氦 -3：初步估算，月壤中 3He 的资源总量可达 100—500 万吨。将是人类社会长期、稳定、安全、清洁、廉价的可控核聚变能源原料。建设月球能源基地

（二）月球特殊环境的开发利用

特点：超高真空；无磁场；地质构造稳定；弱重力（1/6）；高洁净环境。

1. 月球天文观测站与研究基地。精度高、造价低，运行与维护费用低。

2. 地球观测站。

3. 月球实验室：研制特殊的生物制品和新材料。

4. 可作为天然的“空间站”，成为深空探测的前哨阵地和转运站。

5. 建设月球科学实验与新产品研制基地。

（三）月球资源的全球分布和利用

斜长岩，富含 Si、Al、Ca、Na 等元素。克里普岩（KREEP）富含钾、稀土元素和磷（REE——225—450 亿吨，U——50 亿

吨）。玄武岩含钛铁矿可达 25%（体积），比我国攀枝花钒钛磁铁矿矿石更富含 TiO_2。钛铁矿——110—220 万亿吨，TiO_2——57—115 万亿吨）。月壤中富含各种气体，可用于维持永久性月球基地。

（四）月球的重大战略地位——太空的新制高点

早在 20 世纪 60 年代，时任美国总统的肯尼迪说过一句名言："谁控制了太空，谁就控制了地球。"他们还提出："谁控制了月球，谁就控制了环地球太空……"。美国人认为，月球是当代新军事平台，力图抢占太空以至月球等新的战略制高点。以月球军事基地为核心的月球基地建设，是今后月球探测的主要目标。

月球的资源、能源与特殊环境的开发利用前景和军事战略地位，推动了众多国家提出重返月球的规划与计划：美国、欧空局、俄罗斯、日本、德国、英国、法国、乌克兰、奥地利、巴西、印度、韩国等。

"谁先开发利用，谁先获益"。面对严峻形势，中国不能袖手旁观，不能置之不理，要维护自己的合法权益，必须要有月球探测的能力。

三、中国嫦娥工程的进展与深空探测

（一）第一期：月球探测卫星探测（2004—2007）

研制和发射第一个月球探测器——月球探测卫星，主要对月球进行全球性、整体性与综合性的探测，对月球表面的地貌、地形、地质构造、环境与物理场进行首次探测，对有开发利用前景的月球能源与资源的分布与规律开展研究。

1. 科学目标（技术—科学与技术—科学牵引）：

（1）获取月球表面三维影像；

（2）分析月球14种元素、矿物与物质类型的含量和分布；

（3）探测月壤厚度，估算氦-3资源量；

（4）探测4~40万公里间的地月空间环境。

2007年10月24日18时05分04秒，“嫦娥一号”从月亮城——西昌升空。

精确变轨、修正、刹车捕获与成功绕月1次修正，历时13天14时19分，行程206万km。利用“嫦娥一号”卫星太阳风离子探测器的科学数据获得的月球两极日夜交界面粒子加速现象。

3月1日16时13分10秒，“嫦娥一号”卫星准确撞击月球东经52.36度、南纬1.50度的丰富海预定撞击点。

（二）探月工程二期的先导星——“嫦娥二号”任务

截至2012年2月28日，“嫦娥二号”在轨探测获得原始探测数据2.84TB，地面应用系统进行各种校正和处理生成7.86TB，已经向全国高等院校、研究院所和企业发布，提供研究与应用。各项科学目标都取得了圆满成功。“嫦娥二号”的归宿——到达拉格朗日12点拓展新的探测。

“嫦娥二号”包括三个飞行段：一是月球逃逸段；二是转移飞行段；三是平动点环绕段。

“嫦娥二号”科学目标：第一，是在深空开展地球远磁尾带电粒子探测。第二，是对可能的太阳X射线爆和宇宙伽马爆进行观测。卫星将开启太阳风离子探测器、太阳高能粒子探测器、X射线谱仪和伽马射线谱仪等有效载荷，获取科学探测的数据。工作寿命至2012年年底。

2011年8月25日23时27分，经过77天的飞行，“嫦娥二号”首次实现从月球轨道出发，受控准确进入距离地球约150万公里远的、太阳与地球引力平衡点——拉格朗日L2点的环绕轨道。第一次实现我国对月球远的太空进行探测；我国第一次开展拉格朗日12点转移轨道和使命轨道的设计和控制，并实现150万公里远距离测控通信。

“嫦娥二号”在L2点的环绕轨道运行了235天，积累了大量对太阳的探测数据，于2012年4月15日受控飞向距离地球大约1000万千米深邃的太阳系空间，择机开展对4179 Toutatis号小行星的探测，为未来的小天体探测积累经验。4179 Toutatis号小行星是对地球有潜在危险的小行星，4.46×2.4km，2012年12月12日距离地球690万km。如撞击地球产生相当于1万亿吨炸药的爆炸能量，相当于5000万个广岛原子弹爆炸的威力。

“嫦娥三号”—着陆器就位探测与月球车巡视探测。

（三）月球探测第三期工程——取样返回“嫦娥五号”

通过环月卫星探测，月面软着陆探测与月球车勘察、月面软着陆探测与采样返回的实施，为载人登月和月球基地建设积累经验和技术。

2017年后，我国在基本完成不载人月球探测任务后，择机实施载人登月探测以及建设月球基地。

“我国首次月球探测工程的成功，是继人造地球卫星、载人航天飞行取得成功之后我国航天事业发展的又一座里程碑，实现了中华民族千年奔月梦想，开启了中国人走向深空探索宇宙奥秘的时代，标志着我国已经进入世界具有深空探测能力的国家行列。这是我国推进自主创新、建设创新型国家取得的又一标志性成果，是中华民族在攀登世界科技高峰征程上实现的又一历史性跨越，是中华民族为人类和平开发利用外层空间作出的又一重大贡献。”

“嫦娥二号任务圆满成功，是我国探月工程取得的又一成就，是我们建设创新型国家取得的又一成果，是中国人民攀登世界科技高峰的又一壮举，谱写了中华民族自强不息、锐意创新的壮丽篇章。这一重大成就，对推动我国航天事业发展、引领我国科技创新，对激励全党全军全国各族人民意气风发地投身改革开放和社会主义现代化事业具有十分重要的意义。”“嫦娥工程”得到中央的亲切关怀与坚强领导和全国人民的热忱支持并寄予殷切的厚望，我们深受鼓舞，一定继续艰苦奋斗、竭尽全力、精益求精做好后续工作，圆满完成任务！

我们将积极进取、攻克难关，加速开展太阳系的全面探测。我们热切地希望有关的专家学者和青年学子，能够投入到“嫦娥工程”和探索宇宙的奥秘的行列中来，共同为人类社会的持续发展和美好前景，为中华民族的伟大复兴和繁荣昌盛，作出历史的贡献！

中国人应该走得更远！

美国全球战略重心东移对我国安全的威胁

新华社世界问题研究中心研究员　钱文荣

美国全球战略重心东移始于小布什政府时期，但当时仅限于军事战略重点的转移。奥巴马政府上台后实施的全球战略重心转移不仅仅限于军事安全领域，而是将其扩展到外交、经济和意识形态领域，因此，它对我国构成的安全威胁也是全面的。

一、美国全球战略重心东移的动因和意图

美国全球战略重心东移的动因主要有四个方面：一是由于全球地缘政治和经济中心正在从大西洋向太平洋转移。奥巴马早在2008年竞选演说中就说：美国“未来的繁荣与安全与亚洲的形势发展密切相联”。希拉里·克林顿在2010年10月的一次讲话中说：“因为我们知道21世纪历史的很大部分将在亚洲谱写。这个地区将看到世界上最有变革性的经济增长。它的大部分城市将成为全球商业和文化的中心。”二是新兴大国的群体崛起。美国

担心这些新兴大国主要是中、俄、印度的崛起可能挑战美国在这个地区乃至全球的“领导”地位。三是亚太地区既是美国克服眼前经济困难、振兴经济的主要依托，更是未来美国经济大发展特别是对外贸易和投资大发展的基地。四是亚洲是现实和潜在的传统安全和非传统安全焦点地区。

分析了美国战略重心东移的动因后，我们就可以了解它的意图首先是为了维护美国在全球的“领导”（即“霸权”）地位。但为了实现这个总的战略目标，美国必须对崛起中的新兴大国给予防范和遏制。中国无疑是它遏制的首要目标。早在小布什时期于2006年发表的《四年防务评估报告》中就把中国定为“最大的潜在对手”。报告说：“在主要新兴大国中，中国最有潜力对美国进行军事竞争。”奥巴马政府不仅仅把中国视为军事上的潜在对手，而且在经济和科技上也把中国视为潜在对手。2012年大选期间，奥巴马第一次明确地把中国定位为“中国既是对手（adversary，应译为“敌手”），也可能成为潜在的伙伴”。因此，美国防范和遏制中国的意图是显而易见的。当然，防范和遏制并不等于要入侵或进攻中国。奥巴马对华政策还有两面性：它既要防范和遏制中国，但又要谋求与中国接触和合作。美国战略与国际问题研究中心受美国国会和国防部委托撰写了一份《亚太地区美军态势战略》报告，于2012年8月15日公布，该报告已由国防部提交给了国会，成为对国会和政府的政策建议。报告说：“最近中国在南中国海及太平洋岛屿活动频繁，南亚及东南亚地区面临的各种风险加速上升。为成功实现地区战略再平衡，美国需要在该地区付出更多努力，并与东北亚的重要盟友一起，增强威慑能力，应对‘反介入、区域拒止’威胁。”所谓“应对‘反介入、区域拒止’威胁”，就是指的要对付我国。美国的对华接触也有两个目的：一是它还需要发展与中国的经贸关系，捞取经济实惠，并争取中国在外交上对一些重大国际问题和地区热点问题上的配合和合作；另一方面，又可以在中国境内开展各种公开的、秘密的和平演变活动。

二、美国战略重心东移对我国造成的安全威胁

美国战略重心东移对我国造成的安全威胁是多方面和多层次的，主要体现在以下几个方面：

（一）军事上构筑对我国的包围圈

（1）加强前沿部署：把 60% 的潜艇、航母等部署在亚太；以关岛为中心，加强在冲绳、在菲律宾的克拉克、苏必克的海空军基地和在澳大利亚、新加坡等地的军事部署。

（2）强化军事同盟：美日、美澳、美韩军事同盟。据日美两国媒体透露，即将举行的日美关于修改《美日安保条约》谈判的主要目的就是将矛头指向中国。

（3）拉拢新伙伴：越南、印度、印尼、菲律宾。

（4）由于美日大肆散布“中国威胁论”，促使东亚国家增加对我国的防范，从而加速东亚军备竞赛。2012 年东亚地区购买武器的数量、质量和总价值已超过中东地区。

（二）外交上孤立、打压我国

（1）挑拨离间周边国家与我国的关系，挖我国的墙脚，如在缅甸，现在又企图插足老挝。

（2）干涉我国内政，阻扰我国统一：不准台湾当局与大陆讨

论统一问题，不准台湾退役将领与大陆退役将领进行定期性的交流。坚持向台湾出售先进武器，暗中向台湾转让先进军事技术。台湾《时报周刊》最近发表一篇报道称，台湾已成功试射“全球最强”改进型雄三超音速反舰导弹，专门用于对付大陆航母。若没有美国的技术转让，台湾当局根本搞不出这种东西。最近，国会又通过2013年财政年度《国防授权法》，不仅把钓鱼岛列入美日安保范围，还提出要向台湾出售先进的进攻性战机F－16C/D。这是公然要破坏海峡两岸和平发展的关系。

（3）希拉里·克林顿到处诽谤我国，到柬埔寨说：“不要与中国靠得太近”。2012年她又到非洲离间中国与非洲国家的关系，要它们警惕中国在非洲的投资，等等。

（三）经济和金融领域

（1）构建跨太平洋战略伙伴（TPP）关系，目的之一是企图在经贸方面削弱和遏制我国在亚太的影响。

（2）对我国大搞贸易保护主义，同时还联合欧盟和日本对我国的贸易保护主义，以国家安全为名打压我国企业特别是国营企业进入美国。仅2012年以来美国对我国采取的“双反”（反倾销、反补贴）制裁达30多起。

（3）压我国进一步开放金融业，企图控制我国金融业。

（四）意识形态方面

（1）攻击我国社会制度。

（2）攻击我国民族政策：支持达赖、“藏独”、“疆独”分子；秘密支持地下宗教组织。

（3）大肆对我国进行以意识形态方面的渗透，其中包括对我国媒体和知识界的意识形态渗透。

以上这些意图是明显的，而且在扎扎实实地付诸实际行动。但能否如愿地完全实现，那是另一回事，目前看至少它不可能完全得逞。

三、美国对华防范和遏制的重点领域

从美国对华遏制采取的策略和发展趋势看，美国今后对华防范和遏制的重点将主要放在以下几个领域内：

（一）海洋

海洋是今后国际斗争的首要领域，它不仅涉及资源、商业和军用航道，而且涉及地缘政治战略。2012年美国抓住南海和钓鱼岛问题把这个地区搞得乌烟瘴气，严重威胁我国领土安全。

（二）网络空间

网络空间领域的斗争涉及四个方面：

（1）军事安全：美国已把中国作为网络攻击的主要对象国之一。

（2）经济、金融安全：这也是美国网络攻击的主要领域。据中国国家计算机网络应急技术处理协调中心网站发表的报告，2012年1—6月，大约780万台中国计算机受到来自27900个国外IP地址的攻击，其中70%来自美国。仅2012年10月，位于美国的控制服务器控制了我国境内1938929个主机IP，占外国控制我国境内主机IP之首位。

（3）网络外交：希拉里·克林顿提出了网络自由，多次公开攻击我国网络管理。

（4）利用网络技术和社交网站对我国进行和平演变。

（5）网络管理规则的制订：中俄和发展中国家与美国等国家形成对立。最近联合国提出因特网管理计划，提出所有国家都有权管理因特网，遭到美国的强烈反对。

（三）太空：太空领域的斗争

（1）太空军事化问题日益严重。空天飞机、全球鹰无人机在我国上空进行长时间的侦察。美国还在澳大利亚部署雷达监控中国太空活动。

（2）太空运行规则的制订。美国和欧盟均已拿出方案，企图夺取太空运行规则的主导权。

（四）经贸和科技创新领域

美国利用在中美经济上相互依存关系中的优势地位打压我国经济发展，利用知识产权问题和所谓国民待遇压制我国科技创新。

（五）美国大大加强了对我国的情报收集活动，收买我国的一些卖国贼

《华盛顿邮报》12 月 1 日报道说，美国国防部计划设立一个与中央情报局匹敌的间谍网，将成员从三位数提高到四位数，达 1600 人，把收集中国的军队现代化建设列为三大重点之一，其余两个重点是非洲的伊斯兰好战组织与朝鲜和伊朗的武器转让。

当今世界正在发生深刻变化，国际力量对比和国际战略格局继续朝着有利于广大发展中国家的方向发展，包括中国在内的新兴大国群体崛起的势头是任何力量都遏制不住的。我们对美国全球战略重心东移对我国造成的安全威胁要有清醒的认识，既不可抱有任何幻想，但也不要夸大这种威胁。我们还是要努力构建中美新型大国关系，推动和促进中美关系能得到较稳定的发展。这不仅对中美两国都有利，对世界的和平与发展也有利。

奥巴马连任后美国战略东移步伐仍在继续

新华社世界问题研究中心研究员　徐长银

2011 年 11 月份美国总统奥巴马高调宣布美国战略重心东移之后，在国内引起不同反应。有人认为奥巴马战略重心东移只不过是说说而已，实际上做不到，或者说不会做。也有人说美国即使实施战略重心东移，那也不是为了针对中国。还有人说美国在亚太军事力量部署不会有实质性变化，我们不必对此感到担忧，也不会给中国带来多大的影响。这些观点值得商榷。

一、美国的战略重心东移是一项重大的战略调整，防范和遏制中国的意图十分明显

从 2012 年美国在亚太地区的一些活动来看：

2012 年 1 月，美国总统奥巴马在五角大楼亲自宣布了美军向亚太地区调整的战略计划，公开声称其目的是要对付美国“潜在”和“老谋深算”的敌手，虽然没有直接点中国的名，但显

而易见是指中国。

2012年3月，美国助理国防部长马德林·克里登在五角大楼的一次会议上宣布，美国正在谋求与日本、韩国、澳大利亚、沙特阿拉伯、巴林、卡塔尔等国合作，在亚州和中东地区建立导弹防御系统。加拿大《汉和防务评论》在一篇报道中说，从表面上看，美国在亚洲部署导弹防御系统是针对朝鲜，实际上是直指中国的中远程弹道导弹。

美国空军参谋长诺顿·施瓦茨2012年3月份透露，在美国2013财年的军事预算中，美国国防部拨出一笔专款，用于研发新型隐形远程轰炸机。施瓦茨说，这种新型轰炸机是“着眼于确保能够穿透中国的防空网络”，是美国在亚太进行“空海一体战概念”的重要组成部分。

2012年4月，美国开始把驻冲绳的9000名美国海军陆战队员向关岛、夏威夷及澳大利亚等地转移，其中有4700名海军陆战队员转移到关岛，按照美国国防部长利昂·帕内塔的说法，关岛将成为“美国军队在西太平洋的战略枢纽”；另有250名美国海军陆战队员按计划2012年4月份进驻了澳大利亚达尔文军事基地，到2016年，美军在这个基地将达到2500人。根据美澳之间达成的军事合作协议，美国的B—52轰炸机、F—18战斗机和“全球鹰”无人侦察机等战机将频繁出入达尔文军事基地，美核动力潜艇也将加强在澳大利亚海域的存在。帕内塔说，部署在达尔文的美国海军陆战队“有能力迅速部署到整个亚太地区”，能更有效地与美国在东南亚和印度洋的伙伴国合作，应对“海上安全”方面的挑战。

美联社2012年4月份报道说，美国五角大楼正在计划成立国防秘密行动司，与中央情报局合作，重新组织秘密的间谍行动，向国外派遣更多的间谍，重点是收集中国的情报，以配合美国战略重心向亚太地区转移的计划。

2012 年 6 月，美国国防部长帕内塔正式披露了美国在亚太地区部署军事力量的长期计划。到 2020 年，美国的海军力量将有 60% 驻扎在太平洋地区，比现在美国在太平洋地区的海军力量增加 10%。美国参谋长联席会议主席马丁·登普西 6 月 7 日在五角大楼进一步披露说，部署在亚太地区的军事力量将装备美国最先进的武器系统，包括美国第五代战机和导弹防御系统。

6 月 2 日，美国与新加坡联合宣布，美国将在新加坡部署 4 艘濒海战舰，2013 年上半年第一艘战舰开始到位。

2012 年 6 月中旬，美国国家航空航天局租用泰国的乌塔堡机场，进行所谓的云层和大气研究，部分设备已运抵乌塔堡机场。有媒体报道说，美国的这个项目“醉翁之意不在酒”，其主要意图是，美军想重返泰国的乌塔堡机场，美国希望曼谷帮助它对从中东到太平洋的贸易和军用物资实施空中监控，而这正是中国与许多亚洲和非洲国家发展贸易关系的海上交通要道。美国企图控制南太平洋和印度洋的目的十分明显。一旦中美之间发生冲突，美国就可以封锁中国南海的出海口，切断中国与其他国家的海上贸易来往。

韩国媒体 2012 年 6 月 16 日报道，美国已向韩方提出，要继续保留美韩两军联合司令部。而在布什政府时期，美国曾与韩国达成协议，美国将在 2012 年向韩国移交战时作战指挥权，同时解散美韩联合司令部。

美国还力促形成美日韩联合军事行动机制。2012 年 6 月，美国把日本和韩国拉在一起，首次搞了一个三国联合军事演习，美国希望通过此次联合军演，促成三方结成军事同盟。美军太平洋司令部司令塞缪尔·洛克利尔表示，美国想通过联合军演，谋求“美日韩高级政策协调会”的进一步完善和发展，加强三国军事合作计划。

2012年7月，美国与日本达成协议，提升美国与日本的军事合作级别，允许日本于2013年开始派遣自卫官常驻美国五角大楼。据日本媒体报道说，这是奥巴马政府重视亚太战略的一个步骤，目的是提高日美两国联合应对亚太地区发生“不测”时能够作出快速反应的能力。日本已经在美国佛罗里达州的美军中央司令部和在夏威夷的太平洋司令部派遣了自卫官，而向美国五角大楼派遣自卫官尚属首次。

美国《今日美国报》2012年7月9日报道，在美国得克萨斯州西部的军事基地，美国正在加紧训练B-1轰炸机飞行员，以让他们适应从阿富汗的沙漠和山地飞行转向海上飞行，并使他们掌握在太平洋使用导弹的技能。报道说，这是实施奥巴马提出的新军事战略的一项具体内容。

2012年7月23日，美国开始在冲绳部署“鱼鹰”垂直起降运输机，其飞行范围可以覆盖东海、台湾海峡和菲律宾地区，将大幅提高美国海军陆战队的机动性。

2012年7月27日，美国战略与国际问题研究中心向美国国防部提交了一份研究报告，要求美国五角大楼加快在韩国的军需储备，并在韩国成立一个有24架F-16战斗机的空军中队。这份研究报告是应美国五角大楼的委托进行的，研究小组的负责人是美国前国防部副部长约翰·哈姆雷。这份研究报告还认为，美国在太平洋地区海军陆战队的覆盖范围还不够，还应向这个地区派遣更多的海军陆战队、攻击潜艇、导弹系统及其他火力，其目标是要使美国在这个地区可以“打赢一场常规战”。

2012年7月31日，美国国防部网站透露，美国从阿富汗全面撤军之后，大批的军用物资和设备并不打算运回国内，而是向亚太地区转移，重点选择的是菲律宾和新加坡。

2012年8月份，日本防卫大臣森本敏在美国五角大楼与美国国防部长帕内塔进行会谈，双方同意对“日美防卫合作指针”进行修改，以强化共同对付中国的军事能力。帕内塔在会谈中表示，美国将考虑使美国的关岛军事基地成为美日两国军队共同使用的军事基地，并在关岛部署美军“全球鹰”无人侦察机，加强对日本附近海域的侦察活动。

2012年9月，美国与日本达成重要协议，美国在日本部署第二套先进的导弹防御雷达系统；美国10架“猛禽”战斗机部署在嘉手纳空军基地，并进行了首次搭载实弹飞行。

2012年10月，美军又有9架“鱼鹰”战斗机部署在冲绳美军普天间机场，近期还将在美军嘉手纳基地部署最新型隐形战斗机F－35。

美国与韩国10月7日宣布，将韩国弹道导弹射程增至800公里。

2012年10月12日，美军“乔治·华盛顿”号航母与“约翰·斯坦尼斯”号航母在印度洋，与印度举行联合军事演习。印度媒体报道说，这是美印两军演练切断印度洋海上能源通道的“实战性军事合作”。22日，“乔治·华盛顿”号航母前往菲律宾，参加美菲新一轮的联合军演，并声称美军已开始驻扎菲律宾苏比克湾。美军2012年在亚太地区进行联合军事演习的频率是前所未有的。

美国在亚太地区咄咄逼人的军事部署，在奥巴马连任美国总统之后，只会进一步加强，而不会后退。奥巴马在11月6日大选获胜后，立即宣布访问亚洲三国，其中包括缅甸。这是一位美国在任总统首次对这个国家的访问，其战略意图是不言而喻的。

2012年11月13日，美国国务卿希拉里抵达澳大利亚，与澳举行战略对话，重点讨论地区安全和扩大美国在澳驻军和军事设施问题。14 日，美国国防部长帕内塔也飞抵澳大利亚，与澳国防部长举行会谈。帕内塔在飞往澳大利亚途中对记者们说，虽然美国面临中东危机和财政困难，但美国仍然坚持完成重返太平洋的计划，“我们对于重返的态度是认真的”。他还说，美国要逐步把最先进的舰艇、武器和飞机调至亚洲，包括向澳大利亚北部派遣海军陆战队员，这是美国战略东移的一部分内容。

美澳两国防长 14 日会谈后当天联合宣布，美军将在澳大利亚部署功能强大的空军 C 波段雷达和太空望远镜，作为美国战略东移的一部分。据美国高级官员透露，这套雷达的部署，将使美国能更好地追踪中国空间发射。

路透社 14 日从澳大利亚发出的报道说，澳大利亚、菲律宾和其他亚太地区的重要港口，正在见证美国军舰、战斗机和士兵的回潮，尽管半遮半掩，但是美国在亚洲应对中国崛起的行动正在加速。

梳理一下，可以看出，美国 2012 年在亚太地区的行动主要有五个方面：一是调整和增强美国在亚太地区的军事力量；二是提高美军在亚太地区的军事技术装备；三是提升美军在亚太地区的机动性；四是加强美国与亚太地区盟国和伙伴国之间的军事合作关系；五是增加针对中国的军事间谍活动。

自美国宣布战略东移以来，引起了亚太地区局势的动荡不安，掀起了一些亚太国家的军备竞赛，军费开支大幅增加，加深了亚太地区国家间的不信任感，尤其是促使日本等国家对中国的主权公开提出挑战。这种状况正是美国战略东移所希望造成的结果之一。

从以上美国在亚太地区的所作所为来看，美国的战略重心东移绝不是虚张声势，也不是权宜之计，而是一项重大的战略调整，防范和遏制中国的意图十分明显。

有人说，美国战略重心东移，“不是为了遏制中国”，而是为了继续加强美国与盟国及合作伙伴在亚太地区的防务关系。而这到底又是为什么？岂不是欲盖弥彰！

二、奥巴马连任后美国战略重心东移不会发生根本性变化

奥巴马连任美国总统后，更换了国务卿和国防部长两名大将，不仅在国际上引起人们的广泛关注，美国的学者和媒体也在紧盯两位新人的一言一行。

约翰·克里在提名他担任国务卿的国会听证会上，一上来就直言不讳地说，“我不认为（在亚太地区）增强军力至关重要。我将非常仔细地研究这件事”。他认为，向亚太地区增兵要考虑中国方面的感受，不要刺激中国，破坏美中关系的发展。

2013 年 3 月 18 日，新任国防部长查克·哈格尔，指派国防部副部长阿什顿·卡特与美军参谋长联席会议主席马丁·登普西，共同对美国的全球军事战略计划重新进行审议和评估。《华盛顿邮报》报道说，这是因为，美国国会两党在财政预算上的谈判破裂，未来十年，五角大楼将面临削减预算近 1 万亿美元的窘境，因此，哈格尔要确定，在削减预算的情况下，国防部是否有能力继续执行当前的国防战略。《华盛顿邮报》认为，不排除哈格尔借此向国会施压，达到增加军费的目的。

克里与哈格尔的讲话，引起人们的纷纷猜测和评判。美国有媒体认为，希拉里推动的美国全球战略东移的政策“难以为继”，美国战略东移的计划可能会发生改变。

事实上，美国全球战略重心东移是美国的重大战略调整，是

既定方针，是不会轻易发生变化的。美国的战略调整，并不是奥巴马，更不是希拉里一时决策提出来的。

早在20多年前冷战结束后，美国战略重心东移就开始显现出来。1992年初，美国总统老布什访问日本等亚州国家时，就提出了构建太平洋共同体的设想。1993年，克林顿总统在老布什的亚太战略基础上，提出从政治、经济、军事、外交等方面全面介入亚太事务，以掌控亚太领导权。2000年，美国国防部发表防务报告，提出美国军事战略重心将在今后5年内从大西洋向太平洋转移，并使美军部署在两洋的潜艇力量由6:4，调整为4:6。21世纪伊始，因发生“9·11”事件，小布什政府延缓了这项战略调整。美国之所以在冷战结束后战略重心东移，是因为中国已失去了对付苏联的战略意义，美国在意识形态上视中国为主要敌人。

奥巴马2009年上台之后，完成了把美军潜艇力量60%部署在亚太地区的任务。2011年11月，奥巴马政府高调宣示美国全球战略重心东移，并提出到2020年，美国部署在亚太地区的海军力量将由现在的50%增加到60%。

与20年前相比，美国面对的中国已大不相同。中国经济实力快速增长，国际影响力大幅上升，使美国如鲠在喉，美国一方面不得不借重中国的经济发展，另一方面又心有不甘，力图遏制和防范中国的崛起，维护美国在全球的霸主地位。这是奥巴马政府加快战略重心东移的主要原因。

在过去的一年多时间里，包括美国国务卿希拉里在内的一些美国政府高级官员，在一系列的讲话中，明确表明了遏制中国的意图。希拉里在多次讲话中，咄咄逼人地宣称，美国外交重点转向亚太地区，就是要与中国争夺经济市场和政治影响力，决不“拱手相让”。希拉里还声称，美国要确保在南海的航行自由，决不能让“别的国家”来决定其未来。

美国前国防部长帕内塔 2011 年在印度尼西亚巴厘岛会见东盟 10 国国防部长时，明确表示，美国加强在亚太的军事存在，目的就是“对抗中国”。2012 年 1 月，奥巴马在五角大楼亲自宣布美国的国防战略报告，直接点名把中国与伊朗放在一起，锁定为美国军事战略上的主要敌手。

美国咄咄逼人的战略重心东移态势，使中美关系的发展磕磕碰碰，遭到了中国舆论的强烈谴责和反对，也受到美国的一些亚洲盟国和欧洲盟国的质疑。

美国学者、凯托学会外交政策研究主任贾斯廷·洛根撰文说，美国官员关于战略东移不是为了遏制中国的说法，是“荒唐的应对”。他反问：如果中国把60%的海军力量部署在西半球，“并以这套说辞为理由，美国人会接受吗?”。美国《外交政策》杂志刊登美国卡内基国际和平基金会主席杰茜卡·马修斯的文章说，美国战略重心东移使美中关系遭到了“破坏”，“美国必须消除”这项政策所造成的破坏。

奥巴马政府近来不再提战略重心东移，而改称“亚太再平衡”战略，并强调美国从来就没有离开过亚洲。那么，从 2012 年一年美国在亚太的行动来看，“亚太再平衡战略”又是什么内容呢?

1. 军事上进行“前沿部署”。美国在日本本土、冲绳、韩国、关岛、澳大利亚、菲律宾、新加坡等国，紧锣密鼓地进行了军事调整和部署，美军大批最先进的武器装备调往亚洲。如，美国的导弹防御系统，“猛禽”战斗机，“鱼鹰”战斗机，F－22 隐形战斗机，“全球鹰”无人侦察机，F－35 战斗机以及濒海战斗舰，核动力潜艇等，都在部署或者将要部署在亚太地区。

2. 外交上的“前沿部署”。美国前国务卿希拉里 2012 年一年在亚太外交活动的频繁程度是前所未有的。希拉里 2013 年离任时说，美国向亚太地区增派了外交人员，增加了合作项目，并把这些人员和项目“扩大到该地区每一个角落和每一个国家首都的高层接触”，“美国已经更新和加强了与盟国——日本、韩国、泰国、澳大利亚、菲律宾的关系，同时加深了与印度、印度尼西亚、越南、马来西亚、新加坡、新西兰等国的伙伴关系”。

希拉里的亚太外交活动还包括：插手南海事务，鼓动东盟国家搞所谓的“南海行为准则”，推动美国国会批准《联合国海洋法公约》，制衡中国在南海的权益；挑拨周边国家与中国的关系，赤裸裸地要它们不要与中国走得太近。比如，希拉里在访问柬埔寨时，公开提出柬埔寨不要“过分依赖”中国；在访问缅甸时，提醒缅甸要“聪明”一些，“警惕”中国只对挖掘缅甸的资源感兴趣，竭力离间中缅关系。

3. 经济方面的再平衡。美国总统国家安全顾问汤姆·多尼伦 3 月 11 日在亚洲协会发表讲话时明确指出，美国经济再平衡的核心就是《跨太平洋战略经济伙伴协定》，即 TPP。他说，TPP“既是经济目标，同时也是战略目标”，它“绝对明确地阐述了美国要在亚太地区长期存在的战略承诺”。

美国想在亚太另起炉灶，再搞一个自由贸易区，把中国排除在外，显而易见，其目的就是针对中国。美国是想要掌控亚太经济发展的主导权。多尼伦在讲话中说得很好听，说亚太国家领导人“强烈”需要美国在亚太发挥领导作用，参与亚太的经济发展。

《跨太平洋战略经济伙伴协定》目前已有 11 个国家表示要参加，包括最近宣布参加的日本。美国计划要在 2013 年完成与这些国家的谈判。

以上情况说明，美国在亚太的“再平衡战略”不会停顿，

2013 年将会继续进行。美军参谋长联席会议主席登普西在谈到美军 2012 年一年在亚太的“前沿部署”行动时说，“这是第一步，也是重要的一步”，从现在开始到 2020 年，美国有一整套构建亚太安全体系的“设想”。美国总统国家安全顾问多尼伦在讲话中透露，除了要完成把 60% 的美国海军部署在太平洋之外，美国空军“在未来 5 年也会逐步将重心转移到太平洋地区”。

多尼伦还说，奥巴马总统在第二任期内，将继续把亚太地区作为“战略重点”，因为“亚洲的未来与美国的未来日益紧密相连”。他甚至认为，奥巴马的战略东移决策“已成为一项具有代表性的成就”。

美国《外交政策》杂志撰文认为，奥巴马政府中的一些关键职位可能换人，“但其政策主旨是基本固定的”。

三、奥巴马对美中关系有可能进行战术性回调

新任国务卿克里在外交上有可能改变希拉里咄咄逼人的做法，寻求加强与中国的对话与合作。

克里曾参加过越南战争，回国后，加入过越战老兵反战组织。克里从政后，从 1984 年当选国会参议员，连任至今。2004 年，克里参加美国总统竞选，败给了小布什。在提名克里为总统候选人的民主党全国代表大会上，克里出人意外地让奥巴马在大会上作主旨发言，使奥巴马崭露头角。奥巴马担任总统后，克里本应是国务卿的最佳人选，但因奥巴马与竞争对手希拉里事先有约定，因此不得不放弃克里。这次提名克里担任国务卿应该是顺理成章的事情。克里与奥巴马的关系显然比希拉里要铁得多。

在奥巴马的第一个任期内，克里并没有闲着，常常担任总统特使出访，解决与一些国家的紧张关系。克里赞成奥巴马的多边外交政策，支持奥巴马在国际事务中通过对话，并利用现有国际机制，来维护美国在全球的领导地位。

新任国防部长哈格尔也是越战老兵，负过伤。他曾表示，如果有朝一日他能影响决策，将竭尽所能避免不必要的战争。他虽是国会共和党参议员，但在外交政策上常常与共和党相左，而与奥巴马的意见相近。这也是为什么他被提名时遭到共和党议员强烈反对的原因。

在对华关系上，克里和哈格尔都主张加强与中国的合作，认为美中关系是世界上最重要的双边关系。克里和哈格尔的言行，表明了奥巴马政府可能对希拉里的外交政策进行某些方面的修正，美中关系的发展可能会减少一些障碍，或者说，奥巴马政府可能对美中关系进行“再平衡”。

美国总统国家安全顾问多尼伦在前不久的讲话中也表明了这一点。他说，与中国发展具有建设性的关系，是美国再平衡战略的支柱之一。他在讲话中还说，一个新兴大国的崛起与老牌大国发生冲突“并不具有必然性”，也“不是物理定律”。他表示，奥巴马希望与中国建立新型的大国关系。

此外，奥巴马在第二任期内，将会把主要精力放在振兴美国经济的首要任务上，努力争取在国内事务方面有所建树，为他在美国历史上留下浓墨一笔。美国急需开拓国际市场，扩大美国出口，增加美国就业机会。因此，美国有可能扩大对中国出口产品的范围，也有可能放宽中国对美国投资的限制，加强与中国在经贸方面的合作。

总之，在奥巴马的第二任期内，美国的对华政策与前 4 年相比，可能会有一些战术性的回调。我们应该抓住机遇，积极推动和巩固中美关系的健康发展，使我们的发展战略机遇期延续下去。

但是，我们必须看到，美国亚太战略不会有大的变化。克里和哈格尔都不会反对奥巴马的亚太战略。克里不久前在与日本首相安倍和外交大臣的会谈中，明确支持《美日安保条约》适用于钓鱼岛，并且美日这次会谈如此顺利和成功，使美国媒体都感到“意外”，就很能说明问题。克里于2013年3月18日在华盛顿会见澳大利亚外长后对记者说，他“同样致力于”美国的亚太再平衡战略。

评价美国的对华政策，不能从一时一事，一次讲话来判断。对美国的总体战略要有一个清醒的认识，要保持一个平稳的心态，以利于继续维持和推动中美关系的发展。对美国战略重心东移，我们不能熟视无睹，掉以轻心。中国的国家安全，需要我们有积极的思想准备和应对措施。中国仅有GDP快速增长还不够，还要有强大国防和军事力量，尤其是海上军事力量。为了维护中国主权和发展利益，我们必须做好一切准备，随时应对各种挑战。

美国实施再平衡战略以来的亚太地缘政治形势

中国现代国际关系研究院研究员　任卫东

从21世纪第二个十年开始，中美关系和全球战略关系都进入了一个新的历史时期。其核心内容就是美国将中国作为全球霸权战略的主要对手，并以亚太为地缘政治的主战场对中国进行全方位扼制，美国称之为重返亚太或进行亚太再平衡。美国全球战略的这一变化使亚太地缘政治地位和格局正在发生二战以来最深刻的演变，而其前景则在很大程度上取决于中国如何应对。

一、亚太成为全球地缘政治重心

近代以来，全球地缘政治重心一直在欧洲和后来的欧美，这是因为，欧洲大国和美国是国际关系的主导力量，欧洲是大国争夺的核心地带，大国争夺世界霸权的关键首先就在于能否控制欧洲，国际战略格局主要由大国在欧洲形成的格局决定。一战和二战后形成的基本世界格局都主要是由大国在欧洲形成的战略格局决定的，一战后形成的凡尔赛—华盛顿体系和二战后形成的雅尔塔体系其核心部分都在欧洲。大国争夺特别是美苏争夺也在亚非拉等地全面展开，但相对于欧洲而言，这些地方只能算是外围地带。

二战特别是美苏冷战结束后这种局面开始改变。经过第二次世界大战和其后的民族解放运动，欧洲列强几乎都已无力扮演国际关系的主要角色。而通过冷战，美国不仅搞垮了唯一的全球性争霸对手苏联，也牢固地控制了欧洲，欧洲不再是国际斗争的焦点，全球地缘政治的重心开始转移。

在美苏冷战结束后的最初十年，即20世纪90年代，美国的战略重点仍在欧洲，但其目标已不是遏制苏联的扩张，而是消化冷战成果，将原苏联阵营国家纳入美国的势力范围，北约和欧盟东扩是其主要途径。欧盟东扩之所以能起到扩大美国势力范围的作用，是因为在这一时期，欧盟基本上处在美国的控制之下，甚至在某种意义上可以说是美国控制欧洲的工具。在美苏冷战结束后的第二个十年，即21世纪头十年，美国的战略重点是中亚特别是中东，主要目标是通过战争和“颜色革命”等方式颠覆阿富汗、伊拉克等反美政权，扩大美国在中东的势力范围，加强美国对中东的控制。在这个过程中，美国在欧洲和中亚、中东的扩张基本没有受到其他大国的阻挠，没有出现大国在这些地区激烈争夺的局面，美国在这些地方的扩张没有使世界格局发生根本性变化，所以，这些地方尽管一度成为美国的战略重点，但不具有全球地缘政治重心的地位。但美国在这些地方的扩张也是着眼于大国较量的。美国此举进一步压缩了俄罗斯的战略空间，与此同时，其政治、军事力量逼近了中国的西部边境，加剧了中国在中东面临的潜在能源安全威胁。可以说，美国在这些地方的扩张是准备进行新的大国较量的前哨战和外围战。所以，这二十年是全球地缘政治重心转换的过渡期，地缘政治重心不甚明朗，大国冲突不甚激烈，全球主义、和平主义和浪漫情绪四处弥漫。

从21世纪第二个十年开始，或以奥巴马上台为标志，这个过渡期宣告结束。奥巴马政府明确宣布，美国全球战略重点转向亚太。这次转移与前两次意义完全不同，因为美国这次战略重点转移的背景是美国已明确地将中国作为其全球霸权的主要对手，战略重点转移的目的主要是在亚太地区与中国展开一场决定中美两国未来命运、决定亚太地区格局、并对世界格局产生深远影响的全面较量。美国将中国作为主要对手是完全符合霸权逻辑的。中国是苏联解体之后唯一能在所有领域与美国构成竞争关系的国家。尽管俄罗斯有强于中国并堪与美国势均力敌的核武器，但大国较量的胜败并不主要取决于核武器。在当前条件下，经济竞争和较量更有决定意义，从这个意义上说，中国毫无疑问是美国的主要对手。而且，以中国目前的发展进程，若再不全力以赴，美国将最终丧失扼制中国的战略机遇期。随着中美较量的展开，各大力量纷纷染指亚太，都企图在此谋求战略利益。此外，亚太地区经济在世界占有越来越重要的地位，世界各国无不到此寻求经济动力。总之，在亚太地区的得失不仅对中美两国，也对许多国家未来的发展前景和国际地位都会产生重要影响。以上这些因素正使亚太成为全球最具影响力的战略场，具备了成为全球地缘政治重心的基本条件。随着亚太地区棋局的逐渐全面展开，全球地缘政治重心将更加明确地从欧美转向亚太地区。

值得注意的是，亚太地区正成为全球地缘政治的新的重心，也是美国长期的战略重点，但是，亚太地区并不是美国唯一的、在任何时候都排在第一位的战略重点。美苏冷战结束后，随着美国全球霸权的全面展开和霸权对手的多元化、多样化，美国的战线越来越长，已很难固定地将力量集中于一个区域。目前，美国面临着欧洲、中东、亚太一个都不能少的局面，这将极大地牵制美国在亚太的战略行动。另外，随着欧洲一体化的深入发展，其独立自主的能力将越来越强，势必谋求摆脱美国控制，重新发挥更大的国际作用。而如果俄罗斯能突出重围重新崛起，它也将携独联体国家成为世界主要力量中心之一。这样，在全球地缘政治格局中将出现多中心的局面。所以，我们在经略亚太这个全球地缘政治主要战略场时，也要环顾四周，筹划亚太与其他地缘政治力量中心的相互关系。

二、亚太地缘政治格局正在发生历史性演变

目前，亚太地区特别是东亚地区战争与和平、进步与反动，积极与消极等正反两方面的斗争相互交织，尖锐复杂，地缘政治格局处在历史性的剧烈变动之中，二战以来乃至近代以来的基本格局正在发生动摇。东亚格局转换的基本问题是中国与美日在地区主导权上的矛盾。围绕这一矛盾，亚太地区现阶段地缘政治形势特点突出表现在以下几个方面：

（一）美国全面打造新冷战格局

亚太是美国扼制中国的地缘政治主战场。为实现扼制中国的战略目标，美国正全力在亚太打造新冷战的地缘政治格局。除进一步强化旧军事同盟外，美国的这一努力还呈现出两个新特点：

一是最大限度地结成针对中国的统一战线。美国全面加强与越南的经济、政治特别是军事关系，并刻意扩大越南与中国在南海主权问题上的矛盾，甚至希望使越南在美国东亚战略中发挥新的战略支点作用。同时，美国在推动缅甸民主化改革的过程中全

面改善与缅甸的关系，并打破与老挝关系长期冰冻的状态。越南、缅甸、老挝都是中国的友好邻邦，美国加强与这些曾经的敌人或意识形态异己国家的关系，目的就是最大限度地孤立中国，打开中国后院的大门。此外，美国还通过部署濒海战斗舰等方式力图将新加坡纳入美国的军事同盟体系，鼓励印度发挥大国作用以加强从南亚方向对中国的牵制，甚至与长期被其忽视的各太平洋岛国也加强了关系。

二是构筑以美国为中心的蛛网式战略结构。在加强双边军事同盟的基础上，美国一方面努力推动双边同盟向多边化的方向发展，另一方面鼓励统一战线内国家广泛地加强相互战略合作，力图形成以它为中心，以美国与有关国家的双边同盟为辐线，以有关国家之间的战略合作关系为横线的蜘蛛网式战略结构。这种结构的特点是所有国家都处在紧密联系的网络之中，单个节点的作用与整个网络的作用密切配合，局部链条的断裂不会导致整个网络崩溃。

三是既强化前沿部署又扩大战略纵深。通过推动日本发展军事力量，在日本部署尖端战机和反导雷达，整合在日驻军指挥机构，在新加坡部署濒海战斗舰，重返菲律宾苏比克海军基地，加强与越南的军事合作等措施，美国明显加强了在东亚的前沿部署。与此同时，美国将部分海军陆战队从日本后撤至关岛，加强关岛和夏威夷的基地建设以提升其战略作用，在澳大利亚建陆战队和舰艇基地，其目的就是使相当部分的军事力量处于中国导弹射程之外以保存二次打击的能力，完善和加强自美国西海岸直到东亚的战略梯队，为控制南海和西南太平洋建立新的战略基地。

四是进行经济分化。重建亚太经济关系，近年来，随着东盟与中日韩、中国与日韩经济合作的不断加强，特别是中国与东盟自由贸易区的建成，东亚国家在自主合作基础上的一体化趋势隐约可见，其他亚太国家也积极向东亚靠拢。在这个过程中，美国对东亚的影响力减弱，并逐渐丧失在亚太经济合作组织（APEC）结构中的主导权。为改变这种趋势，美国大力推销跨太平洋战略伙伴关系协定（TPP），并将中国排除在外，企图冲淡中国经济的影响，削弱东亚凝聚力，改变东亚乃至亚太经济关系，将亚太特别是东亚国家的经济合作方向拉向美国。

可见，美国正从政治、军事、经济等各个方面在亚太地区全方位地打造新冷战格局，在扼制中国的同时控制亚太，但其目标能否实现还要看中国和有关国家做何反应。

（二）日本试图颠覆战后秩序

苏联解体和社会主义阵营瓦解，随着世界反法西斯力量整体削弱，日本右倾化趋势开始抬头。20世纪90年代以来，日本否认侵略历史，美化侵略战争的意识形态日渐浓厚，修改教科书、参拜靖国神社、否定南京大屠杀、否认强征性奴、将防卫厅改为防卫省、主张将自卫队升格为自卫军、大幅提升和扩充军备、突破专守防卫、鼓吹先发制人、放宽武器出口限制、重振军事工业、在海外建立军事基地、谋求成为军事大国、主张修改和平宪法等试图突破战后秩序的右倾化趋势不断膨胀，渐成不可逆转之势。尤其是极右的安倍晋三担任首相后，日本右倾化恶性膨胀，不仅扩军步伐明显加快，军事战略大幅向进攻性方向调整，而且通过篡改和平宪法重新使军国主义合法化，从而彻底改变日本政治方向的危险企图进入具体实施的新阶段。对此，作为日本事实上的宗主国，美国非但没有加以制止，反而采取纵容态度，以期利用右倾化趋势将日本重新引上军国主义和对外扩张的道路，进而将祸水西引，用复活的日本军国主义扼制中国。美国之所以敢于饮鸩止渴主要有三个原因：第一，美国吸取了朝鲜战争和越南战争的教训，想尽量避免直接与中国兵戎相见。第二，美苏冷战结束后东亚总体呈合作发展局面，美国无从下手，必须首先制造矛盾。第三，美国相信自己能够操控日本，不会伤及自身。在这个大背景下，日美军事关系不断加强，日本军事实力不断膨胀，对外政策的扩张性、进攻性日渐明显，而且其军事战略矛头日益明确地指向中国。

日本之所以与美国一拍即合，不仅是因为日本根本不是一个独立自主的国家，不得不听从美国的指挥，也是因为日本想借此机会颠覆战后秩序，重建亚太战略格局：第一，在二战中战败后，日本百多年以来的侵略扩张所得几乎全部丧失，只有琉球（即冲绳）和钓鱼岛因冷战的需要而得以保留。而日本军国主义的残余势力之所以能在战后保存下来，也是因为美国有用其对付苏联和中国的战略需要。所以，虽然日本右翼势力也因美国对日本扔过原子弹和长期操控日本而对美国怀恨在心，但他们知道，就目前而言，不顺从美国的意志，不满足美国的战略需要就没有自己生存和发展的空间，就不能突破战后秩序的种种约束，因而采取韬光养晦策略，先借机做大再说。第二，战后日本经济虽有长足发展，但终究是“软体动物”，无法建立大国地位。所以，借美国扼制中国之机重新武装，对日本来说显然具有极大的诱惑力。第三，日本称霸东亚的野心“阴魂不散”，一遇适宜条件便“借尸还魂”以求一逞，而中国既是日本称霸东亚的最大目标，也是其目前最大障碍，不压倒中国就谈不上日本的东亚霸权。而且，日本从不认为二战的失败是败在中国手里，对中国口服而心不服，必欲重新征服中国而后快。所以，在美国构建亚太新冷战格局的过程中，日本的态度最为积极，一方面甘愿充当美国的马前卒和战略前沿，一方面四处插手，罗织战略网络。显然，日本和美国的战略关系在扼制中国这一点上高度统一，但这是以牺牲反法西斯战争的胜利成果、颠覆战后亚太秩序，破坏亚太和平的政治基础为代价的，必然带来亚太局势的剧烈动荡。

（三）多数亚太国家反对新冷战

在美国意欲打造新冷战格局的大背景下，像日本这样决意与中国为敌的国家占极少数，多数亚太国家不愿明确选边站队，而是试图以小搏大，对大国搞均势政策，在亚太地区造成大国之间的战略平衡，希望以此增加自己的安全系数，扩大自己的谋利空间。在这个过程中，这些国家面临以下具体矛盾和两难选择：第一，中国的经济优势与美国的军事优势。亚太国家无不在与中国的经济关系中享受到中国经济发展的成果，所以不希望美国的亚太战略妨碍它们与中国进一步加强经济合作。但美国的军事优势又使它们不得不在可能发生的军事冲突中避免成为美国的对手并寻求美国的安全庇护。所以，在中国取得亚太军事优势之前，这些国家在经济上加强与中国合作，在安全上加强与美国合作的局面难以根本改变。第二，制约中国与防范美国。一些东亚国家与中国存在领土主权纠纷，与美国加强合作尤其是军事合作无疑能增加它们的筹码。但是这些国家特别是其民众大多对西方殖民主义留有惨痛记忆，对美国霸权主义抱有极大警惕，不愿意重新落入美国霸权的陷阱，不愿意将自己与中国的矛盾被纳入到美中冷战的大棋局中去。况且，美国重返亚太的一个重要目标就是加强和扩大对亚太特别是东亚的控制，对此，有关国家是坚决反对的。第三，中国未来的影响力与美国现实的影响力。中国在亚太地区的影响力毫无疑问是日趋增长的，而美国则总体上呈现不可逆转的衰落趋势。但是，为阻止中国影响力的继续增长，美国将主要力量集中在亚太地区，这使得其现实影响力在某些方面强于中国。面对这种局势，亚太国家需要在当前与未来之间加以权衡，而且，中美角力尚未分出胜负，中国的发展进程和影响力的增长也不是完全没有被打断的可能，所以，采取现实主义和实用主义态度对亚太国家来说也是自然的。

在这个问题上还有两点值得注意：第一，不能把美国在亚太的军事盟友自然地划入美国对华新冷战的阵营。美国在亚太的这些同盟关系是在冷战时期形成的，那时东方阵营的主角和美国的主要对手是苏联，与美国建立同盟关系的那些国家并不都是主要针对中国，美国要把冷战时期形成的同盟关系原封不动地全盘用于对华新冷战是有难度的。而且，冷战时期存在两个平行的世界市场、两个阵营成员之间的关系远没有现在这样密切，尤其是中国的经济影响力与当时相比已不可同日而语，所以，美国的传统盟友并不是美国对华新冷战阵营的天然成员。例如，泰国虽与美国有同盟关系，但它一直是中国的友好邻邦，要让泰国明确地加入对华新冷战阵营是不可想象的。再如，韩国是美国的重要盟国，但对韩国来说，韩美同盟的主要意义在于应对朝鲜和解决半岛问题。在美国打造亚太新冷战格局的情况下，韩国与中国的关系非但没有恶化反而还在加强。所以，对美国的传统盟友决不能一概而论，美国虽然竭力拼凑对华新冷战阵营，但其结果恐怕只能是竹篮打水一场空。第二，由于美国追求无限霸权，俄罗斯和朝鲜、等国在冷战时期与美国的矛盾至今没有解决，他们或许也有意在中美之间寻求转圜空间，但与那些在中美之间采取均势政策的国家还是有很大区别的。其中，俄罗斯面临美国从欧洲、中东、亚太方向施加的巨大压力，随着北极的解冻，其来自北方的压力也将越来越大，这迫使它必然要稳定南方并寻求与中国的战略合作以在亚太阻止美国的扩张和日本的翻案，同时，从亚太方向牵制美国的全球部署。朝鲜更是如此，不管美国如何机关算尽地离间中朝关系，但只要它不改变为了扼制中国和称霸东亚而长期制造朝鲜半岛紧张局势、阻碍南北双方自主和平统一的政策，朝鲜就只能总体上和中国站在同一个战壕里。此外，印度需要在亚太牵制中国以缓解中国在印度洋和中印边境对其造成的所谓压力，并谋求更大国际战略空间，但只要中国不在印度洋采取霸权政策，印度与中国合作的一面就会大于对抗的一面。这是因为，美国在印度洋的霸权对印度来说更致命。

当前，中国正在恢复其千百年来在东亚的传统影响力，美日要阻止这一由先天地理因素决定的必然趋势，难度可想而知。事实上，中国在东亚主导地位的丧失，域外势力以及日本对东亚的侵略和控制只是历史长篇中的一个短暂插曲。现在，这一整个历史阶段已接近尾声，中国主导的一体化的东亚新格局开始在激烈的斗争中逐渐形成。

三、中国亚太战略思考

亚太是全球地缘政治重心，是中国开拓进取的主要方向，也是外部威胁的主要来源，而且亚太地缘政治格局正在发生二战以来最深刻复杂的变化，所以，亚太无疑应该成为中国全球地缘政治战略的重点。在亚太新旧格局交替的过渡期，不确定性和可塑性同时存在，特别需要我们以积极进取的主动态度推动亚太地缘政治格局向对我有利的方向发展。

第一，推动并主导东亚一体化。当前，美国及其全球霸权体系正处在逐步震荡走低的不可逆转的衰落和瓦解过程中。美国全球霸权崩溃后，很长一个时期内将不会出现全球性霸权，世界将呈现多中心的基本格局。几个主要大国连同以其为核心的周边区域将构成未来世界的若干力量中心。中国和以中国为核心的东亚无疑具有成为未来世界主要力量中心之一的潜力，而其实现的关键就在于中国能否推动并主导东亚一体化。对此，我们应注意以下几个问题：其一，由于并存中美等相互激烈争夺的大国而且国家间政治经济文化关系过于松散复杂，地理位置相距遥远，所以根本不可能以亚太为单位寻求一体化，而要积极推动东亚的一体化。同时，中国与北部和西部邻国的关系缺乏相应的条件，所以，东亚是中国发挥主导作用和构建力量中心的主要依托。其二，处理与周边尤其是东亚国家的关系是中国地缘政治战略的核心问题，必须突破外交工作中所谓“大国是关键”的认识障碍，抛弃“中美关系大局论”和“中美关系是重中之重”的思想束缚，坚决防止用中美关系绑架中国外交，切实把周边放在外交工作的首位。虽然中美矛盾是亚太地区地缘政治的主要矛盾，但美国的对华战略多是通过我周边国家实现的，在与美国进行战略较量时，中国更多的是直接面对周边国家，也就是说，中美矛盾的解决在很大程度上有赖于中国如何处理与周边国家的关系。其三，这里所说的东亚是包括东北亚和东南亚在内的整个东亚。中国既是东北亚国家又是东南亚国家，中国的地理条件使中国天然地成为东北亚和东南亚的纽带和整个东亚的中心。在推动东亚一体化的过程中应以大陆国家为重点，在加强大陆国家一体化的基础上向岛国辐射。其四，促进一体化不能只靠贸易，中国需从贸易、投资、生产、原料、能源、市场等方面统一考虑，形成以中国为中心的东亚完整产业链条和统一市场，使东亚各国经济命脉更紧密地相互联系起来，特别是与中国联系在一起。同时，把人民币国际化的重点放在东亚，积极促进人民币地区化，努力使人民币成为地区通用货币，而不必搞什么亚元。其五，积极探索解决东亚国家间政治和安全问题的地区机制，反对域外国家插手东亚事务，提倡东亚的事务由东亚国家自己来管。

第二，孤立打击极少数，团结争取大多数。尽管一些国家与中国存在这样那样的矛盾，对中国抱有或多或少的疑虑，但它们之间存在本质区别。日本的问题不仅是与中国存在领土主权矛盾，而是其出于建立东亚霸权的野心明确以中国为主要对手，必欲压倒中国而后快。同时，借美国扼制中国之机试图颠覆战后基本秩序，复活军国主义，彻底摧毁东亚和平的政治基础。鉴于日本强大的国力和先进的军事技术，特别是其根深蒂固的侵略性和进攻性，日本对中国和东亚造成的威胁格外具有危险性和系统性。中国要反对美国的扼制，首先要解决日本问题。为此，要继续坚持二战期间就日本问题做出的一系列决议和安排，捍卫其维护战后和平的政治基础地位，反对一切纵容鼓励日本军国主义复活的做法，对日本在美国庇护下未能全面落实战后安排的问题进行重新清算，对日本军事发展力量的限度重新进行明确规定，反对日本被美国一国操控，主张有关国家对日本进行共管，联合有关国家对日本的危险动向共同进行战略遏制，形成保护反法西斯战争胜利果实，反对军国主义的国际统一战线和政治、舆论氛围。此外，在经济上削弱日本，从根本上削弱其侵略扩张的能力。总之，不彻底管住和制服日本，中国的安全环境和东亚的和平稳定就没有基本保障，中日关系的改善和发展只能建立在新的政治和战略基础之上。

与日本不同，绝大多数亚太国家都是中国可以团结和争取的对象。例如，越南虽与中国存在领海主权矛盾，但中越之间合作的一面大于对抗的一面，领海主权问题对两国都是局部性问题。中国需要在领海主权问题上与越南做坚决斗争，但同时要在经济和政治上加强与越南的团结合作，即在领海主权问题上打，在经济政治上拉，拉的一面大于打的一面，总的目的是团结而不是打压。菲律宾与越南不同，本届政府比较彻底地投入美国怀抱，比较坚决地站在美国一边，甚至忘记被日本侵略的历史，支持日本推翻战后秩序，复活军国主义。但菲律宾国力弱小，难以对中国造成致命威胁和实质伤害，其危害主要是为美国扼制中国提供口实和军事立足点，为日本提供策应。但菲律宾现政权的政策与民众的意愿存在相当大的反差，菲律宾民众大多对殖民主义和霸权主义怀有戒心，阿基诺三世的对华政策能否被其继任者长期延续还有待观察。所以，我们一方面要对阿基诺政府的对华政策给予有力回击，一方面要加强对菲律宾民众的工作，促进民间友好，恩威并用，为将来菲律宾对华政策的改变奠定民意基础。此外，泰国、韩国虽为美国盟国，但其战略目标有限且并非以中国为敌，因而都是中国团结争取的对象，其他多数国家更自不待言。与以上国家不同，俄罗斯和朝鲜与中国存在更紧密的战略联系，这是因为俄中同为美国全球霸权的重要对手，朝鲜则是两国的战略门户。面对美国构建新冷战格局的图谋，我们一方面要瓦解，一方面要构建相应的战略阵营，软硬两手结合使用。与俄罗斯和朝鲜的战略联合将对美国和日本形成强大的牵制作用，对亚太战略形势将产生重大影响。为此，应特别注意发挥朝鲜的战略作用，改变美国一面利用朝鲜问题制造紧张局势，一面要求中国压朝鲜妥协让步的荒唐逻辑，帮助朝鲜发展壮大，用朝鲜牵制和平衡美日。同时，支持半岛北南双方排除外部干扰，实现自主和平统一。这样，美国阻挠半岛自主和平统一的真面目将彻底暴露在全体朝鲜人民面前，日本也将更加明确地成为北南双方的共同对手。总之，面对美国的军事同盟体系，中国没有理由单打独斗，必须建立相应的战略结构。

值得注意的是，中国必须掌握外交的主动权、自主权。对东亚国家的外交毫无疑问应该成为中国外交的重中之重，中美关系必须服从中国地缘政治战略大局而不是相反。根本不存在“中美关系处理好了地区问题就好处理了”的这种情况，决不能让中美关系绑架中国外交。事实上，处理好与东亚国家的关系将极大地有利于建立健康的中美关系。

第三，向西太平洋扩展中国的安全屏障。近代以来，帝国主义侵略中国的主要途径就是西太平洋。直至今日，西太平洋仍然是中国遭受外部威胁的主要方向。美国不仅把整个太平洋作为安全屏障，而且将其当作威胁中国安全的战略基地，这种极不对称的安全关系是中国受制于美国和战略被动的地缘政治根源。中国要取得对美国的战略主动权，就必须改变这种极不对称、极不平等的地缘政治安全关系。和世界所有大国一样，中国的安全空间不能局限在国界以内。对于霸权主义的海洋强国，我们的立足点不是在海岸线上或领海以内阻挡它的进攻，因为这等于在“自己家里”打仗，打碎的都是“自己的家当”，对方当然毫无顾忌。我们必须立足于在国门之外建立坚不可摧的安全屏障，从而打消其侵犯、干涉、控制中国的意图。这就是说，西太平洋的安全形势必须改变。我们不谋求威胁和控制美国，不谋求控制整个太平洋，我们只追求有限的安全目标，即关岛以西的太平洋区域要成为中国的安全空间。为达到这个目的，需要致力于以下几项工作：其一，加强在西太平洋的军事存在。由陆基、海基、空基组成的三位一体军事力量要覆盖关岛以西的西太平洋地区，并逐步形成对美日的军事优势。这是一种区域性的优势，而不是全球性的整体和全面优势。由于我们的目标有限而美国的目标无限，美国的力量虽总体上强于中国，但分散并受到广泛牵制，再加上美国总体上在走下坡路，所以我们谋求区域性优势的目标并非遥不可及。其二，加快两岸统一的进程。台湾是中国面向太平洋的门户，又是连接东海和南海的枢纽，战略地位极其重要，一旦两岸统一，中国战略态势将极大改善。近年来两岸关系明显改善，但台湾现政权并未将统一作为其政策目标，企图长期维持现状。其根本原因就是美日对台湾影响太大，使台湾一方面挣脱不出美日的束缚，一方面又将美日当作对抗大陆统一意志的靠山，从而在美日和大陆之间玩弄左右逢源的平衡术。所以，排除对台湾的外部干扰是实现统一的重要条件，而这极大地依赖大陆军事力量能否在台湾周围取得优势。同时，对台湾不可一味示好，大陆军事力量不能只作为威慑“台独”的最后手段，必须形成将台湾抱在怀中的战略态势。其三，控制钓鱼岛，推动琉球复国。钓鱼岛不仅事关中国主权、反法西斯胜利果实和战后秩序，也是日本干涉台湾和染指南海的地缘政治枢纽。中国控制钓鱼岛及其周围海域将在美日扼制中国的第一岛链上打开战略缺口，极大地改变日本和台湾的战略环境和地区战略态势，对排除对两岸统一的外部干扰具有重要战略意义。此外，冲绳原属琉球，系日本窃取之外国领土，美日将琉球私相授受，严重违背几大国共同做出的战后安排。所以，琉球复国具有历史和法理依据，应予积极推动。一旦琉球独立，西太平洋的战略格局将被重写，中国的安全空间将极大改善。

总之，亚太地缘政治格局正在发生历史性演变，各种力量都将重新确定自己的位置，一个崭新的格局将在经历较长时间的尖锐斗争和剧烈动荡后形成。中国完全应该也有条件在其中发挥主动的积极作用，以促使这种演变向正确的方向发展

美国推行“亚太再平衡”战略及其影响

中国前驻德武官、少将 唐寅初

一、出台背景

美国奉行全球战略，但在战略部署上有所侧重。20 世纪 80 年代末，冷战宣告结束。之后的第一个 10 年里，美国的战略重心仍在欧洲，主要通过北约东扩来蚕食苏联的传统势力范围；之后的第二个 10 年里，美国受“9·11”恐怖袭击事件影响，将战略关注重点集中于中东和南亚地区，如今已进入第三个 10 年，美国判定 21 世纪最大的“机遇与挑战”都在亚太地区，认为亚太地区对美国的战略利益至关重要。

2010 年，美国国务卿希拉里·克里顿在夏威夷的两次演讲清楚地表明了美国重返亚太的意图。2011 年，她在《外交政策》杂志上发表的《美国的太平洋世纪》一文中写道，“亚太地区已经成为全球政治的主要驱动者”，美国的当务之急是在亚太地区

“外交、经济、战略等方面大力增加投入”。[①]

2011年11月，奥巴马总统在亚太之行中高调宣示，美国是“太平洋大国”，将“留驻”亚太，通过“坚持核心原则”和与盟友及伙伴的紧密合作，在“塑造”亚太地区未来中发挥“更大、长远的作用”。

2012年1月，美国出台新军事战略。新军事战略宣称美国战略重心向亚洲转移，但由于此种表述引发了国内外争议，随即又改称为“再平衡”战略，意在强调美国从未离开亚太地区，只是在伊、阿两场战争后，对关注重点的重新调整。[②]

2012年6月2日，美国国防部长帕内塔在第11届香格里拉对话会上，发表《美国对亚太的再平衡》演讲，重点谈及美国在亚太地区的作用以及如何推进“再平衡”的新军事战略。引人关注的是，美国60%的海军力量将要部署到亚太地区。[③]

2012年11月17—20日，奥巴马访问泰国、缅甸和柬埔寨三国，尔后参加在柬埔寨首都金边举行的东亚峰会。值得一提的是，这是奥巴马竞选连任后，力排国内对他“步子走得太快”的异议而采取的一次外交行动。可以认为，奥巴马此举向外界显示了一个姿态：他在第一任期内提出的“亚太再平衡”战略将保持连续性，美国的对外政策仍将以亚洲为中心。

上述情况说明，美国的“亚太再平衡”战略是长期摸索形成的结果，充分体现了美国的“良苦用心”。稍加留心的人会注意到，美国亚太战略的表述几经变化，为的是尽可能包装美化奥巴

① 张露：“美国重返亚太是否意在遏制中国”，《中国青年报》，2012年07月20日。

② 阮宗泽：“美国要‘再平衡’什么？”，《人民日报（海外版）》，2012年9月4日。

③ 同上。

马政府的战略意图，减少外界的批评和实施的阻力。笔者认为，美国此次战略调整仍处在演进过程中，但其战略重心东移的方向是明确的，而且速度正在加快，内涵还会深化、具体化，需要加以警惕。

二、战略布局

目前，美国战略调整的布局正在从政治、经济和军事三个层面全面展开，其中：

（一）政治层面

主要是强化联盟，宣示立场，争取支持。联盟体系是美国在亚太地区最重要的战略资本，其战略调整除了需要借助传统地区盟国，如日本、韩国、菲律宾、泰国和澳大利亚等的支持外，还要寻求一些“新的支点”。于是，印度、越南、蒙古、印尼、缅甸等国便成了其拉拢的对象。当然，拉拢需要理由，而中国与一些邻国在领土问题上的争端正好为美国找到了难得的借口。一段时间以来，美国在南中国海和钓魚岛问题上千方百计地采取“拉偏架”的方式来达到不可告人的目的。奥巴马政府很清楚，向有关盟友提供公共产品是获得它们回报性支持的有效手段，而这一时期有关盟友急需的公共产品主要是美国的安全承诺而非军事行动。对美国来说，这种公共产品无需耗费过高成本。

（二）经济层面

大力推进 TPP（Trans-Pacific Partnership Agreement，跨太平洋伙伴关系协定），以谋取亚太地区经济发展主导权。随着东盟

“10+1”自由贸易区的正式启动，以东亚为中心的区域经济一体化得到强劲发展。这一充满活力的地区经济运行模式，不仅吸引了中小发展中国家，而且得到了日本、韩国的积极响应。在这一强势的一体化进程中，美国的影响力逐渐弱化，并出现了被边缘化的趋势。在此背景下，美国于2009年高调加入最初由四个小国发起的TPP，其后又开始接手并主导TPP的发展进程。TPP旨在把亚洲、北美和南美洲相关国家联合起来，打造一个低关税和实现统一规则的贸易集团。目前，已有11个国家参加TPP谈判，计划于明年敲定协议。[①] 日本、韩国已经参加了TPP谈判，中国没有参加这项谈判。

（三）军事层面

第一，加强、调整在亚太地区的军事存在。主要措施有：

在澳大利亚，美国将以轮换方式部署2500人的部队（2012年部署250名），增加进出澳大利亚的军机架次，进一步扩大军事活动。另外，美、澳于2012年11月14日联合宣布，美军将在澳大利亚安置功能强大的空军C波段雷达和太空望远镜，以使美军能更有效地追踪中国空间发射。

在新加坡，美国于2013年春天派遣首批滨海战斗舰，并在当地驻留10个月。

在日本，美军计划从冲绳向关岛转移8000（有可能会减少）余名陆战队员，在嘉手纳空军基地部署F-35新型隐形战机，在普天间基地部署MV-22“鱼鹰”运输机。另外，日本防卫大臣森本敏于2012年11月9日在东京说，日本已向美国建议，希望

① 霍华德．施奈德：“美国和亚洲撇下中国谈贸易”，《华盛顿邮报》2012年9月21日。

修改《日美防卫合作指针》，重新划定保护日本的“防御线”，以应对所谓中国对日本西南部岛屿的“威胁”。

按计划，到2020年前，美国海军将改变目前在太平洋与大西洋平分部署50%战舰的格局，将太平洋地区的战舰部署比例上升至60%，其中包括6艘航空母舰。

2012年10月3日，美国国防部副部长阿什顿·卡特声称，伊拉克战争的结束和阿富汗安全控制权的移交将大大释放美国的军力，其中很大一部分可用于亚太地区。另外，五角大楼正将部分资金投入到研制一些对亚太地区至关重要的新系统中，如新“弗吉尼亚”级潜艇、新型加油机、隐形轰炸机等。

第二，调整五大基地/基地群的三重岛链布局。五大基地/基地群包括：东北亚基地群，东南亚基地群，关岛基地，澳、新地区基地和夏威夷群岛基地群。这些基地/基地群被有意识地分为“防范中国的三重岛链”：第一岛链包括日本的主要岛屿、菲律宾和台湾地区，第二岛链包括关岛及澳大利亚周边，而夏威夷则是第三岛链。

按照美军规划，美国调整上述五大基地/基地群的三重岛链布局旨在完善三线部署，并将重心后移至关岛；在稳固东北亚的同时，加强在东南亚、特别是南海周边区域的军事存在；提升澳大利亚的地位作用，使之成为与日本遥相呼应的“双锚”之一；加强控制马六甲海峡。

第三，推出“空海一体战”作战理论。“空海一体战”（Air-Sea Battle）是五角大楼根据2009年9月美国海、空军秘密备忘录框架而制定的对华作战新理论。2012年1月5日，美国发布了题为《维持美国的全球领导地位：21世纪国防的优先任务》的战略文件。文件强调，美军要具有应对中国军队的“区域拒止和区域反介入”的能力，其目的在于通过“强化美国军事威望”

以及“加强盟国防御力量”来威慑中国，使中国“断绝用侵略或高压手段保证自身安全稳定的念头”。目前，美国正在加紧将“空海一体战”构想逐渐从理念向实践推进。

第四，推动“亚洲版”导弹防御体系建设。目前，美国正计划在亚太地区推动双边导弹防御体系向三边模式转化，集中力量建设东北方向的美日韩和东南方向的美日澳两个三边反导体系，为未来构建“亚洲版”导弹防御体系做铺垫。

第五，加强武装亚太地区盟友的力度。2010 年，在美国武器出口中，亚太地区占为 39%，是美国对外武器出口数量最多的地区之一。在东南亚国家中，新加坡是进口美国武器最多的国家，占 10%，其次是马来西亚。另外，菲律宾也加快了购买美国军舰的步伐。2012 年 8 月，菲律宾用 1038 万美元从美国购买了一艘二手汉密尔顿级巡逻舰，并将其部署在南海海域。紧接着，菲军方又宣布在 2013 年购买第二艘此类军舰，以提升菲海军海上巡逻能力。

三、战略意图

2012 年 11 月 15 日，美国总统国家安全事务助理多尼隆在美国智库战略与国际问题研究中心发表演讲，声称奥巴马连任后首访亚洲标志着美国“亚太再平衡”战略开始进入新阶段，显示出亚太地区将继续成为奥巴马总统第二任期内的“战略优先”。他强调，美国的“再平衡”政策不仅是向亚太地区的“再平衡”，也是在亚太地区内部的“再平衡”，即重新关注东南亚地区和东盟机构。[①]

但美国的“亚太再平衡”战略到底要再平衡什么？美国官方迄今未有权威性的系统解答。笔者认为，主要包括：

第一，在全球范围内实施由欧洲、中东向亚太地区再平衡。

第二，在亚太地区内部实施由东北亚向东南亚再平衡。[②]

第三，在亚太区域内实施军力部署由第一岛链向以关岛为中心的第二岛链再平衡，以应对中国可能的中、远程导弹袭击。[③]

第四，在各种资源和手段之间实施再平衡，将经济放在中心地位（希拉里语）。[④]

第五，对中国崛起实施再平衡。

另外，美国推行“亚太再平衡”战略的真实意图是什么？美国官方和美国学者迄今都一口咬定不是为了遏制中国崛起，但中国的感受并非完全如此。目前，中国学者对此大体上有两种看法：一种看法认为，美国推行“亚太再平衡”战略剑指中国，意在遏制中国崛起；另一种看法认为，美国推行“亚太再平衡”战略是一个全方位的布局，旨在遏制中国，但又不只针对中国。笔者大体认同后一种看法。

第一，全球65%的原材料分布于亚太，世界经济生产总值的61%和全球47%的国际贸易集中在亚太地区，亚太地区是21世纪世界经济发展的希望。过去十年来，亚太地区经济一体化如火如荼，中日韩自贸区建设箭在弦上，而亚太的经贸网络又是以中

① 王恬：“亚太再平衡政策‘进入新阶段’”，人民网，2012年11月16日。

② 王鸿刚：“美国的‘再平衡’遭遇‘被平衡’”，《广州日报》，2012年8月16日。

③ 美国国务院国际安全委员会（ISAB）报告：“保持中美之间的战略稳定”，2012年10月26日。

④ 丁咚：“应对美国外交战略转向策略谈”，《早报导读》，2012年11月24日。

国为中心，美国有一种巨大的被排挤感。在此背景下，美国希望通过推行“亚太再平衡”战略来提振其经济。

第二，美国认为，中国的迅速崛起对美国构成挑战，有可能危及其霸权根基，由此产生的焦虑感空前爆发。在此背景下，美国推行“亚太再平衡”战略的目的之一，显然要遏制中国发展。

第三，过去十年里美国亚太盟友的离心倾向也是促使美国推行“亚太再平衡”战略的重要诱因，美国希望借助“亚太再平衡”来重新塑造同盟关系，加强盟国内部团结。

四、主要影响

（一）对亚太地区的影响

一是导致亚太局势更具不确定性。美国新的军事部署调整完成之后，其插手亚太事务的力度势必会得到提升，对亚太地区“战略支点”的控制亦必将进一步勒紧，而美国借军事霸权进一步干涉地区国家主权的能力也将随之增强，从而使亚太地区安全形势更具不确定性。

二是导致一些美国盟友误判形势。美国推行“亚太再平衡”战略使一些亚太国家以为，美国的根本目的是要大幅度提高在亚洲的投入，并通过加强对这些国家、尤其是其盟国的安全保障来换取他们的政治支持，共同制衡中国。有了这种期盼，日本、菲律宾和越南等国在与中国领土争端中都采取了有恃无恐的强硬立场。其实，这是一种误判，而误判往往会导致加剧地区局势动荡。

三是导致亚太安全结构更加失衡。迄今为止，整个亚太地区安全体系依然是以美国为首的一系列安全同盟。这些在冷战期间确立的安全同盟，其目的是遏制，绝非包容；其实质是排他、绝非兼容。美国推行“亚太再平衡”战略使亚太安全体系的结构性痼疾较过去更有过之而无不及。

四是导致东盟作用弱化。金融危机后，东亚的地区合作取得了很大的进展：中日韩开始了三边合作，中国—东盟自贸区成立，东盟与日本也建立了自贸区，“10+3”、“10+6”合作进展顺利。但是，东亚的地区合作已经不再仅仅局限于东亚的地理区域，也就是说，它已经是亚太化了。不幸的是，“10+3”合作的许多成员都希望加入TPP谈判，这对“10+3”合作的肢解非常明显。而TPP的最终目的是建立亚太自由贸易区。

美国是超级大国，“亚太再平衡”战略旨在重塑美国在亚太地区的领导地位，引导这一地区未来的发展方向，这与东盟的意图是相背的。未来，随着美国再平衡战略的逐步确立，东盟的作用有可能会遭到弱化。

（二）对中国的安全影响

总的来看，美国推行“亚太再平衡”战略会使中国和平发展的战略环境更趋复杂，外部压力进一步加大，主要是：

其一，对中国的战略压力加大。在美国“亚太再平衡”战略架构内，对中国“安全再平衡”力度显然在加大，让盟国出钱、出力、出面牵制中国的意图凸显。与此同时，美国还通过人道主义救援、军事交流、武器出售等方式加大了对中国周边地区的渗透。凡此种种，无疑会使中国受到更大的战略压力。

其二，中国将继续被挡在亚太安全体系之外。作为和平崛起的新兴大国，中国已经融入世界经济体系，但却依然被挡在亚太安全体系之外。美国推行“亚太再平衡”战略势必会进一步加强以美国安全同盟为基础的亚太安全体系，这非但不能满足中国正当的安全诉求，反而往往会造成潜在的威胁甚至伤害，这是一种难以规避的趋势。

其三，使中国的决心面临严峻考验。对中国而言，美国推行“亚太再平衡”战略不会改变其高调介入南中国海主权争端和在钓鱼岛问题上偏袒日本的立场。这就意味在东海及南中国海等海洋方向上，中国都将面对美国的叫板。这样，中国的决心和意志无疑会受到严峻考验。因为，一旦发生区域冲突，中国便没有退路，而美国却并不必须选择与中国兵戎相见。

其四，中国在亚太地区的影响力受到挑战。近年来，中国通过参加亚太地区的各种机制建设，如东盟“10+3”，中日韩首脑峰会、中国—东盟自贸区、东亚峰会等合作机制，提升了中国在地区制度建设中的影响力。美国推行“亚太再平衡”战略旨在恢复其在亚太地区的制度塑造力，从而对中国在该地区的影响力构成挑战。

五、结语

1. 美国针对亚太的军事部署和战略能力建设正在迅速得到强化，其矛头主要是针对中国崛起。但是，中美两国间在经济、金融领域高度相互依赖，在处理朝鲜核问题、伊朗核问题、打击恐怖主义、治理环境污染等非传统安全方面有共同的利益。这就决定了美国对华政策难以倒向全面对抗，而介于接触和遏制之间的“两面下注”，仍是美国对华政策的基本取向，但防范、遏制中国发展的力度在加强。

2. 中国保持对美“斗而不破”的驾驭能力在增加。在中国周边，很难说美国有全面压倒性优势。中国今后应当用经济合作撬动周边的政治态度，谁当美国的棋子，把对美合作变成对中国的压制和排斥，就让谁失去从中国经济获利的机会。这会大大降低一些国家接受美国安全保护的吸引力。

3. 从中国自身的角度来看，美国推行“亚太再平衡”战略显然会增加对中国的战略压力，需要增强忧患意识，加强军事斗争准备，提高军队核心能力建设，特别要在南海和钓鱼岛方向提高应对突发事件的军事能力，完善应急机制，制定海洋法，制定海洋发展战略。但与此同时，对美国战略调整不必过虑，不必过度解读。只要中国保持稳定、团结和强大，把自己的事情做好，没有一个国家能够“遏制”住中国、中国仍处在大有作为的重要战略机遇期。

美国战略重心东移的性质与“空海一体战”

南京陆军指挥学院陆军建设研究所所长　苏开华

奥巴马上台以来，伴随着美国全球战略和亚太战略的调整，其战略重心向东转移愈加明显，这在国内外学术界也已没有多少争议，但是，对于这一事件的性质怎么看，迄今仍无共识。另一方面，为配合战略重心东移、加大对潜在对手的压力，自 2009 年 9 月起，美国军方也提出了“空海一体战”的作战新概念（亦称战役构想），并在相关领域努力推动实施，其真实意图究竟是心理威慑、战略欺骗还是要立足于在未来实战中运用，也是需要设法厘清的一个重要问题。这两个问题与中国当前和今后的军事安全形势休戚相关。

一、如何看待美国战略重心东移的性质及其对我国军事安全的影响

关于美国战略重心东移的性质，近年来，国内学术界一直存

在着两种不完全相同的认知：一种意见认为，美国此举来者不善、居心叵测，矛头所指也是很清晰的，就是要通过重新投子布局防范与遏制欧亚大陆上两个正在崛起的陆上强势国家——中国和俄罗斯，当然中国在其中又是排在第一位的；另一种意见则认为，如今的美国日薄西山，它在世界的霸权也正处在衰落期，因此，其战略重心东移只不过是以攻为守、以进为退、无非是想预防崛起中的大国改变国际秩序、抢夺它在远东西太平洋地区的主导权。

究竟美国的对华战略取向是攻是守？是进是退？笔者以为，在这个问题上，盲目乐观和自我麻痹是相当危险的。我们必须清醒地看到，无论任何时候，美国作为冷战后的唯一超级大国，它追求“一超独霸”和绝对安全的勃勃野心都是不会轻易改变的，与其将其战略重心东移理解为以攻为守、以进为退，莫如把它看作是收缩战线、确保重点。这在“9.11”事件过后10多年、美国业已追杀本·拉登、宣布反恐战争告捷并适时从中东抽身的情况下，显得尤为明显。

之所以作出上述判断，主要理由如下：

第一，战略重心东移是美国冷战后的既定方针，是不以任何政党和政客的更迭而改变的，本世纪初以来，中间虽有10年反恐的一段插曲，但是美国防范与遏制潜在对手的决心是坚定不移的，这也是由它全球霸权的战略需要所决定的。

早在1997年，著名战略学家布热津斯基在其《大棋局》一书中就曾指出：“今天，地缘政治问题已不再是欧亚的哪个地理部分是控制整个大陆的出发点了，……随着控制整个欧亚成为取得全球主导地位的主要基础，地缘政治已从地区问题扩大到全球问题。”①

① 引自［美］兹比格纽·布热津斯基著：《大棋局》，中国国际问题研究所译，上海人民出版社1998年2月版，第52页。

随后，他在2000年初发表的《与中国相处》一文中又进一步阐述了上述观点，认为“欧亚大陆的政治斗争已经取代欧洲的政治斗争，成为世界事务的中心”。这一战略思想不仅被克林顿政府所采纳，而且也为后来的历届美国政府所接受。基于此，美国高层确定的最根本的地缘战略考虑就是要设法控制整个欧亚大陆，因为一旦谁主宰了欧亚大陆，就等于把世界上最重要（经济、科技、文化最发达）的三个地区（欧洲、亚洲、北美）中的两个控制在了自己手中，从而也就在与别的大国的霸权竞逐中占据了主动。于是，人们不难发现，它在冷战后采取的两个最大的战略行动便是在欧亚大陆两端不断推进北约东扩和巩固加强美日同盟，之后，又以反恐为名派兵重返东南亚。从目标和效果看，这些都是以美国为首的海权国家对欧亚大陆主要陆权国家（俄罗斯及中国）安全空间的推挤和压迫。

第二，在地处欧亚大陆的两个新兴陆权国家中，目前，美国最关注的是中国而非俄罗斯，因此，它通过两个层面的战略重心东移加强对中国的防范与遏制就是顺理成章、不足为奇的事情了，对此，既然美国人都不讳言，我们自己当然也就更没有必要讳言了。

美国战略重心东移一般包含了两层意思：一是指它的全球战略重心东移，由大西洋向太平洋转移；二是指它的亚太战略重心东移，由中东西亚转向中国周边。虽然美国这样做的目的动机是多方面的，但是，毫无疑问，针对中国的防范与遏制是重点，这并非我们的主观想像，而是一系列美国战略文件和领导人言论中早已讲明了的。例如：2005年3月，美国国防部长拉姆斯菲尔德在国会作证时曾经指出，中国正在增长的军事实力是美国制定长期防务战略时“主要关注”的一个方面；2006年出台的《美国四年防务评估报告》这样写道，“在主要的新兴强权中，中国是最有可能与美国发生军事竞争的国家，中国也是最有可能发展出破坏性军事技术来挫败美国传统优势的国家”；2008年5月，美国国防部中国问题顾问白邦瑞也声称：“无论谁当选美国总统，美国都可能执行在太平洋地区加强军力以对冲中国军事威胁的战略”；2009年9月，奥巴马新政府的《国家情报战略报告》中更是指名道姓地将中、俄、伊、朝四国列为“美国利益的主要挑战者”。所以，由此可见，从长远来看，美国确实是把中国当作了一个它的主要潜在对手和挑战对象来看的。

另据香港报纸披露，早在2001年小布什上台之初，就曾经让国防部制定了一份针对中国的军事计划（全称《美国军力快速转型方案》），目标是“确保美中战争时有快速毁灭对手之能力”，内容包括——航母战斗群重编、太平洋舰队取代大西洋舰队成为尖端武器集中点、潜艇加装核弹头、派驻重型轰炸机接近攻击地域、特种部队进驻中国周边、强化对中国周边国家的军事合作、太平洋部队开展中文训练等[①]。

截至目前，美国在接近我国的亚太前沿地域已经部署了13.3万驻军，总共11艘航母里有7艘被派到了亚太地区，总共18艘“宙斯盾”战舰中有16艘被派到了亚太地区，另外还把60%的核潜艇以及世界上最先进的F-22隐形战斗机、F-35隐形战斗机、X-47B舰载无人轰炸机、“全球鹰”高空无人侦察机、“鱼鹰”多功能垂直起降运输机、X波段远程监控雷达都部署到了这里，对中国形成了非常明显的威慑。

第三，尽管自冷战结束以来美国发动了多场战争，又经历了反恐和金融危机的考验，总体国力有所下降，全球战略扩张之势也有所收敛，但是，仰仗其军事上独步天下的巨大优势以及海外

① 引自香港《亚洲周刊》2007年12月16日报道。

盟友的鼎力支持，它的霸权主义野心至今未减。

从表面上看，眼下的美国经济捉襟见肘、债台高筑，连国防预算也被迫削减了。但是，俗话说“瘦死的骆驼比马大”，考虑到美国历年的军费基数非常大，至今仍占世界各国军费总和的半数以上。因此，适当的紧缩并不影响其重点方向和重点领域军事行动的运作，这也是美军目前在西太平洋地区“拉帮结伙”、频频演练、不断“舞刀弄枪”的一个原因。正如 2012 年 1 月 5 日新出台的美国军事战略报告《维持全球领导地位：21 世纪国防的优先任务》中所明确指出的那样：“美国的经济和安全利益与从西太平洋和东亚延伸到印度洋和南亚的弧形地区紧密相连”，“从长远看，中国在亚太的崛起对美国经济和安全等许多方面产生了潜在影响”，“我们将加强美军在亚太地区的军事存在，削减国防预算不会以牺牲这一重要地区为代价。”面对美军及其盟友在中国周边耀武扬威、步步紧逼的严峻态势，如果还将其战略重心东移理解为以攻为守、以进为退显然是不合适的，也有悖于客观事实，对维护国家安全、推进国防建设有百害而无一利。所以，笔者认为，正确的战略判断应该是：美国正在利用其反恐取得重大胜利的良机调整布局、收缩战线、确保重点，逐步加大对潜在对手的压力，力图恶化我国外部环境，破坏我国战略机遇期，延缓或者阻止中国的振兴和崛起。

二、如何看待美军“空海一体战”的意图及其在实战中的可操作性

美军筹划“空海一体战”战役构想肇始于 2009 年 9 月，五角大楼在 2011 年春季批准该计划，并于同年 11 月成立专门的办

公室，四大军种均向这一办公室派驻了代表，其太平洋部队还在近年举行的一系列大型海空演习中进行了初步的演练，表明此一构想已经由理论预研进入到了实际操作层面。根据美国专家透露，“空海一体战”的目的，就是要通过加强各个军种作战力量之间的联合和作战体系之间的融合，来设法打破潜在对手的“反介入”和“区域拒止”能力，确保美军在未来全球各地预设战场上的“行动自由”。至于作战对手是谁，官方和军方文件中虽未公开点名，但是，由于这一战役构想是以台海和波斯湾为假想背景的，因此，矛头所向不言自明，当然是指中国和伊朗，而中国在其中又是排在第一位的。事实上，“空海一体战”的论证报告中有380多次直言不讳地点名“PLA”（中国人民解放军）。

如果往深处讲，“空海一体战”还不是孤立的，事实上，它是美军“联合作战介入概念”（Joint Operational Access Concept, JOAC）庞大作战体系中的一个重要组成部分，除此以外，还包括由陆军与海军陆战队联合实施的“夺取并维持通路方案”[①]、由海军与海军陆战队联合实施的“单一海战计划”[②]等。

让人诧异的是，“空海一体战”虽然名为“空海”，然而实际作战空间却并不局限于“空海”，广泛延伸到了太空、网络、信息等多维空间，甚至还有人扬言要对中国腹地的军事和战略目标进行“纵深打击”。据美国国防部公布的《联合作战介入概念》文件中透露，在发生任何冲突的情况下，应“对敌方的反介

---

① 这一方案的设想背景是：美军虽然主要依靠空军和海军来突破敌方的“反介入”，但它或许还不足以实现美国的企图，地面部队很可能被要求去发挥辅助作用，如防空、反导，或通过地面行动实现“强行介入”——引自［英］《简氏防务周刊》网站2012年10月24日。

② 这一计划旨在由海军和海军陆战队携手发起“沿海行动”来对抗敌方“反介入”和“区域拒止”，具体行动包括打击敌沿岸隐藏目标、破坏敌一体化防空力量、为部队登陆创造条件等——引自［英］《简氏防务周刊》网站2012年10月24日。

入和区域阻绝防御展开纵深打击”，以中方的反舰导弹为例，这意味着美军在战时有可能会对我方导航卫星、监控雷达和导弹基地发动先发制人的远程攻击。尽管“空海一体战”因带有冷战思维和挑起核大战的风险已在欧美舆论界受到了不少的质疑和批评，但是，美军在这一领域的规划和运作并未停止，这是需要我们高度警惕的一件事情。

笔者以为，我们对“空海一体战”既不能谈虎色变，也不能置之不理，本着战略上藐视敌人、战术上重视敌人的原则，应当深入研究它对我国国家安全和国防建设的影响，并采取积极有效的应对措施。

目前看来，“空海一体战”是一种打破常规（或者说超越常规）的战法，它对我国国防和军事斗争准备的挑战也是史无前例的，至少给我们提出了以下几点强烈的警示：

警示之一：美军对华围堵已经不再停留于战略威慑。

战略威慑是有效制敌的重要手段，也是各国军队都能理解的“通用语言”。正因为如此，所以美军多年来对此十分重视，并且在军事实践中作出了淋漓尽致的展示。战略威慑的基本要素有三：一是过硬的军事实力；二是敢于运用军事实力的意志和决心；三是设法让对手了解自己的军事实力并由此产生畏惧心理。

众所周知，核武器是一种战略威慑，但是，这种战略威慑通常在实战中是不敢轻易使用的，在核大国之间更是如此。而“空海一体战”则不然，它虽是一种打破常规或者超越常规的新战法，但是由于其尚未提升到核战层面，因此仍然踩着常规战争的边线，让对方摸不清你究竟会不会真的在实战中运用，即使不用，它也能在震慑祛敌方面达到战略威慑的效果。现在，需要我们重点考虑的是它在未来实战中的可操作程度，这一点似乎与数十年前的“星球大战计划”略有不同，应该讲“空海一体战”

构想在未来实战中运用的可能性还是相当大的。之所以作出上述判断，是基于在当前和今后较长的一个时期内，美国在太空控制、网络攻防以及远程打击方面仍然占据着绝对的优势，这在一定程度上增大了它在军事上的冒险性。这里边最为突出的就是X-37B空天飞机的研制，成为其实施“空海一体战”的一件利器。正如美国空军上将威廉·谢尔顿（空间作战计划负责人）2012年3月26日所言，它是未来“空海一体战”构想的关键组成部分，是“能改变战局的”，可破坏中方的太空侦察设备，制约东风-21D反舰导弹的攻击力[①]。另一件利器则是2011年2月4日首飞的X-47B海基隐形无人轰炸机，目前正在航母上测试，它航程远（作战半径2500公里），滞空时间长（载弹后可飞行12小时），一旦真正形成战斗力，即能对敌方纵深腹地的军事目标实施远程精确打击，据称2018年前将优先部署于东亚的第七舰队。美国专家们甚至还设计出了未来与中国交战的场景：汤姆·尚卡尔声称，“也许最令人担心的是中国的电子战和电脑网络攻击，而这可能会削弱由卫星制导的美国先进武器的准确性”，“一个理念是动用F-35联合攻击战斗机来打击外圈的敌方防空系统，为装载灵敏监视系统的F-22隐形喷气式战机开辟通路，让其深入敌方领土，在那里，它可以引导威力巨大的舰射导弹攻击移动或隐藏的目标”；空军副参谋长赫伯特·卡莱尔中将则特别强调了美军在网络信息战方面的优势，“我们可以给他们错误的信息，或者让他们怀疑自己掌握的是正确信息”[②]。

警示之二：现代局部战争已经不再局限于局部范围。

自冷战结束以来，我们的军事战略方针就一直强调要打赢现

① 引自［美］《华盛顿时报》网站2012年4月11日。

② 以上引自［美］《纽约时报》网站2012年1月9日。

代高技术条件下的局部战争，后来又修正为打赢信息化条件下的局部战争，如果是相对于冷战以及冷战之前的世界大战而言，这种提法当然是完全正确的。但是，对于“局部战争”的概念倘若理解不清，把握不准，则极有可能会产生误解，以为“局部战争”仅仅局限于局部范围，这对当前和今后的国防建设和军事斗争准备是相当不利的。事实上，无论是海湾战争、科索沃战争，还是后来的阿富汗战争、伊拉克战争，这些战争虽然就世界范围内而言是局部性质的，但是就交战双方来讲却不完全是局部战争，而是两个国家之间的实实在在的全面战争，战争的结局也是以一个国家推翻另一个国家的政权而告终，这与某些邻国之间偶尔发生的局部边界冲突是截然不同的。如果把这些战争的性质也都当成局部战争来理解，不仅与客观事实不符，而且也会对自身产生误导和麻痹的效应。

由美军“空海一体战”战役构想的内容以及美国军官的一些言论来看，未来有可能发生的台海之战已经超出了局部战争的范围，因为有强敌介入，而且强敌介入时还有可能率先对我重要目标发动先发制人的“纵深打击”，搞不好会牵一发而动全身，使战争在多方向、全维度上迅速展开，弄得我们措手不及，疲于应对。因此，在这一方面事先如果没有未雨绸缪的思想准备、不去做最坏的打算，是肯定不行的，实战中也是要吃大亏的，这是我们贯彻落实新时期“积极防御”的战略方针时需要特别注意的一个关节点。

应对美国战略重心东移亚太的对策思考

第二炮兵某研究所原政委　张海生

第二炮兵装备部高级工程师　刘希凤

当今世界"一超多强"的国际战略格局正在发生着深刻的变化。随着全球政治、经济的重心正在向亚太转移，特别是中国的迅速崛起，美国出于维护其霸权地位的战略野心，正在将战略重心加速东移，一个从西线"反恐"向东线"反华"转移的迹象显露出来，其矛头直指中国。这将给中国崛起的战略环境尤其是安全环境带来诸多新的挑战和重大考验。面对美国全球战略部署调整的严酷现实，我们必须审时度势，全局考量，处变有策，争取主动，积极做好全方位的战略应对。

一、敏锐洞察美国战略中心东移亚太的企图，充分认清剑指中国的险恶用心

美国筹划战略重心东移由来已久。20 世纪 90 年代末冷战结

束后，伴随着欧洲苏联集团的崩溃，美国就开始筹划全球战略重心的调整，逐渐由欧洲大陆转向亚太地区，但由于“9·11”事件打乱了美国政府的战略，东移进程徘徊在中东和南亚。美国政府分析认为，在未来二三十年内，亚太地区将成为全球最大、也许是最重要的经济力量，成为国际政治新的战略重心，亚洲地区“有可能出现一个巨大潜力的军事竞争者，东亚沿海是特别具有挑战性的地区”，并对美国未来具有生死攸关的意义。因此，美国企图通过调整战略重心，实施新的亚太战略，遏制中国，抑制日本，牵制俄罗斯，控制大洋通道，以防止某一国家挑战美国的领导地位，独霸亚洲。进入 21 世纪以来，从小布什政府到奥巴马政府不断加快战略东移的步伐。特别是 2011 年以来，反恐形势开始缓和，美国加紧了全方位布局亚太，打着“增强安全、促进繁荣、推进民主”的旗号，采取“以合作开道、以遏制为本”的招法，全面而积极地参与亚太事务，极力推销美国的经济、政治制度和价值观，扩展美国在亚太地区的影响，尤其是重新调整和部署美国在亚太地区的安全战略，巩固、强化、整合与日本、韩国、澳大利亚等传统盟友的关系，注重加强对印度、越南、印尼等新“战略支点”的扶持力度，尝试缓和同缅甸、朝鲜等敌对国家的关系，推动跨太平洋伙伴关系协定（TPP）谈判，深化同域内各国经济联系，强化在亚太核心地段的军事安全布局，对我国形成一个以重回冷战时期“岛链”封锁战略为特征的“环型”战略包围圈。对此，我们应清醒认识美国战略重心东移剑指中国的战略企图。

一是清醒认识美国战略重心东移对我政治施压攻势的反动性。尽管东西方冷战已过去二十多年了，人类社会不仅未能进入“永久和平世纪”，而且冷战思维也未能实现“历史的终结”，反而在全球化、多极化发展新的国际背景下有了新的表现，和平发展与冷战对抗两种思维、两种理念、两种世界观的碰撞与较量仍然相当激烈。帝国主义金融垄断资本以军事手段寻求垄断利润最大化的本性仍然是当代战争的深刻动因。美国追求强权政治、控制全球战略枢纽、抢掠世界战略资源的野心仍愈演愈烈。中美两种社会制度的矛盾没有随全球化发展而得到根本解决。美国决不想让中国成为第二个苏联与之抗衡，也决不想让迅速崛起的中国动摇美国亚洲霸主乃至全球霸主的地位。所以，打压社会主义中国，西化、分化、弱化社会主义中国，始终是美国战略东移政治目的之所在。

二是清醒认识美国战略重心东移对我军事施压攻势的险恶性。美国以10万亚太驻军为核心，谋求通过设立军事基地、联合军事演习与训练等多种形式的防务合作，保持其前沿的军事存在；经过多年经营美军西太平洋“岛链”体系和基地群建设得到进一步强化，关岛被打造成新的亚太战略枢纽；美军60%的核潜艇和11艘航空母舰编队中的6个编队陆续进驻亚太地区；美高调“重返东南亚”，在我东中国海和南中国海专属经济区抵近军事侦察和频繁举行军事演习。仅2010年以来，美国在整个亚太地区进行各类联合军事演习就有20多场，其中“环太平洋2010”演习，美、澳、加、日本等14国参演人数超过2万人。可以说，美国军事前沿日益逼近我国，指向我国。正如美军太平洋舰队司令维拉德在众议院军事委员会承认，美在太平洋地区前沿部署的军舰、飞机和军队就是为了“威慑中国日益增长的军力”，并对媒体宣称“我们看管着南中国海、东中国海”，以“保障本地区的安全”，这是“美军太平洋司令部长期以来的使命”。美国参议院共和党领袖米奇·麦康奈尔也鼓吹，面对中国的崛起必须做好军事准备。美国国防部2010年2月颁布的《四年防务评估报告》中，甚至有针对性提出所谓打破“反介入”

和“区域拒止”的作战任务。2010年5月18日美国“战略与预算评估中心”发表题为“空海一体战”的研究报告，强调将与新的对手在西太平洋地区打一场空海战争。尤其是美国蓄意利用我南中国海与菲律宾、越南等国的岛屿争端，中日钓鱼岛等争端，中印边境领土争端等问题插手搞事，恶化局势。这不仅强化了其军事同盟体系和共同安全目标，而且多在敏感时间、敏感地域举行领导人会晤和联合军事演习。比如暗地里教唆、支持菲律宾挑衅中国，制造麻烦。因此，美国战略重心东移对我军事施压，使中国海洋方面的问题凸显出来，日渐严峻，战争的威胁和突发事件的应对，都将是常态化的现实存在。

三是清醒认识美国战略重心东移对我经济施压攻势的根本性。美国全球战略重心加速转移到亚洲，根本取决于内在的经济动因，主要是为了维护和扩大美国在亚洲的经济利益，维护美国在亚洲的经济主导地位。众所周知，自20世纪50年代以来，亚洲一直是世界上经济发展最快的地区，并已成为出口最多的地区和世界最大的地区市场。美国国务卿希拉里·克林顿2010年10月8日在夏威夷发表演讲时说：“我们知道，21世纪的大部分历史将在亚洲书写。这一地区将出现这个星球上最具变革性的经济增长。亚洲的许多城市将变为全球商务和文化中心。”亚太地区战略地位的重要，体现在经济上不仅有美国和日本两个传统经济强国，而且有中国、印度、东盟等新兴经济体。亚太地区也成为全球经济最为活跃的地区，就是在金融危机中，以中、印为代表的亚太新兴经济体，仍然保持了7%以上的较快经济成长，成为推动全球经济走出低谷的关键力量。世界各大国关系的相互博弈、各主要战略力量的相互竞争并相互共存合作，形成了亚太地区特色鲜明的战略格局。美国加快全球战略重心转移步伐，将给中国的经济发展安全环境增加更多的复杂性和挑战性。而中国作为紧跟美国之后的第二大经济体，美国历来视中国的崛起和快速发展为潜在威胁和挑战。遏制中国的发展和崛起，显然是美国战略用心所在。美国将不余遗力地利用地缘政治和历史纠结问题挑拨邻国与中国的关系，想方设法恶化中国的经济发展环境；全面控制中国的经济通道，并随时可使用军事手段制造些麻烦和障碍；千方百计地阻扰中国的科技创新，限制对中国的技术转让和中国企业在海外的并购扩展；不断施压人民币升值，实行“量化宽松”货币政策，大量发行美元，输出通货膨胀，转嫁危机；以“反倾销”和“知识产权保护”为借口，不断制造中美双方贸易摩擦，还利用全球气候变暖、控制二氧化碳排放等问题，给中国的经济发展设限等等，这都是意在打压和遏制中国经济发展和强国崛起速度。

四是清醒认识美国战略重心东移对我文化施压攻势的危害性。文化安全与政治、经济、军事等领域的安全密切相关，共同构成完整的国家安全体系。文化安全是国家安全的根本前提，文化危机则是国家危机的必然先兆。我们必须正视美国战略重心东移对我国文化安全带来的挑战和威胁。社会主义中国始终是以美国为代表的西方国家进行思想文化进攻、渗透的重点对象。美国在战略重心东移进程中，必然会凭借经济、科技、军事及信息传播手段上的优势，变本加厉地对我国输出其政治主张、价值观念、生活方式，企图在意识形态和民族文化认同上实现其“美国化”的目的。我们必须看清，美国会加紧推行与“政治霸权主义”相呼应、相一致的“文化霸权主义”，全方位、立体化、多样性地对我实施文化扩张、文化进攻，其危险就是“西化”、“分化”、“毒化”的现实威胁，其图谋就是想“化”掉马克思主义在中国意识形态领域的指导地位，“化”掉中华文化的传统价值观，“化”掉社会主义先进文化内涵，从而“化”进西方资本主义轨道里去。

二、从中国和平崛起的大战略出发，沉着冷静应对美国的新亚太战略

美国新亚太战略的实质是出于巩固美国亚洲霸主地位，维护和扩展其在亚洲的经济利益之目的，在战略上围堵中国，遏制中国发展。如何应对美国战略重心东移的挑战，如何在复杂多变的安全环境中突破围堵、排除干扰、化解风险、趋利避害，强势推进中国和平崛起的宏图大业，我们认为，应“坚持五个不能动摇”：

一是坚持把发展作为第一要务、建设现代化强国的战略目标不能动摇。“发展是硬道理”，“发展是解决一切问题的关键”，这是邓小平同志告诫我们的至理名言。中国实行改革开放政策三十多年来，坚持以经济建设为中心，“一心一意搞建设，聚精会神谋发展”，我们取得了令世界瞩目的经济发展速度和现代化建设成就。尤其是近十年来，我国经历并克服了国际上许多重大的政治和经济特别是全球金融危机的挑战，坚持全面、协调、可持续的科学发展，使我国经济有了更大发展，综合国力进一步增强，国际地位和影响力显著提高，并积累了应对挑战的丰富经验。就是这样的大发展，正在促使中国从一个不够发达的人口大国向现代化强国大跃进。只有发展才能增强实力，有实力才能在国际上有发言权。发展强大了才能不被人欺负。过去我们常说，“落后就要挨打”，现在我们要说，“强国才能捍卫安全”。我们一定要按照党的十八大的战略部署，更加坚定地坚持党的工作重心和中心不动摇，正确处理改革、发展、稳定的关系，坚持发展

这个第一要务，努力把中国自己的事情办好，实现强国复兴大业。这是我们应对美国战略重心东移的基本国策。

二是坚持和平发展，抓住并用好战略机遇期的战略决心不能动摇。中国是社会主义国家，也是发展中的大国。中国实现现代化强国的道路，只能是选择和平发展之路。中国不谋求地区乃至世界霸权，永远不称霸。中国决不会、也决不能靠侵略和掠夺他国来实现自己的强国目标。中国要长期坚持和平外交的方针和“和平共处五项原则”，不搞冷战对抗，最大限度地创造和平、稳定、合作、共赢的周边和国际安全发展环境。特别是要紧紧抓住进入21世纪头二三十年内的战略机遇期，这也是至关中国和平崛起的发展关键期。和平稳定是发展的基础条件，用好战略机遇期，赢得时间，就能赢得主动，赢得胜利。

三是坚持中美关系的基本稳定，避免全面摊牌的努力不能动摇。中美建交30多年来，两国在经贸、金融等多个领域开展了广泛合作，发展迅速，两国已互为第二大贸易伙伴，到2010年双边贸易额已达3854.4亿美元，美在华投资项目累计近6万个，实际直接投资累计达662亿美元，是中国最大外资来源地之一。中国对美投资也已超过47.3亿美元，还购买了大量美国国债。据美国商业部2011年2月28日公布的数字，截至2010年12月底，中国持有的美国国债共1.16万亿美元，对美国克服政府财政困难和金融危机提供了巨大帮助。尽管美国战略重心东移亚太将使中美关系愈来愈复杂，但在经济全球化的大背景下，两国不仅经济上相互依存已发展到“你中有我，我中有你”的程度，而在安全关系上也不仅仅限于矛盾和对抗的一面，也有相互需要合作的一面，而且这种合作也需要不同程度的扩大才对双方都有利。因此，中美关系既有遏制与反遏制的一面，又有部分利益交汇、合作的一面。我们在应对美国战略重心东移的挑战中，应在坚守我们的原则立场和壮大自身力量的同时，注意趋利避害，善于利用利益的交汇点开展合作，避免和减少对抗，也就是要从中美两国人民共同利益和愿望以及亚太地区乃至世界人民期盼和平、合作、发展的大局出发，维护中美两国关系相对稳定和正常发展，处理好双方的利益关系。尽管我们不能对美国抱太多幻想，但应多做把不利的形势转化为有利条件的工作。

四是坚持维护国家主权和领土完整的战略意志不能动摇。美国战略重心东移亚太意在围堵中国，这必将恶化我国的安全环境。美国在涉台、涉藏、涉疆领土主权问题上一直向我国挑事，以“人权”为借口不断对我国施压，在南海问题上不仅直接向我国挑衅，而且纵容周边国家给我国制造麻烦。特别是频繁举行针对我国的联合军事演习，炫耀武力等等。对此，我们在维护国家主权和领土完整的原则问题上，在涉及我国重大利益和核心利益问题上，一定要立场坚定、旗帜鲜明、针锋相对，什么时候都不能含糊，不能退让，不能妥协。我们历来主张通过政治谈判、外交协商解决争端，历来坚持积极防御的战略方针，中国人民从来不是好战者，但是，中国人民从来也不惧怕战争，如果有人敢于挑起战争并把战争强加在中国人民头上，那中国人民将有决心、有信心迎击对手，赢得战争。因此，扎扎实实做好军事斗争准备，既是非常现实的，又是十分必要的。有备无患，战则必胜。

五是坚持发展睦邻友好、联合制衡力量的战略策略不能动摇。美国战略重心东移亚太加紧打造反华包围圈，拉拢周边国家，巩固联盟关系是显而易见的。我们也应该“以其人之道还治其人之身”。大国战略互动关系，是一种相互制约的关系。如何把握和利用好大国战略互动关系，应是我们认真研究探讨的现实课题。必须看到，在全球范围，存在中美欧和中美俄战略互动关系；在亚太地区，存在中美日、中美韩、中美朝、中美东盟战略互动关系。为应对美国的遏制战略，我们要积极发展同欧、同韩、同俄、同东盟以及周边国家的关系，继续深化睦邻友好外交，深化中俄战略合作，深化与上海合作组织的反恐合作，深化与东盟的区域合作，深化与传统友好国家的全面合作，从而获得最广泛、最有力的支持和援手。

三、要审慎处理“四大热点”问题，防止美国借机生事、坐收渔利

第一大热点就是台湾问题。台湾问题是中国的内政，是中国和中华民族的核心利益问题。马英九上台以后，两岸关系趋于缓和。但美国出于长期分裂两岸、从中渔利，进而牵制中国发展崛起的目的，始终把台湾划进美国的势力范围，明里暗里支持“台独”、阻扰统一，不改大规模售台武器政策。2011年9月21日，美国政府依然宣布向台湾出售一批先进武器装备，即为台“改装”其现有的F-16A/B战斗机，售台军用飞机零配件，并提供有关训练项目，总额达58.52亿美元。中国向美国提出强烈抗议，但美国一直置若罔闻。美国干涉中国内政插手台湾问题，从来就没有停止过，美国战略重心东移更会在台湾问题上蓄意挑起两岸猜忌，阻碍两岸统一的步伐。对此，我们必须坚决反对美国干涉我国内政、阻扰两岸统一的阴谋和行径，不仅要在经济、外交和军事斗争准备上采取强有力的应对措施，而且要以更大的力度推进和平统一进程，深化与台湾在经济、文化乃至政治、军事等全方位的交流和整合，加强民众往来和情感融合，强化两岸人民的民族凝聚力，促进祖国统一大业早日实现。

第二大热点就是南海问题。美国奥巴马上台以来，加快实施“重返东南亚”的外交政策，频频在我南海问题上搅局。美海军派出“仁慈”号医疗船开展“太平洋合作伙伴”行动，“华盛顿”号核动力航母进入南海，“麦凯恩”号导弹驱逐舰访问越南，纵容菲律宾利用黄岩岛事件向我挑衅，大搞美越、美菲海军联合演习，等等。2010 年 7 月 30 日，美国国务卿希拉里在参加越南河内召开的第 17 届东盟地区论坛会议上高调声称，南海问题关乎美国利益，华盛顿正努力制定正式司法程序，寻求与南海争端相关的国家进行国际多边合作。美国的用心和频频动作，使得原本就不平静的南海地区更加动荡不定，加之美、日、印与南海周边国家合作、结盟，以及联合军事演习等行动，不断强化在该地区的影响，对我国战略空间形成高强度挤压。目前南中国海周边国家联手对中国的态势愈加明显，并普遍加大了军费投入，加快了武器装备的更新步伐，海上军事力量日益强化，使该区域的矛盾冲突和“擦枪走火”的几率在加大。当前，处理好涉及我国主权的南海问题非常现实、非常迫切。想要坚定地、不妥协地维护我国海洋权益，一是要打好外交战、宣传战、法律战，始终表明中国维护主权的严正立场，有理有利有节地处置争端问题；二是要对美国与周边国家举行的军事演习活动保持冷静，对可能出现的突发事件要有准备；三是必须加大我在南海地区的军事存在，加强正常的巡逻和演练，提高海上防御能力和反制能力。

第三大热点就是朝鲜半岛问题。2010 年以来，因“天安舰”事件和“延坪岛”炮击事件，以及美韩多次大规模军演，使朝鲜半岛南北双方对峙加剧，朝核问题解决进程停滞不前。可以预见的是，美国战略重心东移更会使朝鲜半岛问题处在风口浪尖上。我们在朝鲜半岛问题上，应始终坚持维护半岛和平与稳定，主张半岛无核化这一重要原则，继续积极斡旋，尽早促成重启“六方会谈”，目前美国还难以放弃六方会谈机制，这也是中美之间合作的一个基础。巩固中朝传统友谊，符合中国的战略利益。我们应加强与朝鲜的沟通、合作，力求在重大敏感的问题上形成共识。要通过友好往来、经济援助、文化交流等多种途径和手段，支持朝鲜的经济发展建设，深化两国人民用鲜血筑成的战斗友谊。我们还应通过与韩国的经济、外交等活动，尽可能地做好稳定朝鲜半岛紧张局势的工作。我们坚决反对美韩针对朝鲜乃至中国的联合军演，对可能发生的突发事件，要有防范措施。

第四大热点就是中日钓鱼岛争端问题。钓鱼岛及其附属岛屿，自古以来就是中国的固有领土。最近，日本政府不顾中国的强烈反对，进行了所谓的“国有化”购岛闹剧，并大打宣传战，寻求所谓的国际理解。对于钓鱼岛问题，现在已经到了不能“搁置争议”的地步，中国必须采取强硬手段予以应对。要占据道德和法理制高点，高调宣示主权，让世界了解历史真相，明确支持保钓行动，形成强大的舆论氛围和有利的国际认同；要加强在钓鱼岛水域的渔政巡逻，维护好中国渔民在钓鱼岛水域的正当渔业生产活动，坚决回击干扰我渔民从事渔业生产的侵略行为；要加强在钓鱼岛及附近海域的军事活动和常态化训练演练，切实把军事力量作为解决钓鱼岛争端问题的坚强后盾。美国虽然在钓鱼岛主权问题上表示不选边站，但已把钓鱼岛纳入了日美安保条约范围之中，我们必须时刻保持高度警惕和高度戒备，应做好最坏的打算和打硬仗的准备。

四、要把中国海疆防卫安全作为战略重点突出出来，加快构筑全面而强大的战略防御体系

应对美国战略重心东移亚太，更显我国的海疆防卫安全问题突出，形势严峻。我国除了有960万平方公里的陆地国土外，还有约300万平方公里的海洋管辖领域，其中南海占了210万平方公里。目前南海地区与我有海洋主权争议的国家就有越南、菲律宾、马来西亚、文莱等国，并已占据和控制我国51块岛礁。如果按照越南、菲律宾的主张，南海95%的大陆架和专属经济区都处在他们的管辖下，剩下给我们的只有5%。南海周边国家正企图通过立法和利用国际公约机制将南海岛礁非法侵占合法化，并勾结美国等外部势力，远交近攻，诋毁我南海政策和2009年我正式在国际上提交的九段线，把南海问题国际化。最近，美国军舰已重返菲律宾的苏比克海军基地和越南的港口。南海周边国家的军备增长速度也是世界第一。还有东海问题、钓鱼岛问题一直是中日海洋权益争端的老大难问题，近来钓鱼岛争端更是火药味十足。除此之外，中国的经济发展离不开海上通道安全问题。美国把世界上16个国际航行的海峡列为在必要时必须控制的战略咽喉，包括马六甲海峡；在北冰洋海底活动的美国潜艇都可以攻击地球上的任何一个点。美国现在联合周边国家不断进行海上军演，实际上是在展示海上对我国的封堵能力。因此，加强我海疆防卫安全迫在眉睫。一是要坚持海上军事力量现代化建设与我国快速发展崛起的安全需求相适应。我们必须具有支撑发展、维护发展、捍卫发展的海上防卫实力。只有牢牢掌握制海权，才能确

保广阔海疆的防卫安全。二是要加快发展“深海”力量，提升中国远洋军事防卫能力。最近中国第一艘航母“辽宁”号已交付海军使用，但舰载机还未装备，中国的海上力量建设与美国等发达国家相比还有不少距离。三是要尽快提高我军海上作战的“两种能力”。即要提高海上远程目标和海上运动目标精确打击能力，扩大海上防卫纵深，增强威慑力。四是要全面加强我陆、海、空联合作战体系建设。针对美国提出的“空海一体战”理论，应研究战法对策，加强联合演练，提升海上联合作战的实战能力。

如何看待美国战略重心东移

解放军防化学院军队政工教研室副主任　魏　维

一、美国企图利用中国邻国制衡中国

美国战略重心东移，目的是遏制中国，却心有余却力不足：其一，美国财力匮乏。伊拉克和阿富汗战争使美国消耗巨大，欠下巨额债务，除了眼前的债务危机，它还有更多潜在的易被忽视的86万亿美元的隐性债务。随着时间的推移，美国面临的经济压力会越来越大。其二，美国计划收缩军力移师亚太，但中东正处于乱局，以色列与伊斯兰世界的关系日益紧张，而美国国内犹太财团在政治层面上具有相当大的话语权，因此美国要实施战略重心东移的计划会遭遇很大困难。其三，在相当长的一段时间内，美国军力非常吃紧，其“财政悬崖”在美国两党内斗之下，若不能如期解决，今后几年势必将逐年削减国防预算，在军费日益紧张的形势下，美国在东亚的军事行动将会受到越来越大的制约。

于是，美国想在亚太地区、中国的周边编织一张网来困住中国，即利用中国邻国与中国的各种矛盾，鼓动他们不断挑起与中国的争端，干扰中国发展。通过分析不难发现，被美国搅动起来的这些亚洲国家，既有积极响应者，也有顾虑重重。“首鼠两端”者。这其中只有日本才是美国战略重心东移能借助的关键性力量。

二、日本是美国亚洲战略中最重要的国家

（一）美战略重心东移的主要助力不是东盟国家

纵观被美国鼓动起来的菲律宾、越南，由于实力过于弱小，即使它们反对中国的调子喊得再高，对美国的帮助都极其有限。眼下越南军事实力与过去相比有所增强，但想凭此对付中国，无异于蚍蜉撼树。而且作为社会主义国家，越南政府对与美国的合作发展到何种程度心存顾虑。另外，菲律宾、越南都担心与中国交恶将影响其自身经济发展。2011 年中菲双边贸易额占菲律宾外贸总额近 30%，占中国外贸总额的 0.89%；2011 年越南对中国的出口占其出口总额的 11.2%。中国是越南最大的农产品出口市场，2011 年越南对华出口的农产品占越农产品出口总额的 1/5。越南本国发电量无法满足其增长需求，越南北方多个省份从中国进口电力，从中国进口的电量占越南总供电量的 6%。尤为重要的是，在建设满足越南未来能源需求所必需的基础设施方面，中国发挥着关键作用。投资银行花旗集团的分析师在最近一份报告中向客户表示：中越之间的巨大经济利益，可能有助于防止南中国海紧张局势继续升级。由此，在多大程度上对抗中国，越菲政府还没下决心，仍在观望。

美国原打算推动整个东盟联合起来对付中国，但中国与其中某些国家如柬埔寨等建立的长期稳固合作对这种企图起到了抑制

作用，美国的努力没有达到理想效果。

（二）美国的潜在盟友印度有疑虑

印度作为新兴国家，具有较大的发展潜力。面对中国的迅速崛起，印度有一种不服气想与中国较量一番的想法。但印度的发展前景具有较大的不确定性。决策慢、行动慢这些印度社会制度的固有顽疾，很大程度上阻碍了印度的发展，甚至会导致其坐失发展的良机。印度的国防建设也受此影响，并且总是被不断出现的意外问题拖累。短时间内，印军无法派上大的用场。若干年后，随着形势的巨变，印度可能会被迫放弃制衡中国的想法，转而真心实意地与中国发展合作关系。

（三）美国只能指望有实力的盟国：日韩澳，其中有意愿出力的是日本

先说韩国。韩国在经济上对中国的依赖程度远高于日本。以2011年韩国的对外贸易为例，中国、美国和日本是韩国出口排名前三位的国家，出口额分别占韩国出口总额的24.1%、10.1%和7.1%，进口额分别占韩国进口总额的16.5%、13.0%和8.5%。可见，在韩国的对外贸易中，中国所占份额在20%以上，而美日合起来也不到20%。尽管韩国政界的中坚力量均为亲美的右派，韩国民众对中国印象不佳，但他们在对中韩经济关系的认识上，头脑还算比较清醒。正是中韩关系的重要性使得《韩日军事情报保护协定》在韩国朝野强烈的反对声中，签署无限期延迟。这本是美国极力想把韩日撮合到一起，让美韩、美日同盟真正变成一个三角的美日韩同盟的粘合剂，却发挥不出作用。由此可见，韩国虽然可能为美国战略重心东移摇旗呐喊，但充其量只能是虚张声势，绝不会为了帮美国而对中国采取什么实质性措施。

再看澳大利亚。中国为澳大利亚第一大贸易伙伴、第一大出口目的地和第一大进口来源地。矿产品一直是澳大利亚对中国出口的主力产品，2011 年出口中国的矿产品达到 583.6 亿美元，占澳大利亚对中国出口总额的 78.3%。以铁矿石为例，2011 年澳大利亚对中国出口铁矿石为 29.67 亿吨，占其铁矿石出口总量的 68%。澳大利亚的金融服务业是建立在矿产资金的基础上，房地产资金的来源也依赖于矿产业。矿产业、金融服务业、房地产业这三项是澳大利亚经济的主要支柱，可见中国市场对澳大利亚的重要性。澳政府最近制定的发展战略，是要以亚洲新兴国家的发展作为本国的发展契机。2012 年 10 月澳政府发布的《亚洲世纪中的澳大利亚》白皮书称，亚洲世纪是澳大利亚的机遇，澳大利亚在今后的战略焦点，将从目前欧洲的“旧国家”转向以中国和印度为代表的亚洲新兴经济体。澳大利亚将与本地区各国建立更强大和更全面的关系，特别是与中国、印度、印尼、日本和韩国等亚洲国家的关系。优先并迅速发展与中国和印度协作，扩展全面的双边架构，优先发展与中国、印度、印尼、日本和韩国之间的全面国家战略。由此可见，澳大利亚不会为了支持美国的亚洲战略而损害同中国的关系。

从总的局势看，东盟国家缺乏帮助美国的实力，韩、澳没有帮助美国的意愿，有实力有意愿帮助美国的只有日本。日本是美国亚洲战略中最重要的国家，它的军事装备技术水平高、经济实力强，是美国在全球范围内最有实力的盟友。在右翼势力的诱导下，日本超过 80% 的民众反感中国，尤其在中国超过日本成为世界第二大经济体之后，日本民意对中国的崛起更加抵触，因此日本政府对中国采取强硬立场是意料之中的事。目前日本从上到下右倾化严重，迫切想借助美国的力量压制中国。

三、中日钓鱼岛争端，主动权在中国

最近，美国参议院决定在2013财年“国防授权法案”中增加一附加条款，规定《日美安保条约》的第五条适用于钓鱼岛。美国选择在日本大选前夕，做出如此的动作，其目的就是为了给日本民众造成错觉：美国会为日本撑腰，从而进一步煽动日本民族主义情绪，促使新政府对中国采取强硬立场。

日本会不会如美国所愿，对抗中国呢？事实上日本将受到很大制约。

首先，军事上，日本自卫队飞机数量相对较少，能参与行动的飞机不到中国的1/4，这个差距不足以用技术的先进来弥补，中国先进战机数量多，前线机场分布广，因此，相对于日本自卫队，中国空军在东海上空有优势。中国大陆距离钓鱼岛也比日本近，有350多公里，不仅在短程导弹的射程之内，也在中国新式远程火箭炮的火力覆盖之下，一旦爆发武装冲突，日本没有优势。

其次，经济上，中国是日本第一大贸易伙伴、第一大出口目的地和最大的进口来源地。2011年日本对中国的出口占日本出口总额的19.7%，对中国的进口占日本进口总额的21.5%。日本进口中国商品有一个很大的特点，就是其中有60%的商品是在华日资企业生产返销回日本的。2012年9月日本政府“国有化钓鱼岛”的行为使中国发起了抵制日货的运动，仅仅是部分中国民众的自发行为，就使得日本经济遭受严重损失。现在日本经济已经进入衰退，一旦中日爆发武装冲突，进入战争状态，中国可用符合国际法的手段对日进行经济制裁。这种由政府主导的全面制裁，将对日本经济造成毁灭性打击。在这种情况下，日本坚持不了多长时间。

由此可见，中国对日斗争的王牌是经济手段，钓鱼岛争端一旦引发军事冲突，不论中日双方胜负在谁，中国都掌握绝对的主动权。在这种情况下，中国可以采取灵活手段，其一是继续维持对钓鱼岛的巡航，这是稳妥之策。其二是采取进一步压迫的动作，如登岛或在岛上建立标志性设施。这看似冒险，但日本却没有应付手段，因为一旦阻止中方的行动，就有可能会引发冲突和对抗，那将会招致中国一连串的反制措施，特别是这其中的经济制裁，日本根本无法反抗。

如果中国在钓鱼岛争端中取得主动，将会全面压制美国的亚洲战略，瓦解美国战略重心东移的初步构想。在今后相当长的一段时间内，中国将会处于一个有利的位置。美国会不会因此善罢甘休呢？当然不会。中美竞争是一场博弈，中国的崛起使美国享有全球霸主的红利的各种条件正处于迅速消解之中，美国为维持其全球地位，必然会对中国进行更加凶狠的反扑。对此中国要更加警惕！

略谈美国战略重心东移与中美关系

中联部咨询小组成员、国际自然和社会科学院院士　俞　邃

美国战略重心东移引发的问题甚多，笔者侧重从中美关系角度谈几点看法。

一、要厘清美国战略重心东移与几个方面的关系

1. 与美国自身的关系。美国战略重心东移是被迫无奈，但不能因此而否认美国仍是当今世界唯一超级大国的事实，也不意味着美国会放弃维系世界霸主地位的全球战略。美国战略重心东移是确凿无疑的，但包含某种相对性也不容忽视。

2. 与中国的关系。美国战略重心东移的意图复杂，遏制中国崛起是其“重中之重”，但并非唯一因素。不应就此怀疑中美之间发展建设性伙伴关系的必要性与可能性。准确把握分寸加以应对，方能不出偏差。

3. 与俄罗斯的关系。俄罗斯的崛起，尤其是普京选择的发展

道路、重振俄罗斯的宏图和敢于顶撞西方的个人风格，让美国很不快意。美国所谓“重返亚太”，与北约呼应夹击俄罗斯的用意也是不言而喻的。

4. 与美国欧亚战略的关系。美国非常重视欧亚大陆，曾将其中亚战略置于全球战略的高度加以宣示。这应引起我们的关注：其一，“9·11”事件后插足中亚，是冷战后美国战略上的一种突破。美国演变中亚国家，是演变苏联的延续，包含针对俄罗斯的意图，但更要注意包围、演变中国的居心；其二，中亚国家对中国之重要性，绝不亚于东北亚和东南亚，因为与存在分裂主义势力的新疆相联；其三，要珍惜与俄罗斯形成的上升到安全战略高度的全面战略协作伙伴关系，扩大与增强与俄罗斯的精诚合作，这是大局。

二、中国对美关系应建立在对立统一性基础上

1. 在经济全球化的大背景下，当今各国之间的相互依存度越来越加深，但这个世界毕竟是对立统一的世界，既体现同一性、依存性，又存在矛盾性、斗争性。资本主义与社会主义两种社会制度，既相互联系，又相互抗争。

2. 中美关系的对立统一性尤为鲜明。应该充分肯定我国与美国谋求“积极、合作、全面”关系的合理性。有人针对目前中美关系中存在着的对中国不利因素，质疑中国对美政策，认为关键问题在于我方没有把握和运用毛泽东所说的“谁是我们的敌人，谁是我们的朋友，这是革命的首要问题”。毛泽东的这个理念形成于以“革命与战争”为主题的时代，无疑是正确的；但是随着时代主题的变化，必须做相应的调整。在以和平和发展为主题的

时代，要善于鉴别和确认谁是我们真正的合作伙伴，谁是半心半意甚至虚假的合作伙伴，这是国家建设和实行改革开放的首要问题。诚然，虚假的合作伙伴往往怀有某种敌意，对此我们当然不能掉以轻心。

3. 我们在与美国打交道的过程中，强调中美关系的特殊重要性，确定为“重中之重”，显示我方的合作诚意，是必要的。这是体现两国之间利益的依存性和同一性。但是，不能因此而掩盖中美之间的矛盾性与斗争性。中美存在分歧，这是客观现实，有必要在我们的言行中公开地、毫不含糊地加以表达。处理对美关系要立足于对立统一性：关注同一性、宏大同一性，但不夸张同一性；重视矛盾性，解决矛盾性，但不激化矛盾性。总之，中美关系既不能建立在单一的斗争性基础之上，也不能建立在单一的同一性基础之上。

3. 我们在处理对美关系时仍应坚持增加信任、减少麻烦、发展合作、不搞对抗的原则，但同时也要防范美国对华传统使用的“接触加遏制”方针，警惕它“接触”与“遏制”时而并用、时而交替使用的政治伎俩。中美建交30多年来，两国关系之所以被称作在曲折中发展，根源即在于美国政策的这种扭曲。考虑到舆论导向，要适时地揭露美国对华政策的两面性。美国在一些重大问题上对中国反复无常的态度，说明对方并不滞留于同一性，而往往在矛盾性方面“理直气壮地”做足文章。

三、处理对美关系要关注几个要点

处理对美关系，在认识两重性的同时，要把握制高点，因而需要注意：

1. 与美“斗而不破”是一种谋略，不应在媒体上炒作。美方显然摸透了“斗而不破”这个底线，所以总是在不导致激烈对抗从而不至于损害其自身根本利益的前提下，千方百计地给中国制造麻烦和困难。最近美国在钓鱼岛问题上模棱两可的态度就是又一例证。

2. 切记美国对华关系的深层症结所在。2012 年 7 月 21 日日本《朝日新闻》刊登了对美国布鲁金斯学会中国中心主任李侃如（曾任国家安全事务总统特别助理兼国家安全委员会亚洲局资深主任）的访问，值得重视。他说：“美中两国分别是全球第一和第二大经济体，且都拥有广袤的国土。但在政治体制、文化、历史层面却存在巨大的分歧。这两个国家间迄今为止没有发生什么冲突已经可以算作奇迹了。”还说：“美国不能信任中国，归根到底是政治体制的根本差异导致的。美国人的倾向是不会信任独裁统治、而且还是共产党主导的政治体制。这也是植根于美国历史的认同性问题。”

3. 处理与美国的关系，务必定位得当。“非敌非友”论流行甚久，得到各方较广泛的认同。任何国家之间的关系，其实都是既合作又竞争的关系。中美之间无论是合作还是竞争，都要涉及政治、经济、文化、军事、外交和地区安全等诸多领域。合作不意味着结盟，竞争不等于对抗，应摒弃冷战思维。中美关系不是零和关系，而应是互利共赢关系。中美之间将合作上升为全面合作、建设性合作，是可取的，但调门也不宜过高而让人产生错觉。

始终不渝地坚持独立自主的对外战略路线

中国前驻欧盟大使　丁原洪

研究国际形势，应该本着历史唯物主义的观点去研究，不能采取主观唯心主义的办法，更不能按照西方的说法或理论来研究形势。我们一直奉行独立自主的和平外交政策，在国际问题研究中，特别需要强调独立自主，要用我们的思维去思考问题，而不能用西方的思维去思考问题。

十八大报告中有两句话，一是“当前世界形势正在发生深刻复杂的变化”，一是“这个世界不太平”。现在的世界最大变化是什么？笔者认为是国际秩序的变化。

二战以后，以美国为首的西方阵营在实力方面占优势，国际秩序由他们主导，国际规则也是他们制定的，为此成立的国际组织也是他们控制，即使像联合国这样的组织，实际上也是西方国家在控制，更不用说后来成立的世界银行、国际货币基金组织了。

但是现在情况发生了变化。由于资本主义体系发展出现问题，特别是在经济全球化的助推下，现在国与国之间的力量对比，正在发生历史性转折。现在包括中国在内的发展中国家的经济实力，已经渐渐同西方发达国家趋向平衡。

因此这就出现一个问题，西方国家想维持它们的既得利益，而广大发展中国家随着实力的增长，要求改变不平等的地位，要求享有更大的发言权和享有平等的权益。这是当前世界形势的一个主要矛盾，这个矛盾是不容调和的。特别是美国奉行的是独霸全球战略，它绝不会轻易放弃这个战略。西方一些大国已经习惯奉行强权政治，这种恶劣的习惯不会改变。日本也一样，它想走扩张的军国主义道路。

在这种情况下，发展中国家怎么能够不经过斗争而在国际事务中享有更大发言权呢？这个世界上本来就存在着宗教教派、领土主权、海洋权益方面的纠纷。现在西方一些国家为了自身的利益，到处插手制造矛盾，使矛盾激化，促使一些地区发生动乱。由于上述种种原因，笔者认为世界人民是希望和平和谋求发展的，但是和平的环境以及发展的良好环境不会自动到来。

我们的对外战略思想历来是很清楚的，就是反对霸权主义，维护世界和平。这次十八大报告重新提出反对霸权主义，而且我们自己不称霸，这是我们的立场。中国应该用实践向世界表明，中国反对霸权主义、强权政治，永远不称霸，中国是维护世界和平的坚定力量。

谈到战略问题不能不谈到美国。有的学者声称，美国没有意图遏制我们。笔者对这种论点感到很惊讶。

回顾历史，1949 年新中国成立以后，长达 23 年的时间里，美国不承认我们，对我们采取封锁、孤立的政策，而且借机军事占领台湾。两岸至今还没能统一，背后就因为美国的阻挠。即使到 1971 年基辛格访华，美国也没有改变立场。尼克松访华时，同周恩来总理会谈的第一句话说：我这次来中国是为了美国的国家利益。言外之意就是：我不是跟你们来讲友好的，我们没有改变我们的政策。周总理当时也很英明地说：这是理所当然的，任何国家领导人的外交行动，首先要考虑本国的利益。美国打开中美关系大门，与中国建交，是为了对付苏联。即使如此，美国也没有放弃控制中国的图谋。在尼克松访华之前，白宫办公厅主任黑格来打前站，来华之后，他说："我们关心中国的生存能力，我们绝不容许任何国家侵犯中国的生存能力。"周总理厉声说道："一个国家的生存能力是靠它本国自己，不需要别的国家的保护，我们跟你们建立关系不需要你们的保护。"最后黑格表示道歉。但实际上美国根本就没有想与我们保持平等关系，也没有放弃对我们的遏制。1989 年政治风波之后，美国联合西方，对我们进行制裁长达五年之久。1995 年，美国提出遏制加接触的战略，其原因是美国制裁我们的措施失败了，西欧国家也相继退出所以才采用了遏制加接触的战略。美国现在讲的接触加遏制中国的政策，是为了让中国遵循国际共同法则，就是西方的规则。接触加遏制的核心还是要遏制，所以我们不能天真地认为中美可以相互依存，建立中美利益共同体。美国与欧洲的经贸关系超过我们，意识形态一样，价值观也一样，还是同盟国，但反观这次经济危机，美元与欧元的矛盾不断，他们都不能建立利益共同体，又如何跟中国建立利益共同体？

所以我们对目前的形势要认识到两点：第一我们要丢掉幻想，迎接挑战；第二我们要有自信。我们现在走的路是对的，内外政策是对的，我们的发展是在上升的；而美国由于本身错误的内外政策，自我消耗，它在走下坡路。我们在战略上要藐视它，在战术上要重视它，只有这样我们才能很好地应对美国的战略重心东移。

陆海均衡发展　应对美国战略东移

北京航空航天大学战略研究中心主任　王湘穗

我们应该怎样应对美国的重返亚太战略或者叫再平衡战略？现在表现出来的主要思路有两个：一是兵来将挡，针锋相对；二是先谋不败而后求胜。笔者建议采取一种大陆战略来化解海上的安全压力，以海陆均衡的发展战略来应对来自美国的战略压力。

具体原因有三个：

第一，从我国国情看，中国是一个海陆两栖国家，不仅有海而且有陆，可以倚陆向海。从 1978 年改革开放以后，整个国家经济重心明显向东移的非常多，形成了目前我国经济沿海化的现象。比如长三角、珠三角、环渤海等三个城市带占国土面积的 5%，但是 GDP 占全国的 40%、出口商品占 75%、外国投资占 60%。区域经济沿海化趋势，强化了我们对于海外市场和海外资源的依赖。现在我们的石油消费的 55%，铁矿石消费的 75% 都依赖海外市场和海外资源地，因此对海上航路高度依赖，如进口铁矿石的 99%、进口石油的 95% 都是通过海上运输，所有外贸产品的 93% 也是通过海上运输，海上通道成了我国的命脉，甚至可以说命悬一线，就悬在海上通道上。

第二，从美国战略长处和其短处来说。美国有很多优势，一个最明显的优势是，目前它是最强大的海权国家，实际控制着世界所有海洋通道。尤其它在深海和远洋相对我们具有绝对优势。前一段时间，我们都在研究美国的“海空一体战”，笔者觉得这并不可怕，因为还是像跟苏联对抗时候的陆空一体战的翻版。但最近美军有人提出“近海控制”战略，要点是把中国海军控制在第一岛链之内，控制该地区的控海权和制空权，实行近海封锁，而不是对中国进行空中打击，迫使中国在美国军事力量最强、中国军事力量最弱的地方跟美国发生军事对抗。笔者认为，这个近海控制战略已经超越了空海一体战，更符合美国政治利益，也更符合他们的作战理念，还能更好发挥他们的地缘优势，同时也是对我们威胁更大的一种战略。值得我们高度重视。

美国有长处也有短处。基辛格说美国从全世界角度来看，是一个岛国，是处在亚欧大陆边缘的一个国家。因此，从亚欧大陆的角度观察，美国就是一个边缘性的国家，这有点像英国当时面对欧洲大陆的情况。因此美国一定要通过对欧亚大陆上的大国实行隔岸平衡，使其互相制衡，不能一体化，来规避使美国边缘化而处于不利的地位。美国现在的经济已经金融化、虚拟化，实体产业空心化，加上地缘的边缘化，这是美国难以克服的弱点。有鉴于此，我们应该在实的地方多下工夫。

第三，世界格局的变化。最近这十年，整个世界力量的重心由大西洋向太平洋转移，目前在环太平洋地区，经济大概占到世界 GDP 的 70% 左右，人口占到 2/3。而太平洋地区中的 3/5 的人口和经济是在东亚。所以说，美国不可能不对亚太进行控制。希拉里的文章中对重返亚太的原因就是这么讲的，“由于太平洋地区很重要，我们美国就要回来了”。

现在有一句很著名的话，就是太平洋很大，可以容得下中美两国。可问题是，美国占了绝大部分太平洋，连个太平洋的边都不想给中国。太平洋的中心在哪儿？美国觉得应该以他为中心。可实际情况是，在过去十年间，由于东盟“10+1”、“10+3”，构成了东亚地区1万亿美元左右的贸易圈，并在朝货币结算圈发展，东亚的经济整合出现了脱离美国经济的趋势，这是对美国利益的重大打击。这就是美国要在朝鲜半岛制造麻烦，在南海、钓鱼岛制造麻烦的原因，核心是为了打破“10+3”的整合，要继续维持以美国为中心的亚太格局。我们看到这一点，应该对来势汹汹的美国战略东移做到心中有数，才能以符合我国实际情况、针对美国弱点的思路设计避实就虚的战略。把我们自己的事情做好、搞扎实，就是应对美国战略东移的一种很好的布局。

具体有以下几点：

第一，发展中西部，调整国家的经济重心。我们现在的重心过于偏东，这是不利的。这不仅仅是经济方面的问题，也是战略布局的问题。然而想要发展西部需要解决许多问题，包括水资源问题、少数民族身份、国家认同问题、宗教问题、国语教育普及问题、西部行政区划的问题。这些问题都解决了，才能使中西部都发展起来。我们不是把西部资源拿到东部来用，而是要在西部建立起与东部实力相当的、对于中亚有很大辐射力的经济中心，这样我们国家的重心就稳定多了。

第二，与俄罗斯以及其他所有亚欧大陆国家推进经济一体化和货币同盟。与俄罗斯我们不仅要在资源上合作，在产业链上也要有更多合作。现在我们对于俄罗斯的合作没有从战略上考虑，有一种“土财主沙文主义”倾向，觉得自己有点钱，就有点瞧不起他们。其实俄罗斯是中国重要的战略支撑，有了俄罗斯的支持，我们在资源、通道上的问题就在很大程度上解决了，美国人很难影响亚欧大陆的腹地，来了我们也好对付。对于俄罗斯的关系应该是重视增量的问题，重经济、重产业、重资源，不见得马上就说政治同盟、军事同盟的问题，而应该多推进实际性合作。

第三，在亚欧大陆，特别是中亚地区、中南半岛地区进行大规模开展基础设施建设。通过基础建设把整个区域整合起来，这些地区除中国外的任何一个国家都没有完整工业体系，所以我们基础建设修到哪儿，就可以形成阶梯式的一个产业链，这对中国、对周边国家都是非常有利的。用基础建设固化合作关系、固化产业链，美国的经济空心化做不了这些，只有中国能做。我们把铁路和基础设施修好了，就形成经济紧密联系的合作带，对安全事务也是一种安排。

第四，我们仍然应该海陆均衡发展，对于海洋的问题一定要有超越性思路，包括海洋工程的技术性超越。美国的海权有物质基础，就是航空母舰和集装箱船，中国想要获得海权，也需要海洋工程的创新。只有在海洋工程上有创新，我们才能最终解决中国的海权问题。

第五，应该保持可信的、足够的威慑能力。在面临中美可能出现长期对抗的情况下，中国要有军事威慑能力，使美国不敢对我们直接动武，使其海洋封锁围堵无用。我们应该把经济建设、国防建设统筹好，构建成一种低成本、可持续的国防形式——应该是军民融合、平战结合、先谋不败的国防体制。现在美国以海洋问题向我们压来的时候，我们立即顶上去，这恐怕是一种刺激反应模式，不利于战略问题的解决。在战略上，还是要贯彻“你打你的，我打我的”的思想，以海陆均衡的大陆战略化解来自海上的威胁。

重视海疆地名研究，维护国家海洋权益

北京语言大学党支部书记　李宇明

北京语言大学教授　郭风岚

一、引言

21世纪是海洋的世纪，也是中国经略海洋、建设海洋强国的关键时期，与其相适应的相关工作也随之一一展开。如2012年6月，经国务院批准，民政部宣布撤销海南省西沙群岛、南沙群岛、中沙群岛办事处，设立地级三沙市，表明中国政府对中国南海水域岛屿的管理进一步规范化。我们认为，在建设海洋强国的过程中，涉及国家主权、国家安全的环中国海疆地名的系统化、标准化工作也应抓紧专项开展起来。

地名是空间地理实体的名称，包括自然地理实体名称、行政区域名称、街巷居住地等等名称。标示空间方位是其基本功用，但地名不仅仅是标示方位，而且也是文化的瑰宝。它包含着人类的历史记忆。一些重要的地名、历时长久的地名，还应视作人类的非物质文化遗产。某些时候、某些领域，地名还是主权的象征，体现着国家尊严。据此，我们将海洋地理地名的功能主要归纳为以下三种：

第一，定位功能。

海洋地理地名是海洋空间实体的专有名称，是海洋实体的重要标志，是人们交际中不可或缺的指称工具，在海上航行、渔业生产、卫星定位等方面发挥着重要作用。可以说，定位功能是海洋地理地名的基本功能。

第二，属权功能。

由于国际法规定岛屿归属地属权需满足最早发现、最早命名、最早开发经营、最早连续不断地有效行政管辖4个条件，因此，“名从主人”成为处理相关国际事务的基本原则，作为主权标志之一的海洋地理地名也因此特别受到各个国家及政府的高度重视。

比如，关于钓鱼岛主权问题，证明其归属中国的最有力证据之一，就是中国是最早实施对钓鱼岛命名的国家，早在明朝永乐元年（1403年）的《顺风相送》中已经有了“钓鱼屿”之名，其后文献和官方舆图也使用该名称。对于“岛屿”通名称名，我国北方习惯使用“岛”，南方特别是闽南地区习惯使用“屿”，“钓鱼屿”之名说明钓鱼岛的最早发现者、命名者是中国闽南地区的渔民。历史上英国、美国出版的地图（比如1811年英国出版的《最新中国地图》、1859年美国出版的《柯顿的中国》、1877年英国海军编制的《中国东海沿海自香港至辽东湾海图》等）都将钓鱼岛列入中国版图，甚至日本学者井上清在其《钓鱼岛——历史与主权》一书中也通过中日历史文献证明钓鱼岛的主权为中国所有。

又比如，黄岩岛作为中国南海的固有领土，早在1279年天文学家郭守敬在南海进行“四海测验”时，选择的测量点就是黄岩岛。黄岩岛最早也是由中国人发现并命名的，其命名依据源于其自然状貌，即黄岩岛是三沙市中沙群岛中唯一露出水面的岛屿，岛石犹如山岩，以土黄色为主。这也显示出中国人很早就对该区域地理地貌特征的认识非常清晰、准确、科学，按照“名从主人”的惯例，黄岩岛的主权当属中国。2012年5月，世界纪录协会也发布了中国人是世界上最早发现黄岩岛的人、中国政府是世界上最早对黄岩岛进行地理测量的政府两个结果。

第三，文化功能。

与所有地理地名一样，海洋地理地名的命名及沿革也同样是特定时代的自然、人文地理特征的反映，是文化的积淀、历史的传承，它昭示了一个国家、民族命名的心理特征、风俗习惯，每个地名的背后都隐藏着一段美丽的故事，因此，研究海洋地理地名文化，对更好地认识海洋文化具有重要价值。

基于对海洋地理地名重要功能及当前研究现状的认识，基于目前环中国海疆面临的有关挑战，我们认为从学理、法理角度专项开展环中国海疆地名系统建设与研究工作十分必要，也十分紧迫。

二、当前面临的有关问题

中国政府历来重视地理研究、地理地名研究，特别是在地名标准化方面做了大量卓有成效的工作。但由于多种原因，海洋地理地名系统的研究与建设还没能系统有效地开展起来，地名标准化特别是环中国海疆地名标准化工作在快速变化的国际海洋局势面前还有待进一步加强。目前主要存在以下问题：

（一）海疆地名建设尚未形成全面完整的系统

中国也是海疆大国，拥有1.8万多公里海疆线、300多万平方公里海洋专属领域。但由于历史上“重陆轻海”，使得我们对海洋的认识与研究、对中国海疆的建设与研究还很不够。在海疆地理地名方面，多专注于个体地理地名或小区域地理地名的零散性研究，忽视其规模化、系统化建设。比如，尽管历史上中国政府曾有过四次对南海诸岛地名的标准化工作，2012年3月，经国务院批准，国家海洋局、民政部又公布了钓鱼岛及其部分附属岛屿的标准名称，但直到今天，融地名现实信息、历史沿革、地名文化等内容为一体的中国海疆地理地名信息系统尚未建立起来。

（二）海疆地名标准化工作尚不够完善

标准地名顾名思义是地名使用的规范，具有法律效力。随着“信息时代的到来，卫星定位系统的广泛应用，地名还必须实现标准化和信息化。”（李宇明，2010：319）标准化越清楚越详尽，信息量越大，使用起来越方便。但由于我国地理地名历史悠久，其沿革复杂，不同时期的正名、俗名、别名、全称、简称、中文名、外文名等等相互交叠，地名的规范化、标准化工作尚有待进一步厘清历史，有序推进。

根据我们的研究，当前已有的海疆标准地名所涉内容并不完善，尚有以下几个问题亟待研究解决：

1. 部分标准名称系统缺乏层级性，通名与专名层次不清，导致名称指称不够严谨。

海疆地名标准化工作应该像国家行政区域规范一样设立类属层级，这样更利于管理，方便指称，否则会使人产生指代不明之感。比如，东海、南海应该包括水域地名和岛屿地名，岛屿地名有群岛、列岛、个体岛屿地名，彼此间有不同层级的包含关系，像东海岛屿之一的“钓鱼岛及其附属岛屿”应是东海总岛屿的下一层级单位，而个体岛屿名称“钓鱼岛”则是“钓鱼岛及其附属岛屿”的下一层级单位。若忽略分级，使用不严谨，就会引致不必要的误解甚至曲解。

2. 标准地名没有体现全称、简称之分，没有举尽俗称，在解决国际争端方面易陷入被动。

比如，钓鱼岛及其附属岛屿之名，其全称形式是“钓鱼岛及其附属岛屿”，简称形式则是“钓鱼岛”，但在标准地名中并没有清楚标示，人们的使用也不规范。简要梳理“钓鱼岛”名称历史，就历时维度看，其全称、简称、民间称名、正名等等就有二十余个，比如作为集合通名使用时有钓鱼岛及其附属岛屿、钓鱼岛（钓鱼岛及其附属岛屿的简称）、钓鱼屿、钓屿、钓鱼台、钓鱼山、花鸟山、钓鱼岛列岛、钓鱼台列屿、钓鱼列岛、鱼屿、台湾附属岛屿东北诸岛等诸多名称；作为个体专名，也有钓鱼岛（指位于钓鱼列岛的中心岛屿）、高英屿、好鱼须、和平山、花瓶山、花瓶屿、花瓶屿、Hua-Pin-San、Hoa-pin-su、花矸屿、和平山岛、凸列岛、众尖岛等名称，这些名称应该进行系统的梳理并置于地名信息系统中，以方便了解。

3. 标准名称缺乏规范。

海疆地名涉及国家主权、民族尊严，用名随意，易授人以柄。比如“钓鱼岛”之名，由于其兼有集合称名和个体称名两个实体指称之职，现在官方常用“钓鱼岛及其附属岛屿”和“钓鱼岛”分别对应，但民间在使用时则缺乏科学意识、国家安全意识，明明讨论的是钓鱼岛及其附属岛屿的问题，在面向国际时，应使用已经得到联合国确认的罗马化方式标写，但这方面仍比较乱，有的标译为“Diaoyu Island”，有的则标译为“Fishing

Islands”等。

历史上，外国人进入环中国海域，给了这些区域各种外文名称，甚至引起混乱。有些名称具有科学性，比如称南海为“South China Sea”；也有一些名称未能做到名实相应，比如黄岩岛，美国译为“Scarborugh Shoal”，用“礁”（Shoal）命名说明对黄岩岛地理地貌的认识并不全面。今天，国际交往日益频繁，中国政府应该对其规范，所有的海洋地理地名都应该有合乎汉语规范、合乎国家规定、合乎国际规则的标准名称。

三、我们的构想

博纳德·斯波斯基（Bernard Spolsky 2011：2）曾谈到，以色列耶路撒冷老城的路牌要使用英语、阿拉伯语和希伯来语三种语言标示，三种语言的排列顺序历史上曾因政权更迭而不断变更，表面看公共标牌的语言问题似乎是件区区小事，但实际上，这些语言问题却可引发重大冲突，“或许语言不会经常引发战争，但是，霍洛维茨（Horowitz）认为，在引起重大伤亡的民族暴乱中，语言肯定是一个主要因素”，因而，各国政府都非常重视以语言本体规划和语言地位规划为主要内容的语言规划。同样，边境地名与国家安全息息相关，也须纳入国家语言发展战略规划中。

俗话说，“名不正则言不顺”，在南海、钓鱼岛问题日益凸显的今天，我们特别呼吁要建立环中国海疆地名信息系统，加大对环中国海疆地名的系统化、标准化建设力度，加强海疆地名文化研究。具体建议如下：

（一）将环中国海疆地名研究纳入国家安全战略之中

随着中国东海、南海等海域的战略地位不断得到加强，应将环中国海疆地名研究纳入国家安全战略计划中，建立研究机构，设立研究项目，加强理论与实践的研究，加强历史的梳理和现实的调查与研究，开展多部门、多机构、多学科协同攻关，对一些焦点问题进行扎实深入的探索。

（二）尽快启动环中国海疆地名系统建设工作

1. 建立环中国海疆地名信息数据库

信息化社会，信息的重要价值不言而喻，环中国海疆地名信息系统的建立也更为迫切。建议该项工程尽快启动，广泛收集各种史料，开展实地调查研究，统筹规划，将其建设成为规模最大、信息最全、最权威的信息资源库。

环中国海疆地名信息数据库应包括地名现实信息、沿革信息、地名文化信息三个子系统。地名现实信息部分主要体现其标示作用、交际作用功能；地名沿革信息主要展示其历时发展变化脉络，而地名文化信息则特别体现其文化功能。三个子系统相互勾连，共同组成环中国海疆地名信息系统。

2. 系统规划环中国海疆地名规范化、标准化建设工作

近些年来，我们看到政府在不断加大海疆地名普查工作的力度，并陆续公布了一些海岛标准地名，特别是 2012 年 9 月 20 日，国家海洋局印发了《国家海洋局海岛管理司关于下达 2012 年全国海域海岛地名普查工作任务的通知》。据知，2013 年 8 月前，我国将完成 1664 个海岛的名称标志设置工作。

环中国海疆地名标准化工作是一项系统工程，应统观历史与现实、统观海内与海外、统观民间与官方，坚持准确、科学、易

记、有利于我国的原则，规范定名。其标准化工作我们建议：

（1）建立环中国海疆地名分类分层系统

环中国海疆标准地名应按地名类属关系并参考行政隶属关系划分明确的层级，目前我们建议暂设两类四级。

两类是指在海疆地名总称下划分为海域地名和岛屿地名两类（如图 1 所示）。以南海为例，“南海”作为总称，其下分为南海海域地名和南海岛屿地名两类，分别以“南海”（也可称为“南海海域”）和“南海诸岛”称之，两类地名下再进行内部分层分级。

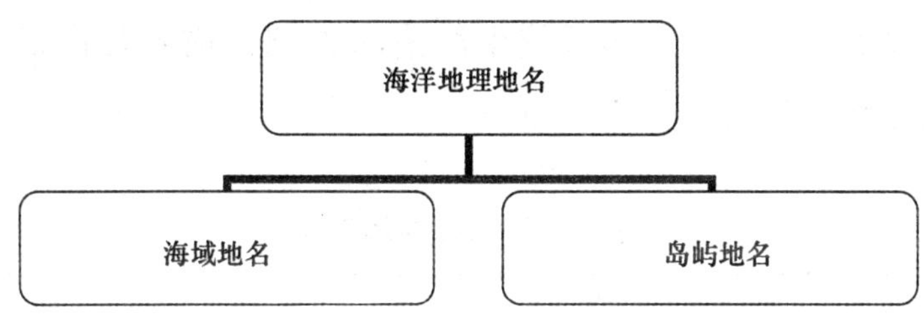

图 1　海洋地理地名类别

四级是指海域地名、岛屿地名内部再划分为四个层级，它是开放的、动态的。四级只是我们的初步设想，具体应该划分几个层级还需进一步论证，今后也可根据实际需要继续调整。

层级一为集合称名或总称，通名部分以“诸岛”作为特征词，比如“南海诸岛”、“东海诸岛”为岛屿一级地名，包括南海海域、东海海域里的所有岛屿。

层级二为层级一的下位称名，属于次集合称名，通名部分以“群岛”或“列岛”作为特征词，比如南海诸岛的下位地名有东沙群岛、西沙群岛等。东海诸岛的下位地名有钓鱼列岛等。

层级三为层级二的下位称名，包括次次集合地名和岛屿个体专名，通名部分以“群岛”、“列岛”、“群礁”、“暗沙”或

“岛”、“屿”、“滩”、“礁”等作为特征词，比如西沙群岛的下位地名有永乐群岛和宣德群岛，永乐群岛和宣德群岛就是次次集合称名，其下还继续分级。而东沙群岛则直接包括东沙岛、东沙礁、北卫滩、南卫滩等岛屿，它们属层级三中的个体专名。钓鱼列岛包括钓鱼岛、黄尾屿、赤尾屿、南屿等，也属层级三中的个体专名。

层级四为层级三次次集合称名的下位称名，为岛屿个体专名，以“岛”、“屿”、“滩”、“礁”为特征词，比如：西沙群岛中的永乐群岛，其下包括了甘泉岛、珊瑚岛、森屏滩等，它们属层级四的个体专名。

我们以南海岛屿地名系统南海诸岛为例，描摹其内部岛屿名称间的层级关系如下：

表 1　南海诸岛地名类属层级

一级	二级	三级	四级
南海诸岛	东沙群岛	东沙岛	
		东沙礁	
		……	
	西沙群岛	永乐群岛	甘泉岛
			珊瑚岛
			森屏滩
			……
		宣德群岛	……
	……	……	……

其描写可直接以斜线标明上下位关系，比如：南海诸岛/西沙群岛/永乐群岛/甘泉岛。

（2）标准地名表内容应丰富、科学

1983 年 4 月 24 日中国地名委员会授权公布的我国南海诸岛共计 287 个标准地名中，其内容只列出了标准名称、汉语拼音、当地渔民习用名称三部分。在南海诸岛地名研究成果越来越丰富的今天，有必要对其进一步修订，增加相关内容。其他海洋标准地名也如此。为此，我们建议：

第一，对已有标准地名进行修订，调整其中不合适的内容或说法。

比如：1983 年公布的南海诸岛部分标准地名中有一项“当地渔民习用名称”，其中的“当地渔民”建议改为“中国沿海渔民习用名称”或“沿海渔民习用名称”更为妥帖，因为现在命名的大量岛礁并无“当地渔民”，使用“当地渔民”易产生歧义。当然，该部分内容在我们设计构想的系统中可移到地名沿革部分详细标注、描写。

第二，标准地名应增加全称、简称形式。

增加全称、简称形式，两相呼应，可在出现争议时有案可查、有据可依。比如：“钓鱼岛”既为集合地名，属于“钓鱼岛及其附属岛屿”的简称形式，也为个体地名，专指钓鱼岛及其附属岛屿中的中心岛屿。如果标准地名还沿用此，就须注明全称和简称形式。这里我们进一步建议，钓鱼岛岛屿标准地名使用“东海诸岛”作为其一级名称，“钓鱼群岛”或“钓鱼岛群岛”作为其二级名称，全称形式为“钓鱼群岛”或“钓鱼岛群岛”，简称形式仍沿用“钓鱼岛”。

特别需要指出的是，标准地名全、简称除用汉字标写外，还必须使用已得到联合国确认的地名罗马化书写方式作为国际社会使用规范，避免乱译。

第三，标准地名应增加更多的俗名等历史信息。

历史上，一些岛屿最早发现及命名者基本上都是中国沿海渔民，其命名的史料价值极其重要。比如，作为个体专名，钓鱼岛还有“好鱼须”等民间名称，明代到清代曾在官方文献中也有“钓鱼屿、钓鱼山、好鱼须”等记录，“好鱼须”、“钓鱼屿”都是闽南话称法，闽南地区有的地方读“屿”音同“须”，而且古汉语中“屿”的反切读音也同“须”，用“屿、须”命名，证明这些岛屿最早的发现者、命名者就是说闽语的中国渔民。而1790年英国官方出版的地图也标译为“Hoan-oey-su”，细辨可知，“Hoan-oey-su”就是“好鱼须”的英译音。1861年英国官方出版的地图又音译为“Tia-yu-su”，即“钓鱼屿”，这进一步证明了钓鱼岛是中国人最早发现的，是中国的固有领土。因此，应着力丰富民间用名信息，到民间获取宝贵的第一手资料，通过海疆地名文化建设，更好地维护国家海洋权益。

3. 加大标准地名的宣传力度

标准地名应由国家权威部门统一向国内外发布，一经发布，即具法律法规效力。相关部门要广而告之，广泛宣传，深入人心，在正式文件特别是政府公文中须严格执行，在民间交往中须习惯使用，在工具书、教材编纂以及地图绘制、电子设备等方面严格使用标准地名，避免随意性。

海疆地名研究是一项跨学科系统工程，也是一项对维护国家领土权益具有战略意义、极为重要的基础性工作，我们进一步设想，在环中国海疆地名系统建设工作启动后，尽快开展环中国路疆地名系统建设工作，为解决海陆领土争端和戍边睦邻服务，为维护国家权益、领土安全、边境安宁提供重要的基础性保障。

美国战略重心东移对中国国家安全的影响

中国传媒大学教授、博士生导师　何　兰

美国战略重心东移在冷战结束后就已开始显现，科索沃战争后日益明显。进入本世纪后，小布什政府继续延续此战略调整，只不过由于“9·11”事件的发生，使其调整的步伐放缓。奥巴马上台后提出“重返亚洲”的诉求，将自己定位为美国首位“太平洋总统”，推出三大外交举措：将亚洲定为其外交主攻对象，力推并主导“跨太平洋伙伴关系”，升级同东盟的关系。2011年10月，奥巴马政府高调宣示美国战略重心东移，其目标所指，昭然若揭。

一、美国战略重心东移的缘由和意图

美国之所以在冷战结束后战略东移，是因为在美国以欧亚大陆为主体的战略大棋盘上，“西线无战事”，中国不仅已失去了对付苏联的战略意义，而且成了美国全球战略的主要障碍。克林顿政府曾通过反复宣传“美国必须领导世界”来否定“新孤立主义”，并指出：“我们是世界上最强大的国家，既有全球利益，也负有各种责任。正如我国在第一次世界大战后得到的经验教训一样，我们既不能在“孤立主义”中为美国找到安全，又不能在保护主义的旗帜下为美国带来繁荣。”①

近年来，以美国为首的西方国家陷于严重的金融危机和经济衰退之中，美国的经济实力和世界影响力相对下降，而新兴国家经济发展迅速，在国际上的影响力也不断上升。尤其是中国的崛起，不仅改变了国际力量结构，而且在亚太的影响力迅速提升。2011 年，中国 GDP 达到 47.16 万亿人民币，约合 7.3 万亿美元，而同年美国的 GDP 是 15.09 万亿美元，中国 GDP 相当于美国的 48.5%，而 2001 年这一比例仅为 12.8%。这意味着，中国仅仅用了 10 年时间，将 GDP 总量从美国的约 1/8 提升至约 1/2，并成为仅次于美国的世界第二大经济体。而从未来预期看，美国面临国内经济金融体制调整，经济低迷态势短期难有改观，中国后发优势则依然强劲，中美实力对比正在发生巨大变化。仅从 GDP 来衡量，国际多个权威机构预测，中国超美很可能在 2020 年左右。IMF 一份报告更大胆预测，这一时间会提前至 2016 年（按购买力平价计算）。②

随着实力的快速增长，中国对周边的辐射力和吸附效应亦不断增强，中国已成为包括美国盟国在内周边国家最大的贸易伙伴。2010 年 1 月 1 日，中国—东盟自由贸易区全面启动，这标志着由中国和东盟 10 国组成的贸易区开始步入零关税时代。中国

① U. S. President William J. Clinton, “A National Security Strategy of Engagement and Enlargement.” The White House, July 1994, U. S. Government Printing Office, p. iii.

② 《中国 GDP 五年超美 2016 年成“中国世纪元年”?》http: //finance. sina. com. cn/roll/20110429/10239773229. shtml。

—东盟自贸区与欧盟、北美自由贸易区是世界上三大区域经济合作区，也是世界上人口最多的自由贸易区、由发展中国家组成的最大自由贸易区。中国—东盟自由贸易区涵盖18亿人口，成立之初的GDP接近6万亿美元，贸易额达4.5万亿美元，是世界上由发展中国家组成的最大的自由贸易区。而自贸区建设以来双方在相互开放市场中不断密切的合作关系使得双方共同的经济利益日益扩大。为此，美方认为如果不做反应，可能就让出亚洲。美国更担心亚太地区的秩序重建将出现不利于美国的局面，甚至认为中国想要挑战或取代其在亚太地区的地位，有种“霸权焦虑”。

与以往相比，当前美国的战略重心东移呈现新的变化。即除了继续视中国在意识形态方面是美国的主要敌人，还认为中国在经济方面是美国最大的竞争对手，在政治方面是最主要的威胁，在安全方面是潜在的敌人。美国国防部在2012年1月5日发布的《维持美国的全球领导地位：21世纪国防的优先任务》报告里，公然将中国与伊朗并列视作美国反“反介入”的主要障碍。[①] 报告称，“从长期来看，中国作为地区强权的崛起将从各个方面影响美国的经济和安全利益”，美国要“有效地威慑潜在对手（如中国和伊朗）”，阻止他们达到目的。[②] 奥巴马在2012年1月发布的《国情咨文》中五次提到中国，要求用规章制度来约束中国的“不公平贸易行为”。[③] 可见，美国战略重心东移无疑具有针对中国的意图，这与它力图强化在亚太地区的主导权，巩固它在全球的霸主地位是一致的。同时，在经济上，它也不愿意被

---

① “Sustaining U. S. global leadership: priorities for 21st century defense”，美国国防部网站发布的报告，见 http://www.defense.gov/news/Defense_Strategic_Guidance.pdf。

② 同上。

③ 见巴拉克·奥巴马2012年1月24日在华盛顿美国国会发表的《2012年美国国情咨文》。

全球经济发展最快的亚太列车抛下。因此，美国理想中的战略是，集中力量在中国周边制造麻烦来遏制中国。

二、美国战略重心东移对我国家安全的影响

第一，我国的战略活动空间受到限制和挤压。2010 年上半年，美国发布奥巴马上台后第一个《四年防务评估报告》和《国家安全战略报告》。报告指出，美国国家利益由安全、繁荣、价值观和国际秩序四方面组成，明确提出，美国通过对这些利益的追求，实现“国家复兴和全球领导地位”。美国打算在东亚、南亚等太平洋区域组建地理概念上的“亚洲枢纽”。[①] 奥巴马政府将“亚太”定义扩大为包括印度在内的“印度洋—太平洋区域”，显示了美有意在更广阔的地缘范围内努力主导亚洲军事体系。

在军力部署方面，美国明确提出军事战略重心要在未来五年内从大西洋地区转移到太平洋地区。例如，在航母的部署上，以往在欧洲部署 6 艘，在亚洲部署 4 艘，现在则对调过来，变成欧洲 4 艘、亚洲 6 艘。美国以“国家利益”为借口，煽动“中国威胁论”，利用盟国对其在安全问题上依赖度的增加，借机把“华盛顿号”航母开进黄海进行军事演习，将中国部分地区纳入其作战识别区。[②] 美国诱使我周边国家加强与其军事合作，高调在南海举行联合军演，并帮助一些国家培训军事人员，向其推销高端

---

① Mark E. Manyin. Pivot to Asian-Pacific: The Obama Administration's Rebalancing Towards Asia [J]. 2012.

② Richard Haass. The United States and India: A Shared Strategic Future [J]. September, 2011.

武器。美国通过在亚太地区的军事部署，对中国形成了一个“弧型”战略包围圈，与“冷战”时期的“岛链”封锁相比，有过之而无不及。美国防部长帕内塔多次表示，尽管美国遇到了严重的财政问题，军事预算会有所缩减，但美国在亚洲的军事战略不会受到影响，相反美国会增加在亚洲的军事开支。美国在军事上对亚洲战略的重视，无疑表明了美国向东转移的决心。

第二，中国与周边一些国家关系面临日益增多的变数。在此次“重返”的过程中，美国充分利用中国周边国家对中国快速发展普遍存在的矛盾心态，不仅强化和传统盟友，如：日本、韩国、澳大利亚、菲律宾的关系，而且致力于全面改善与东盟国家的关系、进一步加强与印度的关系、充分发挥越南与菲律宾的作用，并推动美国—缅甸关系实现突破。在实施的手段上美国也推陈出新，其中包括充分利用中国与周边国家之间存在的问题和矛盾，如利用“天安号”和“延坪岛”事件，推动韩国疏远中国，提升美韩同盟关系；利用中国与越南、菲律宾在南海问题上的争议介入南海问题。为离间东南亚国家与中国的关系，美国在中国与东盟国家之间打入楔子，不惜利用各种手段在中国周边制造事端，进行安全挑衅，并力图使南海问题“多边化”、“国际化”，使南海成为继台海之后又一个制约中国的着力点。由于美国的撑腰打气，一些对中国心存疑虑或存在纠纷的国家被鼓动了起来，纷纷在一些问题上采取更具挑衅性的行动。例如，为了把南海问题“做大炒热”，在近年东亚相关会议上，菲律宾、越南、印度、日本等国在南海问题上动作频频。在 2011 年东亚峰会上，东盟个别国家竭力推动搞一个“有约束力的南海行为准则”，甚至通过媒体放风“希望在美国和日本等国的合作下解决该问题”。菲律宾还提出，由东盟召开会议，明确划分南海无争议和有争议区域，以建立一个联合开发区域。其目的就是企图与东盟结成“统一战线”对抗中国，将南海问题多边化。为配合越、菲的这一图谋，美国务卿希拉里放话，要求中国接受东盟联合拟定的南海政策文件。日本也准备2013年在东京召开日本—东盟特别首脑会议，旨在拉拢东盟，扩大对其政治影响力。日本《产经新闻》撰文将中国比作中国战国时代的秦国，将越南、菲律宾、美国、日本、印度、澳大利亚比作“六国”，鼓励这六个国家在南海问题上推行合纵战略，共同对抗中国。针对中日钓鱼岛事件，美国与日本举行多种形式的联合军演，强化美日同盟，加剧了地区紧张局势。此后，美国又修改国防授权法案，一方面称对钓鱼岛最终归属不持立场，另一方面又承认日本对该岛屿的管辖权，并适用于《美日安保条约》。美国插手钓鱼岛事务，目的就是想看中日鹬蚌相争，坐收渔翁之利。

第三，在经济上遏制和削弱中国的发展。奥巴马政府把加强同亚太国家的经济关系、确立美国在区域经济合作中的“领导地位”作为“重返”的优先战略目标。为此，奥巴马政府采取了两大步骤，一是大力提升同亚太国家的经贸关系，将其作为美国实施“出口倍增”计划的主攻方向，这势必会加剧它同中国在这一地区的市场竞争，增大中国对该地区的出口压力；二是努力推动建立并扩大以美国为首的“跨太平洋战略经济伙伴关系协议”（TPP）自由贸易区，构筑一个以美国为主导的广泛的经济合作体系，计划把亚太经济合作组织的所有21个成员都纳入其中，以掌控亚太地区经济发展的领导权，制衡中国在亚太地区经济发展中的主导作用。美国在市场准入、知识产权、金融服务、清除各种贸易壁垒、农业补贴等方面的主张一旦变成新的国际通行的贸易规则，势必会影响中国未来开展的自由贸易协定谈判，形成进一步要求中国“接受更加开放的贸易、扩大其加入WTO时同意的降低贸易壁垒和保护知识产权的最低责任”[1] 的强大压力。

三、应对美国战略重心东移的战略思考

美国的综合实力是客观存在，其战略重心东移战略、防范和牵制中国的意图，也不以我们的意志为转移，对我周边安全造成的消极影响和潜在的危害是难免的。这就要求中国发挥外交智慧、实施现实和长远外交战略，更加主动地引导中美关系，促使中美在全球和地区结构调整中找到更加切实有效的合作方式；全面、谨慎地处理周边关系，找准各方利益的共同点，尽量排除或减少美国因素的干扰；维护地区稳定，努力营造良好的周边环境，为我国各项事业的顺利发展提供有益的外部保障。

第一，继续大力发展本国经济，增强综合国力。“没有实力的国家在外交上是没有发言权的。”中国首先要搞好自己国内的事情，处理好改革、稳定与发展的关系，不同群体之间利益分配的关系，资源、效益和可持续发展之间的关系；加大对高新科技的投入力度，实施科教兴国、建设创新型国家战略；确保中国经济持续、稳定、快速、健康地发展，实现党的十八大报告中提出的宏伟战略目标。

第二，重视并加强与周边邻国的关系，巩固现有的亚太区域经济合作机制。利用经济杠杆，加深周边国家对中国经济的依存度；通过扩大与周边国家的经济文化交流，增强周边国家对中国

---

① MARK KENNEDY, TIM PENNY and STEVE SANGER, “What trade agreement means for growth,” available at: http: //www. startribune. com/business/140368473. html [2012/3/5] .

的信任度；即使是对美国在亚太地区的盟国，也应该使其感受到与中国发展友好关系对其本国经济发展的重要性。

第三，对于美国的“再平衡战略”和遏制行为，我们应有清晰的认识和有力的应对措施，坚守底线，审时度势，把握好尺度。通过加强中美高层战略对话，增强两国之间的战略互信，力争中美关系平稳发展，减轻震荡，把美国对华战略的破坏性减少到最低限度，以利于我们的和平发展大局。

第四，广泛开展多边外交，充分利用国际组织，特别要用好联合国和我国作为安理会常任理事国的身份和权利，应对美国的单边主义和遏华联盟；积极参与国际制度和国际规则的改革和制定，避免被西方主导而形成对我国和发展中国家长期不利的制度和规则。

第五，在化解领土争端的过程中，中国不仅要展示作为负责任大国的形象、切实地维护国家主权和尊严，同时还要掌握国际话语权，赢得道义优势。同时，中国应从有利于国家长远发展的大处着眼，以此为出发点来探讨解决领土争端之道，采取具有建设性意义的措施；进一步加强国防建设，尤其要加强海上军事力量的现代化建设，增强制海权；清晰界定中国与南海其他争端国同中国和东盟整体关系的差异，努力降低南海问题在东盟对华战略中的比重，维持双边关系的稳定，巩固和发展中国与东盟的长远利益，支持东盟在地区合作中发挥主导作用。

总之，面对美国战略重心东移给我国家安全造成的危机和挑战，只要我们坚定信心，沉着应对，积极开展周边外交，努力维持地区和平与稳定，综合运用硬实力、软实力和巧实力，有理、有利、有节，巧妙地应对，就可化解各种风险和战略压力，最大限度地维护国家利益与安全，并赢得国际社会对中国和平发展道路的认可和尊重。

未来十年中国军力发展和紧迫的安全威胁

新华社世界问题研究中心研究员　杨民青

未来十年，中国军力将出现历史上一次大的跃升，这将是人民解放军建军史上的现代化建设新拐点。这是因为，在未来十年左右时间，中国空间基础建设、尖端武器装备建设、中国军队人才建设将出现长足进步。

中国军力跃升的首要原因是，到2020年，中国的北斗卫星导航系统将完全覆盖全球，成为世界四大卫星导航系统之一。在某些方面，中国卫星导航系统虽与具丰富经验的美国卫星全球定位系统（GPS）有一定差距，但是，有望超过欧洲的伽俐略系统和俄罗斯的格洛纳斯系统，这将为国防现代化和军队现代化建设提供强有力的保证和支持。

以前，中国国防和军队信息化建设多为愿望，而当空间基础建设出现新的进步，北斗卫星导航系统建成后，中国国防建设和军队建设，无论从高层指挥控制，还是到末端节点打击，无论从陆海空，还是到无线网络空间，都将具备实现高度一体化和信息化的基础条件。

中国军力跃升的第二个原因是，以现代化水平的国产航母、战机、导弹为代表的常规武器将大批出现，届时，中国独立自主和具有世界先进水平的国防工业体系更加健全更加完善。

未来几年，随着中国对航空母舰、航空发动机、先进战斗机和反舰导弹的研制成功和经验积累，长期以来，受西方国家封锁的我尖端武器领域多项空白将有可能被提前填补，尽管中国在上述领域与美国、俄罗斯等世界军事强国相比，仍有明显差距，但是，上述尖端性武器的研制将不再是我国防工业无法逾越的瓶颈。

美国尤其对中国反舰导弹存在远虑近忧，美国专家认为，十年后，中国反舰导弹可能对美国先进航母构成严重威胁，这种新型反舰导弹可从陆地发射，精确穿透上千公里以外的防御网，准确击沉航空母舰等目标。

中国军力跃升的第三个原因是，中央军委未雨绸缪和具有远见的军队人才建设，从上至下谋划发展与其相适应的人才群体。多年前，中共中央军委《2020 年前军队人才发展规划纲要》下发全军执行。由于中央军委从未来战略高度，提出军队人才发展方向，人才培养战略具有明显的超前性、目的性、系统性，事关中国军队未来战斗力的生成与提高。

届时，中国军队将涌现一大批联合作战指挥人才、信息化建设管理人才、信息技术专业人才、新装备操作和维护人才这五支人才队伍，特别是，师以上中高级指挥人才群体的年龄结构、知识结构、实际经验将有根本性变化。

同时，应客观看待中国军力，谨慎宣传中国军力。最近，美国哈佛大学费正清中国研究中心一位美国专家撰文说，美国应该客观看待中国军力，中国自己也应这样。这位专家说，近十年来，中国没有部署任何能够大大提升其实力，并与美国抗衡的新型军舰和飞机，中国对付美国海军的主要工具仍是上世纪八九十年代的柴电潜艇。中国海军的水面舰艇、空军战机、防空武器现代化水平只有三成，作为中国海军主力的潜艇，其现代水平也只有五成五，中国正在研制打击美国航母的反舰导弹，但是，至少目前还没有熟练掌握这项技术。

随着我军力的跃升，中国的安全威胁有可能相对减少，但是，决不会从根本上消除，这是因为，美国不会放弃霸权，在其所谓的战略再平衡中，将进入一个维护霸权的战略焦虑期，和对华军事的炫耀期、摩擦期。

中国共产党十八大报告指出：中国面临的生存安全问题和发展安全问题、传统安全威胁和非传统安全威胁相互交织，要求国防和军队现代化建设有一个大的发展。必须高度关注海洋、太空、网络空间安全。

第一个问题是中国在海洋面临的紧迫安全威胁。在东海和南海，与有关国家的海洋领土争端进一步加剧，其中，东海发生局部武装冲突的可能性由于日本急剧走向政治右倾化与军事外向化而升高。

在不发生武装冲突情况下，双方海洋执法部门的对峙是长期的和持久的。由于中国与日本的海洋执法装备建设相差较远，因此，相对落后的中国海洋执法队伍面临严峻的挑战和考验。中国难以有效维护和控制所主张的海洋领土主权。日本海洋执法部队可以凭借其先进装备与我发生摩擦，如：强行驱离、抓捕渔民、撞击船舶、非致命性攻击，甚至派出公务人员常驻钓鱼岛、公然建设有关设施等严重挑衅活动。

随着中日海洋争端加剧，日本海上执法队伍建设得到空前扩张。2012 年 10 月 26 日，日本政府向国土交通省划拨了 720 亿日元（约合人民币 56 亿元）经费。其中，169 亿日元为紧急装备购置费，用来购买作为负责钓鱼岛等领海警备的海上保安厅所需的巡逻船及直升机等装备。

日本海洋执法部门远非像有些媒体说的那样，在钓鱼岛附近海域疲于奔命。日本海上保安厅，成立于1948年5月1日，隶属日本国土基础设施交通省，总部设在东京，内设行政部、装备技术部、警备救助部、海洋测绘部、海上交通部等5个职能部门，在全国下设11个海上管区，以及海上保安大学和海上保安学校等培训部门，有各类人员12255人，年经费预算约为1682亿日元。

日本海上保安厅装备甚至超过了美国，舰船装备和航空装备明显领先中国及其相邻国家。有专家认为，在海洋执法的某些装备上，中国甚至落后于韩国、越南、菲律宾。日本海保厅现有装备拥有各类舰艇50多个别级，700多艘，海空装备超过周边国家总和，总实力排名世界前列。其中，大型巡逻舰9级45艘，中型巡逻舰6级41艘，小型巡逻艇5级27艘，消防船5艘，其他巡逻艇200多艘，以及相当数量的测量船、设标船、航标维护船和教育实习船等。

这些舰船中，1000吨以上的大型船只50余艘，3000吨以上的30余艘，最大的"敷岛"型巡视船排水量达7175吨，续航力2万余海里，可搭载2架直升机。载直升机巡逻舰4级13艘。执法船舶除了配备完整的轻武器系列外，还配备20mm至40mm的舰炮、高射机枪。

经过多年的建设和努力，历史较长、装备优良、训练有素的日本海保厅已经具有对其主张海域的全天候监测能力、快速到达能力、警戒控制能力、强行驱离能力、海上作战能力。

日本海保厅的直升机能在12小时内到达距离岸200海里的现场，24小时以内到达200海里以外的现场，大型巡视船和飞机能在6小时以内联合监控距岸100海里的海域，直升机可以1小时内到达现场，调整巡视船艇可以3小时以内对沿岸事态做出反应。

与中国的海监、渔政等行政执法队伍截然不同，作为武装力量，日本海上保安厅实质上是日本的第二海军。虽然从名义上说是“国土交通省”下属的一个行政机关，其主要职能是执行交通安全、海难救助、防灾、环境保护和维持治安等任务。然而，实际上，日本海保厅却是一个庞大的准军事组织。也就是说，中国在钓鱼岛坚持定期巡航的海监、渔政面对的是一支武装力量，严重不对等。

据2011年统计数字表明，中国海监现下辖北海、东海、南海3个总队，编制9000多人，与主张海域面积的比例为522:1；日本海保厅执法机构人员编制为12300余人，其与主张海域面积比例为367:1；韩国海上警察厅执法机构人员编制为10528人，与其主张海域面积的比例为42:1。这也就是说，我国1人负责522平方公里海域，日本1人负责367平方公里海域，韩国1人负责42平方公里海域。

但是，难能可贵的是，多年来，中国海监队伍面对海上维权执法强手——日本海保厅，以极强的使命感、责任感和无所畏惧的牺牲精神，多次出色完成国家赋予的维权执法任务，长年冲锋于保卫祖国海洋权益的第一线，受到全国人民的赞扬和尊敬。

尤其令中国人欣慰的是，中国海洋执法装备落后的状况正在得到迅速改变，中共十八大报告提出，提高海洋资源开发能力，发展海洋经济，保护海洋生态环境，坚决维护国家海洋权益，建设海洋强国。可以预想，在不久的将来，中国海洋执法装备建设将迅速得到空前的提升，其建设水平将与海洋大国地位相适应。

第二个问题是中国在空间安全面临的紧迫安全威胁。美国对中国空间军事能力不断提高极为担心。近来有媒体披露，美日针对中国军队正在组建“空天一体战”部队，美日谋求联合组建太空监控体系，紧盯中国的太空活动，在认为必要时，对中国人民解放军战略导弹部队阵地实施先发制人打击，以确保其空间资产免遭中国攻击。

2012 年 11 月，日本的《产经新闻》发表文章说，因为“中国的太空军事能力已超出反卫星的范畴，开始形成作战体系”，人民解放军“空天一体战”能力可能正在形成。

文章说，中国即将建成的“空天一体战”部队独立于陆海空三军之外，单独建立自己的管理机构，中国空军和二炮都将参与其中。这支部队是多兵种合成部队，除指挥机关外，还将包括地面部队、航天部队和火箭部队等。其主要任务包括太空防御，支援空中、地面、海上作战及开发宇宙空间等。

日本《产经新闻》认为，二炮的电子战部队还具备较强的自我保护能力。通过实施电子欺骗，它可在机动作战和阵地作战中频繁实施佯动等战术，使美国和日本等国的无线电监测系统无法摸清二炮电子战部队的动向，也就无法遏制其攻击力。

日本防卫省计划发展一种先进的无人机，将配备超级敏感的红外传感器，以便能在较低的高度探测并追踪到弹道导弹，能在空中不间断地巡逻 22 小时。据透露，这种无人机比目前的侦察预警系统更先进。在认为必要时候，先发制人对中国战略导弹基地实施打击。

日本《产经新闻》报道说，近年来，中国很有可能正在研发一种“卫星机能妨害装置”，即反卫星武器，继续加紧研制反卫星导弹，对美日两国卫星造成影响。鉴于此，美日将建立“太空监视网”，强化对中国的太空监视计划。

在此基础上，美日拉韩国加入，从而构建美日韩三角反导网。针对中国不断提升反卫星导弹技术能力，美国一方面继续制造“中国威胁论”，一方面加紧在亚太构建美日澳、美日韩“双三角反导网”。面对这样的战略威胁，在客观上，要求中国在空间领域须保持足够的打击能力、隐蔽能力、战略导弹机动能力、第二次打击能力和突防能力。

第三个问题是中国在网络领域面临的紧迫安全威胁。在网络领域中国面临的最大威胁来自美国，2011 年 11 月，美国国防部发布首份《网络空间行动战略》，明确把网络空间列为与陆、海、空、太空并列的美军“行动领域”，并公开强调“主动防御”，这说明，美军已经不避讳其网络作战正在发生重大战略性转变。

2012 年，是美国网络战历史上十分重要的一年，美军一向标榜的网络防御战略，已公开向网络进攻战略转变。其中，中国成为美国打击指向之一。今后，中国面临来自美国网络进攻的威胁进一步加大。

美军网络进攻作战正在加紧四个战略性准备：一是加快制定新版的网络作战条令，网络作战法规即将到位；二是下发进攻性网络战武器装备，网络作战装备陆续到位；三是加紧研制“离线网络”攻击武器，网络作战技术有望到位；四是计划提升网络作战部门规格，网络作战将居美军重要战略地位。今后，网络进攻将是和平时期美军重要作战方式和常态准战争行为，我应树立紧迫感，应对这种最常见、最隐蔽、最令人容易忽视的作战。

随着全球互联网不断普及，美国越发重视通过网络获取情报、颠覆敌手，但是，对外却一直宣称奉行防御战略。2012 年 5 月，美国国务卿希拉里承认美国攻击了也门“基地”组织阿拉伯半岛分支机构，美国总统奥巴马直接下令网络部队攻击伊朗核设施网络，这在以前是罕见的。

西亚地区出现名为“火焰”的计算机病毒，这是迄今为止发现的最大规模的和最为复杂的网络病毒，这种病毒只能由网络技术先进的国家研制和传播，“火焰”有独特之处，比此前发现的所有计算机病毒都复杂，最大特点是代码量相当大，已达到65万行，代码打印纸张长度达2400米，是“震网”病毒的20倍之多。

近几年来，美军网络作战预算经费连年增加，从事网络作战人员至少为9万人，相当8个101空中突击师，拥有可以投入实战的计算机病毒多达2000多种。美国国防部领导层提出今后5年内在网络安全方面投入5亿美元的资金。

美网络攻击新技术严重威胁我网络安全。美军有官员说，军方正在研究如何攻击敌方不接入互联网的网络（即“离线网络”）攻击技术，包括借助无线电信号远端，把电子计算机程式代码嵌入敌方网络。过去，由于许多国家的军用网络系统及其他内部网络，不接入互联网，因此，难以受到有效攻击。

现在，美军的网络攻击技术，即“离线网络”攻击技术，意味着一向被认为安全的物理隔断网络系统，其中，包括事关国计民生的金融、电力、能源、社保、交通、医疗等网络系统，都可能受到无线电信号渗透和攻击。

长期以来，人们认为不接入互联网的局域网络安全有可靠保证，然而，现在美军加快研发新一代攻击网络病毒，包括我军用内部网络，以及党政机关要害部门采取物理隔断、不接入互联网的内部网络，即“离线”系统，均在其攻击范围内。对此，我应引起高度关注，采取有效应对措施。

据一项较新统计表明，近年来，中国有980万台计算机受到攻击，其中，950万台的攻击来自美国或具有美国背景的地区；中国现有约4万个局域网，即：物理隔断的不接通互联网的网络，也称内网，但是，安全技术人员却平均每个网不到一个。

此外，美国一直控制着绝大多数网络服务器，从理论上讲，目前，他们可以查到人们每个电话、每个电子邮件、每条短信。美国绝大多数的情报均来自网络，美国政要每天上班第一件事，就是阅读“阶梯”侦听系统搜集各国政要通信秘密的每日要报，此外，美国早已经掌握通过电磁破获电子计算机痕迹的技术。

目前，对中国未接入互联网的众多物理隔断的内部的或保密的网络系统来说，首要和关键是改变过去陈旧的安全观念，即：只要不接入互联网，只要已经物理隔断，局域网络便是安全可靠的思想。对此，须树立新的保密和安全观念，采取新的保密和安全措施。

从以上可以看出，中国与美国在军事领域里的斗争呈以下特点，一是公开的对抗减少，隐避对抗增多；传统对抗减少，新型对抗增多；有形对抗减少，无形对抗增多。在传统安全领域，面临的危险是在可控与不可控之间；在非传统安全领域，面临的危险是可知与不可知之间。

美国战略重心东移的实质是“扩张霸权，遏制中国”

第二炮兵司令部　杨承军　于相护

随着美国战略重心东移的推进，亚太地区各种矛盾更加突出和不断激化。近年中，美国围绕遏制中国所策划和构建的战略围堵态势，以及东海、南海领土争端的升级，深刻揭示了其亚太新战略的实质就是“扩张霸权，遏制中国”。

一、蓄谋已久

美国战略重心东移早有预谋、动作频频。

（一）三次预谋和决策

美国实施战略重心的东移，是经历过三次预谋才最终决策的。第一次是在20世纪90年代初期，美国看到亚太地区经济的快速发展和对国际事务影响力的不断增大，就开始谋划战略重心向亚太地区转移，但当时由于海湾战争刚刚结束，美国军力还没有完全从一些中东国家撤出，遂延缓了战略重心东移的步伐；第二次是在本世纪初，美国再次开始策划战略重心的调整，但由于“9·11”事件的发生和后来发动的伊拉克战争等，这一战略构想被迫搁置；第三次是在2011年11月，奥巴马在国会正式提出了“重返亚洲”战略和打造“美国太平洋世纪”构想，这是在美国结束了伊拉克战争、完成了阿富汗部分撤军以及亚太地区的战略地位作用进一步凸显的条件下展开的，自此美国正式拉开了战略东移的序幕。

（二）围绕实现战略重心东移美国煞费苦心、动作频频

战略重心东移决策后，美国全面加快了对亚太地区的渗透和干预。2012年1月，美国政府发布了酝酿七年之久的新军事战略报告——《维持美国的全球领导地位：21世纪国防的优先任务》，提出将大幅削减全球范围的军事存在，但唯独加强了驻亚太军力，特别是海空作战能力。

6月，防长帕内塔宣布，到2020年美国海军60%的兵力将部署在亚太地区。

7月，美国主导的22国“环太平洋”联合军演高调进行；希拉里先后访问亚洲多个国家，竭力煽动和支持他们与中国对抗。

9月，在日本宣布完成购买钓鱼岛程序后，帕内塔在日本与其签署了在日本南部部署X波段预警雷达协议；增派了“斯坦尼斯”号航母战斗群，在冲绳美军普天间基地部署“鱼鹰”战机，计划向菲律宾苏比克基地派出“洛杉矶”级攻击型核潜艇。

10月，美军先后与日军和韩军分别进行了大规模海上作战演习，与日军重点演练了登岛、控岛、情报支援和联合行动；其“华盛顿”号和“斯坦尼斯”号航母战斗群还通过马六甲海峡在

印度洋陌生海域与印度举行了联合海上军演；副国务卿伯恩斯先后访问日本、韩国和中国等亚太国家，再次重申美日韩同盟的重要性，并承诺为其继续推进战略重心东移提供情报支持。

二、意图分析

多年来，美国一直将欧洲视为战略重点。美国做出战略重心东移的重大决策，有着深远的战略考量和明确意图。

（一）树立主导形象，争取霸主地位

当前，世界范围的政治多极化、经济多元化、军事单极化趋势继续发展，国际战略格局正处在大分化和新组合的调整进程中。美国看到亚太地区存在的巨大战略利益空间，力图谋划建立由其主导的亚太新架构，运用自身强大的实力优势及盟国力量，竭力打压认为可能对其构成挑战的国家和力量，从而巩固和拓展其政治、经济和军事控制力及影响力，极力营造有利于其战略利益的地区环境，谋求成为主导亚太地区形势发展走向的霸主。

（二）转移国内矛盾，寻找新的社会平衡点

奥巴马执政近四年来，其当初的竞选承诺许多都没有兑现，民众支持率不断下降，政府面临着巨大的执政压力；国际金融危机带来的持续效应仍在显现，国内各种矛盾日益突出，美国经济复苏乏力、增速缓慢，经济运行的不稳定性、不确定性加大，失业率长期居高不下，政府执政能力受到各方质疑。2012 年是美国总统大选年，奥巴马一方面在国内出台了不少应急举措，另一方面通过战略重心东移，在亚太地区大打经济牌，增强亚太军力，

遏制中国崛起，以此来转嫁国内矛盾，寻找新的经济增长点，为谋求连任增加筹码。

（三）拓展战略利益，扩大势力范围

亚太地区具有多元的社会形态和政体结构，存在着不同社会制度、复杂意识形态及多年未决的领土主权争端，还有朝核问题等棘手矛盾，诱发军事冲突的可能性严重存在；在这里，中、美、俄、日等国矛盾交织，已成为各自力量博弈的舞台。美国为维护和拓展在亚太地区的战略利益，通过不断加强与盟国交往、深化经济合作、强化军事联系、增进民间交流等措施，特别是采取改造升级军事设施、增强优化军力部署、扩建导弹防御系统、提供先进武器装备等方式，竭力扩大自身在亚太地区的势力范围和控制能力。

（四）拉拢亚太国家，牵制围堵中国

美国加速强化与日本、韩国、澳大利亚、印尼等传统盟友的军事联系，竭力拓展与越南、菲律宾、马来西亚和印度等国的军事合作，拉拢缅甸、老挝、柬埔寨等国共同营造针对我国的围堵态势；通过强化军事合作，努力增强其在该地区的军事存在，支持有关国家利用领土争端与中国对抗。美国虽然多次声称在东海、南海领土争议问题上“没有立场”，但其所作所为一再证明，美国就是煽动这些国家与中国对抗的策划者和支持者。

三、影响深远

美国认为，中国的快速发展、特别是综合国力和军事实力的

不断提升，对其在西太平洋地区的利益构成了严峻挑战。美《空军》杂志曾载文指出：“美国在亚太地区只有一个‘日渐崛起的军事竞争对手’，那就是中国”，认为“在可以预见的未来，唯一能对美国地区影响力形成潜在、长期挑战的国家就是中国”。美国将我国视为最大障碍和潜在对手，针对我国提出“空海一体战”军事战略，这些都将对我国家安全产生重大影响。

（一）将恶化亚太地区安全环境

美国深度介入亚太事务，将使国家之间的各种矛盾加剧，斗争强度提升，特别在领土争端、军备竞赛方面的形势更加恶化。在领土争端上，一些国家得到了美国多种形式的支持和承诺，自认为增大了与中国抗衡的资本，因而更加嚣张。在军备竞赛上，亚太地区的军费总额 2012 年首次超过欧洲：日本达到 582 亿美元，十年增幅为 45.5%；印度为 370 亿美元，增幅为 47.6%；韩国为 286 亿美元，增幅为 67%，我国也被迫较大幅度地增加了军费开支，从而增大了亚太地区的不安定因素。

（二）将强化对我国的战略围堵

近年来，美国加紧推进针对我国的“推、拖、堵”战略，竭力压缩我国际活动空间，拉拢其亚太盟国与我搞对抗，并利用和扩大经济纠纷、领土争端等各种矛盾，不计余力地挑拨我与周边邻国的关系。东北亚方向，继续强化与日韩的军事同盟，积极帮助两国提升与我国抗衡的实力；东海方向，利用中日东海划界及钓鱼岛问题激化矛盾，多次组织以夺岛作战为背景的联合军演，甚至声称《美日安保条约》适用于钓鱼岛；东南方向，坚持对台军售，支持台湾继续与大陆分治；南海方向，利用主权争端激化菲律宾、越南和马来西亚等国与我国的矛盾，为其提供军事支持的同时，不断寻求扩大在该地区的军事部署；东南亚方向，拉拢缅甸、老挝等国，加强与其在政治、经济和文化领域的交流、合作，鼓励他们对抗我国；西南方向，利用印度与我领土争端，为其增强军力提供支持；在北部，支持蒙古发展所谓“先进民主”，谋求建立军事合作。还暗中支持民族分裂势力、宗教极端势力等各种反华势力，支持西藏、新疆独立。目前，美国已初步构建起针对我国的战略包围圈，使我国的周边安全环境不断恶化。

（三）将牵制我国的发展与崛起

美国通过多种形式的拖延、干扰和破坏，竭力牵制我国的经济发展和国际地位的提升。政治上，通过构建由其强力主导、却将我国排除在外的泛太平洋伙伴关系，企图架空亚太经合组织，联合地区其他国家共同制衡我国；经济上，设置诸多贸易禁区和障碍，特别是限制高技术对华出口，并限制别国与我国的交流与合作；外交上，渲染中国威胁论，诋毁我国际形象，离间我与邻国的关系。

（四）将增大我解决主权争端的难度

在我国所有的主权争端中，背后都有美国插手的因素。对于当前局势最为紧张、备受世界关注的钓鱼岛问题，美国可以说是直接制造者和参与者。美国政府不顾历史事实和二战后形成的国际共识，将我国领土私相授受，不仅表态《美日安保条约》适用于钓鱼岛，还加紧增强在该地区的军事部署。对于南海问题，美国多次以确保“通航自由”、“海洋资源合法开发”等借口挑起事端，并强调各国在南海都拥有“基本利益”，竭力将南海争端国际化、扩大化和复杂化。美国还不断扩大同日本、韩国、越南、菲律宾和印度等国的军事合作，执意对台军售，助长了他们与我抗衡的气焰，增大了我解决领土主权争端的难度。

（五）将限制我军事实力的提升

美国极力渲染受到我国来自太空、网络及远程精确打击能力的威胁，在新颁布的《国家军事战略》中明确表示，美国军力发展的重点是太空技术、网络手段、远程精确打击、导弹防御系统和加速核武器的实战化，这些都明显针对我国。他们还在军事技术和武器装备上竭力对我国实施封锁和禁运，还阻挠其他国家与我进行军事合作，迫使我国投入更大的人力、财力和物力发展军备。

四、几点思考

对于美国战略重心东移，我们必须丢掉幻想，密切关注形势发展，旗帜鲜明地予以反对和抵制。

一是坚持反对霸权主义的原则立场。我国历来主张建立国际社会新秩序，现有各种国际和地区矛盾、纠纷，都应该通过联合国渠道协调解决，而不应置国际公约法律于不顾，由一个或几个大国以世界警察身份，四处插手地区事务，肆意干涉别国内政。通过参与各种国际或地区活动，深刻揭露美国战略重心东移的意图及对地区局势可能带来的严重后果，揭露美国谋求世界霸权的野心，批判他们肆意干涉地区事务及别国内政的霸权主义本质，营造遏制其战略重心东移的国际舆论压力。使国际社会深刻认识美国的战略重心东移将给世界和平和地区稳定带来新的不安定因素。

二是在国际事务中主持正义。当前，美国在阿富汗和伊拉克仍然存在诸多悬而未决的问题，完全撤军进退两难；伊朗核问题、叙利亚内战、土叙边境冲突及利比亚形势等棘手问题，仍然牵制着美国战略东移步伐。我们要主持正义，主持公道。

三是反对强化亚太地区的冷战军事同盟。美国在冷战后，继续加强亚太地区的冷战同盟是违背历史潮流的。不仅危及地区稳定，也不符合有关当事国本身的利益。如：日本、韩国民众反对美国在当地驻军以及扩建海空军基地；美国纵容日本翻军国主义侵略历史的旧案，就受到韩国的坚决反对。我们要揭露其实质,。

四是打好经济牌，晓以利害。作为世界最大的两个经济体，中、美两国经贸往来密切。在当前世界经济复苏乏力的背景下，中、美两国经济的互补性、依赖性不断增强。2011 年，中、美贸易额达到 4467 亿美元；在 2012 年世界经济仍然低迷的形势下，这一数字仍有望刷新。美国实行战略重心东移，以中国为对手，损人不利己，不符合美国利益。任何损害中国核心利益的决策都将损害其自身利益。

五是在军事上做好准备。中美之间的矛盾，如果激化，不排除发生冲突的可能。我们应立足最坏情况的发生，做好充分准备，力争在维护国家核心利益的斗争中发挥决定性作用。

美国战略重心东移，日本及越南、菲律宾等国在美国的支持下立场强硬，使得钓鱼岛和南海部分岛屿主权问题的解决更加困难，由于领土问题涉及国家核心利益，相关各方都不会轻易作出妥协和让步，对此我们应有清醒的认识。

美国作为世界头号强权，在综合国力、特别是军事能力上仍有优势。但我们有正义合法的法理基础，有不屈服于武力的民族精神，有雄厚的战争资源，有全民皆兵的战争潜力，有多种不对称优势。我们应辩证地认识强弱转换规律，努力探索以弱胜强的非对称战略制衡战法。

根据应对美战略重心东移的军事斗争需求，搞好战略规划，增强我在重点战略方向的战略预置。提高战略侦察预警能力。加速构建一体化的战略侦察预警与情报保障体系，提高远程打击能力，强化海空远程打击手段建设。提高应急作战快速反应能力。建立诸军兵种应急联合作战指挥机构，形成快速反应行动机制，研制发展新型作战手段。

美国亚太新战略，既给我们提出了更加严峻的挑战，也给我们带来了新的提升综合国力、军力的战略机遇。

美国军事战略调整对我国海上安全的影响

海军军事学术研究所助理研究员　唐　培

在美战略关注点加速向亚太倾斜的背景下，特别是奥巴马在2012年大选中成功连任，其继续推进“再平衡”战略已不可逆转，美亚太军力部署的灵活性与针对性将进一步加强。美国因素的存在及其联动效应，引发我周边海上形势不稳，对我海上方向造成直接安全困扰，是影响我海上安全的重要变量。亚太地区乃至全球海上安全态势正发生重大改变，我国海上安全将面临更加严峻、复杂的局面。

一、我国海上安全中美国因素存在的必然性

出于意识形态与地缘政治的双重考虑，美国对华战略的传统惯性思维中更多地视中国为战略对手，并力图实施对华遏制[①]。

---

① 陆俊元著：《中国地缘安全》，北京：时事出版社，2012年版，第126页。

我国海上安全中，美国因素的存在不可避免。

美中两国位于太平洋东西两岸，亚太是两国共同的重要地缘战略空间，也是两国国家安全战略的重点。从地理位置上看，美国西临太平洋，东滨大西洋，其领土还包括北美洲西北部的阿拉斯加和太平洋中部的夏威夷群岛，以及分布于太平洋和大西洋广泛区域的海外领地，如关岛、萨摩亚、波多黎各等。此种既集中、又分散的领土构成，成为美国安全利益认定的地缘基础。美国强调其自身利益，特别是安全利益遍及世界各个角落，而亚洲太平洋地区是其传统上的安全利益范围。事实上，第二次世界大战和朝鲜战争以后，美国在全球战略框架内形成了以遏制共产主义扩张为要旨的亚太地区战略，[①] 其重点是防止在东亚出现由某一个国家或联盟进行统治。[②] 在美国国防部 2001 年 9 月发布的《四年防务评估报告》指出，在全球各地区中，亚洲正逐渐成为最可能出现对美国构成大规模军事挑战的地区，在从中东到东北亚的“广阔的不稳定弧”中，尤其是从孟加拉湾到日本以南海域的东亚沿海地区的控制列为美国的重要利益。[③] 中国位于亚欧大陆东部，太平洋西岸。西太平洋是我国家生存和发展利益集中的重要区域。同时，随着我国社会经济的不断发展，国家发展和安全利益空间在不断拓展，中美在安全利益空间上出现交叠，亚太特别是西太平洋成为双方安全利益的主要交汇区、冲突区和共存区。在中美安全利益空间的交叠中，美国突出将太平洋作为其向

---

① 吴心伯著．《太平洋上不太平——后冷战时代的美国亚太安全战略》，上海：复旦大学出版社，2006 年 4 月第 1 版，第 1 页。

② 刘金质著．《美国国家战略》，沈阳：辽宁人民出版社，1997 年 4 月第 1 版，第 16 页。

③ “Defense of the United States”, Quadrennial Defense Review Report, September 30, 2001, p. 4.

亚太输送和布建力量的战略通道和空间，[①] 将力量部署至我周边；同时，加固并强化复合式岛链对我的封堵与遏制。

二、我国海上安全中美国因素的体现

我当面海域是世界战略力量汇集、各种矛盾和争端较为集中的地区。[②] 在诸多外部因素中，美国因素已成为我海上安全环境复杂多变的总根源。主要体现在以下几个方面：

（一）提升亚太战略关注，扩大地区政治影响力

自2009年奥巴马政府上台以来，美国大幅提升对亚太地区的战略关注，力图改变由于十年反恐而对亚太疏于关注的局面。美国视巩固双边同盟为其亚太战略的核心支柱，并通过重申对盟国安全承诺、加强高层对话、加强国际事务协调等举措，巩固与传统盟友的关系，夯实东移战略的根基。其中，美日就普天间基地搬迁问题加强沟通，消除了两国关系的重要障碍，并利用日本对朝鲜和中国问题的担忧，促其重新认识美日同盟的重要性，双边安全关系明显强化；美韩2010年启动“2+2”战略对话，在《国防合作指针》、《战略同盟2015》和《战略计划方针》等双边协议文件框架下，构筑美韩“21世纪全面战略同盟”；强调美澳同盟是美国“亚太战略之锚”，2011年宣布美澳安全新协议，进一步加强军事基地共享以及在太空、网络等“全球公地”领域的实质性合作。与此同时，美国积极深化同地区新兴伙伴的对话合

① 陆俊元著：《中国地缘安全》，北京：时事出版社，2012年版，第127页。

② 张炜著：《国家海上安全》，北京：海潮出版社，2008年版，第424页。

作。与东盟国家签署了《东南亚友好合作条约》，启动美国—东盟峰会机制，力促与东盟国家关系全面回温；支持印尼在东盟论坛、东亚峰会等机制中发挥领导作用；支持越南在南海问题上的立场，加强与越南在海上安全、外交和经济领域中的伙伴关系；加强与新加坡、马来西亚在贸易、民间交流和防扩散机制上的伙伴关系；加大与缅甸接触，减轻对缅制裁；积极发展美印关系，将美印关系升级为全新的“3.0 版”，在全球安全、人类发展、经济和科技等四个领域重点深化美印关系，并建立双方的“战略对话”机制。

（二）深化与亚太国家的经济联系，争取地区经济秩序主导权

为防止在新一轮经济整合中被“边缘化”，确立和强化美国在亚太经济格局中的主导权，美在进一步夯实同日韩等国经济合作的基础上，强化同新兴经济体的合作，打造以美为主的亚太经济圈。一方面，以经贸合作与“发展援助”为牵引，加大拉拢印度、印尼、越南等人口众多和市场潜力巨大国家的力度。如，2010 年，美印签署 95 亿美元出口大单，突出加强高技术出口和民用核能方面的合作；明确表达通过基础设施领域的合作与投资促进印尼发展的意向，并承诺提供支持教育的发展经费；加强对越核能合作，并与越南就开展基建合作、在越投资等事宜积极接触等。另一方面，推动“跨太平洋伙伴关系协定”（TPP）谈判，强化与亚太国家经济联系，争取地区经济秩序主导权。自 2010 年美国积极推动 TPP 谈判，试图将日、越、马等国拉入协议框架，扩大美地区市场份额，分享亚洲经济发展成果，在谋取经济利益的同时，制约其他经济竞争对手。此外，美还插手湄公河流域开发，调控次区域经济合作进程。如，2010 年，美承诺注资 1.87 亿美元支持“湄公河下游行动计划”，用于改善该地区的教育、卫生、基础设施和环境建设；2012 年 7 月，美国务卿希拉里在东盟系列外长会议上表示，美有意向湄公河下游国家提供 5000 万美元的援助，并许诺福特、通用等美国大企业会在柬埔寨搞实业。

（二）加大介入地区安全热点，提升对我周边海上的主导性

亚太地区经济一体化发展进程中，缺乏政治互信和深层利益纠葛交互作用、加速发酵，加之各种偶发因素，地区安全热点问题此起彼伏。美国借机强化干预亚太业已存在的矛盾和问题，特别是介入有关中国的重大争端。一是利用各方之间的矛盾和猜忌，加大对地区事务把控。在钓鱼岛问题上，宣称要按照新的《日美防卫合作指针》行动；在南海问题上，不仅提出要保护南海航行自由，而且从中立转向支持越、菲等声索国，使有关国家感到美国会给予“安全保证”，故而有恃无恐地与我对抗；在朝核问题上，美借机拉拢日韩、敲打朝鲜、牵制中国。二是密集开展联合军演，以兑现“安全承诺”。在地区海上安全热点升温背景下，有关地区国家对美安全需求出现上升。联合军演成为美国应对有关国家“求援”呼声、实现自身战略意图的有效手段。近年来，美在亚太地区频繁举行各类军演，使亚太成为全球军演密度最大、大规模演习最多的地区。仅 2012 年上半年，较大规模常态化演习已达 20 余场，我多数邻国以不同形式参与联合演习。三是加紧对我海上方向的侦查监视。美国利用先进技术，增强地区国家对海上安全环境的监控和情报共享，加大对我海上侦察监视。以南海方向为例，从 2011 年 5 月起美 P－3C 以“临时准入”的方式进驻泰国的乌塔堡、马拉西亚的关丹、哥打基纳巴鲁等基地，目前正与有关国家就“全球鹰”穿越其领空事宜进行协商。同时，以强化有关国家的“沿海监测能力”为名，提升菲、印尼

等国的侦察监视能力，完善与美的情报共享机制，增强对我的侦察监视能力。

三、美国军事战略调整产生的安全变量

为应对“两场战争”、“一场危机”之后的内外形势变化及挑战，美国积极调整其军事战略，其重点是调整军事部署和构建新型安全体系，力图依托其军事优势特别是海上机动作战力量绝对优势，积极运用“软实力”、“巧实力”，弥补其在经济、政治、外交等方面的缺失与不足，有效提高其战略影响力。

战略使命上，更加注重传统安全，对我的一面更加突显。美国虽然仍将恐怖主义视为主要安全威胁之一，而由于反恐战争极大削弱了以基地组织为代表的恐怖主义力量，美在战略使命上更加注重传统安全。一是以我为战略对手的定位更加明确。美国长期将我视为战略对手。2001 年美国防部《四年防务评估报告》，明确把中国作为其最大的战略对手。2006 年的《四年防务评估报告》中，将中国定性为“潜在军事对手”，认为“中国最具潜力在军事上与美国竞争，并部署破坏性的军事技术。如无应对之策，这些技术日后可能抵消美国传统的军事优势。”[①] 当前，美对于中国“威胁”更加直言不讳。除朝核、伊核问题外，美国强调“中国作为一个地区力量的突然崛起，将会在多方面对于美国的经济和安全构成潜在威胁”，并以“寻求使用非对称作战手段对

① 美国国防部：《2006 年四年防务审查报告》，军事科学院世界军事研究部译，北京：军事科学出版社，2006 年版，第 32 页。

付美力量投送能力”为据，将中国与伊朗相并列。[①] 二是更加强调保持在传统安全领域的优势。2012 年新版《国防战略指南》明确列出的 10 项战略任务中，有 6 项[②]是针对传统安全威胁。此种战略任务规划反映出，美在对非国家威胁行为保持主动打击能力的同时，强调巩固其在大规模、高端战争中的力量优势，突出应对中国等新兴国家的安全挑战；阻止朝鲜、伊朗核扩散，同时强调维持安全、可靠和有效的核威慑；此外，还强调加大空、天、网络等多个公共空间对我的竞争优势。

战略布局上，西收东扩，加大对重点地区、重点领域的战略关注和针对性投入。新版《国防战略指南》明确指出，美未来防务重点是“从西太平洋到印度洋”的亚太弧形地带。战略布局上呈现“西收东扩”：在欧洲，美军承诺确保其军事存在，但重点仅限于部署海上反导系统；在非洲和西半球，美打算轮换派出有限部队；在亚太地区，美则通过加大资源投入，推动实现军力扩张。随着伊战结束和逐步从阿战场撤军，美决定将原部分用于反恐战争的军事力量转向亚太。其中，美海军就可抽调包括航母在内的水面作战舰艇、情报监视侦察系统等多种兵力；美空军也能够逐步从阿富汗转移部分无人机、作战飞机等部队，充实在亚太地区的力量；驻韩日的美陆军和海军陆战队原被抽调参加反恐战争的部队则全部返回驻地归建。同时，尽管美军费预算未来 10 年面临大幅削减，美仍将优先加强对亚太地区驻军的经费支持，

---

① U. S. Department of Defense, *Sustaining U. S. Global Leadership: Priorities for 21st Century Defense*, January 2012, http://www.defense.gov/news/Defense_Strategic_Guidance.pdf.

② 这 6 项战略任务具体是：“威慑和击败侵略”、“在‘反进入’区域投送力量，拒绝挑战”、“反对大规模杀伤性武器”、“在网络空间和太空有效遂行作战任务”、“维持安全、可靠和有效的核威慑”、“提供稳定的驻军”。

并根据战略布势需求，做出资源配置调整，其重点包括：优先确保最具战略威慑力的航母和弹道导弹核潜艇的数量稳定和升级换代；优先确保美海外军事存在，以战斗力稍弱但数量更多、用途广泛的小型舰只取代能力更强但数量有限的大型舰种；近期，优先强化近岸作战能力和海上反导系统的部署。

战略手段运用上，更加重视以合作求安全。美认为，维持现有同盟并建立新伙伴关系是美安全战略的核心要素。2012 年美国《国防战略指南》和《四年任务使命评估报告》均提出，将建立新型同盟关系，充分发挥盟友的战略支撑作用。一是巩固、整合盟友体系。美加强与日、韩、澳、菲、泰 5 个传统盟国间机制化协调，强化美日和美韩同盟的轴心作用，拓展与菲联盟行动的范围。除与上述部分国家建立了“2 + 2”外交和防务磋商机制外，美开始在美日韩、美日澳等国家间建立三边或多边协调机制[①]。二是全方位拓展伙伴关系。美加紧发展与印、越、印尼、新加坡等国的军事关系。美宣称印度是美亚洲新战略的“关键”，承诺美将致力于向印度提供先进军事技术；美、越将军售、舰艇常规服务以及建立正式的战略伙伴关系作为两国长期军事合作的内容；对印尼，美注重以援助促合作。2010、2011 年分别给予印尼 1570 万和 2000 万美元援款，并低价出售 24 架二手 F－16C/D 战机，帮助建立监控马六甲海峡的雷达系统。此外，美国还加强联合军演，依托“金色眼镜蛇”、“卡拉特”、“肩并肩”、“环太平洋”等双、多边军演机制，不断增加联演的强度和规模，将更多国家拉入美主导下的亚太安全合作体系。三是深化安全合作，积极寻求扩大准入。美利用地区有关国家安全需求上升，在推动安

---

① 2010 年 10 月末，美日韩澳四国的海陆空军首次进行将军级别的战略协商，并谋划进一步整合各国间安全合作机制，以应对各种传统和非传统安全挑战。

全合作深入发展的同时，通过扩大准入，强化对地区战略“要点”的把控。近期，美重点在我南向海域谋点布势。在保持泰、菲、新等国少量驻军的基础上扩增新的军事部署点，协议将在新加坡樟宜基地部署 4 艘濒海战斗舰、在澳大利亚达尔文港部署 2500 名海军陆战队员，并计划将从冲绳迁出的 3700 名海军陆战队员派驻到南海方向；重获或新增了在菲、马、泰、新及印尼等国的基地、机杨和各种军用设施的使用权，“准入”范围不断扩大。

力量建设上，突出“精简、快反”的原则。根据新版《防务战略指南》，未来美军部队转型和能力建设的方向是更小、更精简，但更敏捷、更灵活、装备更充分、技术上更先进。一是大规模削减地面部队。根据美国 2012 年 1 月公布的 2013 年国防预算，今后 5 年，美将削减约 10 万军队，约占美军总人数的五分之一，其中包括削减陆军 8 万，海军陆战队 2 万。未来，经过新一轮裁军，美军将在确保核心战力的前提下，实现“瘦身”、“节流”。二是提高驻军的远程海空打击能力。在海上作战力量方面，美军决定在 2020 年前将 60% 的海军舰艇部署至太平洋方向，包括向该地区增派 1 支航母打击大队；在空中作战力量方面，继续保持在关岛轮换部署 8—52 型战略轰炸机和 B－1 型轰炸机，并启动一项为期 5 年的隐形战机部署计划，[1] 分阶段在我周边的美军部署 B－2 轰炸机、F－35 和 F－22 战斗机。三是加强在反导、太空和网络空间等领域的高端作战能力。美积极推动建设东亚导弹防御系统。美日已就在日本九州岛部署 X 波段雷达达成一致，双方正在就共享太空预警信息等方面展开合作；美将在澳西

① 引自“美军欲用隐形战机部队‘包围中国’”，见 2012 年 12 月 28 日《参考消息》第 16 版。

北部海角部署C波动雷达和太空监测望远镜，加强南半球雷达网，以监控我太空活动。同时，美将对亚太地区投入更多的天基作战系统、网络空间作战系统等资源。此外，随着“空海一体战”理论被美决策层采纳并逐步成为美军力量运用和建设的重点，美军在全方位提高部队的行动和作战效率的同时，重点强化应对反介入作战和信息战的能力。

四、美国军事战略调整对我国海上安全的影响

美国视我为主要战略威胁，将战略重心转向亚太，调整和加强兵力部署，强化和拓展其同盟体系，强化对我的围堵与遏制，必然引发亚太地区乃至全球海上安全格局发生改变，增大我海上方向的军事压力，我国海上安全将面临诸多不利。

第一，我国海上方向受压、被围之势趋于强化。美以海空力量为重点，提高在我周边军力部署的数量和质量，扩大对我的力量优势；同时，强化军事力量的动态存在，不断提升在我周边军事演习的数量和强度。既注重加强与同盟国的深层军事合作，提高联合作战能力，加强实战准备，对我形成直接的军事威慑；又以防止大规模武器扩散、人道主义救援等名目在非传统安全领域开展更加广泛的联合演练，对我施加影响。通过海上联演、联训、舰艇访问等方式在我周边较敏感海域保持动态存在，将斗争的前沿向我方推进，不断挤压我的战略空间。而且，美突出加大对重点海域、特别是在我出入远海通道附近的力量布设。通过与有关国家的军事合作，扩大军事准入权，逐步实现亚太兵力驻存常态化、机制化，提升有关国家的军事能力以及与美合作能力，加强对我抵近侦察的力度，完善与我周边部分国家情报信息共享机制，

大幅提升对我海上侦察效能，形成联合堵截态势，强化对我遏阻。在不断强化在西太地区军事存在的同时，美不断调整兵力部署，“固北强南，突出关岛”，在西太平洋地区更广阔的区域内构建层次更加清晰的兵力部署结构，进一步加强对我的战略围堵。

第二，海上维权的现实和潜在阻力增多。当前，我国海上形势正发生深刻而复杂的变化，周边海上权益争端矛盾突显，并呈现持续紧张、摩擦频发的发展态势。美军事战略重心东移，实质性介入我周边海上争端不断加深，使我海上维权的形势更加复杂，对我海上维权形成现实和潜在的阻力。一方面，美因应地区涉华争端矛盾复杂局势，突出以地区海上争议为抓手，加深介入，伺机为其亚太军力布设谋点扩局，推进军事战略重心东移步伐。近来美国实质性介入争端的趋势不断发展，对我的批评指责、对有关国家的偏袒和支持日益公开和明显。明确表示钓鱼岛适用于《日美安保条约》，一再重申对菲律宾的“安全承诺”，保护南海自由通行安全。特别是在争端矛盾相对激化的敏感时期，美海上力量以游弋、访问、联演等多种方式，有选择性地保持动态存在，对我施压。另一方面，美国宣称要为有关国家提供“安全保证”，加大军事合作力度，不仅为身处争端矛盾中的日、菲等国定心、壮胆，还通过以军事援助、联合军演、力量布设等实质性举措，提供、改善有关国家武器装备，提升其作战能力。其结果是，有关国家“以武谋海”的冒险倾向增大，与我军事对抗的筹码增加。在黄岩岛事件中，菲律宾有恃无恐，主动挑起事端，把自己推到与我对抗的最前沿，试图以小搏大，其军事冒险心态暴露无遗。美国因素的强化，刺激和鼓励有关国家采取强硬姿态和手段，应对由海上权益争端矛盾引发的纠纷或摩擦，并将对我海上维权造成更多现实和潜在阻力。

第三，周边海上安全环境动荡加剧。海洋是我国家安全和发展利益拓展的重要方向。在美国军事战略重心东移作用下，我海上安全环境中不安全、不确定因素明显增多，动荡态势持续加剧。美国以介入地区热点为抓手、以军事力量为主要手段，推进战略重心东移，势将增大地区对抗性因素，使我周边海上热点与危机不断，频率与对抗强度增大。黄海方向，美积极介入“天安”舰和延坪岛炮击事件，美韩对朝保持高压态势，虽意在以压促变，但尺度难以把控，特别是针对朝鲜频繁举行的军演，将可能进一步加剧朝鲜半岛军事对立的态势。东海方向，美国明确表示钓鱼岛适用于《日美安保条约》第五条，并采取部署鱼鹰运输机、X波段雷达、举行夺岛演习等针对性的举措，为日提供支持，使其在岛屿争端上保持强硬立场，中日因钓鱼岛问题发生军事冲突的危险增大。南海方向，有关国家受美国“重返亚太”战略的鼓舞，野心不断膨胀，企图借助美力量，在处理与我的海上纠纷时狐假虎威，“以小搏大”，对我进一步采取强硬态度和手段。我海上方向安全面临危机多向并发、身陷周边复杂事态的严峻局面。此外，在美战略重心东移的鼓励和刺激下，我周边有关国家“挟美自重”的心态进一步发展，防务政策逐步出现调整，以及美加紧构建其主导的地区秩序与规则等因素，将使亚太地区的安全结构调整变化加快，各种利益与力量的碰撞增多，我稳定周边面临的制约因素进一步增大，使我海上安全形势更加复杂。

综上所述，当前，美国军事战略调整仍处于演进过程中。美加快向亚太转移战略重心，对我海上方向的遏制与围堵趋于强化。我海上安全环境的稳定、我海上方向战略空间的拓展、周边海洋维权斗争的形势、军事安全关系的发展等方面都将在一定程度上受到不利影响。但应看到美在全球的战略困境仍然严峻，在亚太集中资源全力对我的企图面临诸多约束，我国家利益拓展的战略机遇依然存在。我应审时度势、着眼长远，准确把握战略形势的发展趋势，认清美军事战略调整的意图及对我构成的不利，并从全局高度适时进行战略筹划与调整，以确保在稳步发展的同时，谋破困堵，为战略机遇期发展提供有力保障。

美国战略重心东移背景下，我国维护海洋权益安全对策思考

国防信息学院教授　牛　力

21世纪第二个十年伊始，对当今世界影响最重大的莫过于中国崛起和美国战略重心东移。美国凭借其雄厚的软硬实力，实施战略重心东移，对亚太地区战略形势产生重要影响，特别是对我国战略环境带来日益严重的挑战。美国战略重心东移，不断在我周边投棋布子，对我构成严重的直接军事威胁，我国家利益维护和战略空间拓展受到严重限制。美国战略重心东移，更加重视“以台制华”，势必进一步深化美台军事合作。这样，将增大我武力威慑“台独”和抗御强敌作战的成本，将增大台湾领导人倚美自重的心理预期，从而增加我解决台湾问题实现祖国统一的长期性和复杂性。美国战略重心东移，刺激了周边国家的倚重投机心理，相关国家认为有机可乘，对我纷纷示强，企图借机加剧岛礁争端从中渔利。从而使我周边形势日益紧张。

美国战略重心东移对中国国家安全最现实的影响，就是迅速恶化了中国海洋安全形势，出现了“三海共振，连锁反应，两岛紧张”局面。在这一形势下，如何正确地应对海洋权益争端，特

别是中日钓鱼岛争端，有效地维护国家海洋权益安全已成为摆在我们面前必须回答的重大课题。

一、当前我国海洋安全形势急剧恶化的主要原因

（一）美国战略重心东移是我国海洋权益安全形势急剧恶化的大背景

当前中国的快速崛起正越来越引起美国和某些西方强国的焦虑和不安，压制崛起的中国已经成为他们的共同战略。面对今天正在快速发展的中国龙，美国就像好龙的叶公，表面上欢迎，说是愿意接受中国的崛起，可心里是不高兴、不安心、不满意的，是恐惧的。美国的恐惧说透了，是由于中国的崛起改变了世界力量的格局，使老大帝国的全球地位受到了挑战。特别是美国陷入了20世纪30年代大萧条以来最严重的经济危机，而中国发展势头继续强劲。在这种情况下，美国更加担心自己会失去世界老大的地位，正如奥巴马多次突出强调的，“我不接受美国成为世界第二”。这必然促使美国采取牵制和阻碍中国崛起的对华政策。

在中国崛起、美国对中国实力优势缩小，以及亚太加速崛起为全球地缘政治中心两大因素的牵动下，美国下决心改变以往以反恐压倒一切的做法，果断结束伊拉克战争，逐步从伊、阿战场收兵，收缩战线，加快战略重心东移步伐。美国战略重心东移的主要动机，不排除分享亚洲特别是中国经济快速增长的红利的打算；核心目的是应对中国加速崛起对美国在亚太及全球霸权构成的挑战。目前美国战略重心东移已进入实质性实施阶段。在政治上，它一再宣示“美国是太平洋国家”，奥巴马是“美国第一位太平洋总统”，大造美国亚太领导地位之势；在外交上，纵横捭

阖运用“软实力”营造利美遏中的格局；在军事上大力加强其在亚太的军事存在和前沿部署，强化和扩展其军事同盟体系。2012年1月5日，美国正式公布新军事战略，宣布放弃同时打赢“两场战争”的战略，改为“确保打赢一场战争，同时，遏制另一场战争”的新战略。对于要打赢的对手，美国官员明确讲就是中国。为此，美国一再强调在军费裁减的情况下，“美国在亚太的前沿军事力量不会裁减”，并进一步加强其在亚太的前沿部署，加紧构筑以岛链基地为依托，以日本和澳大利亚为南北“双锚”的战略布局，以实现遏制中国的长远计划。美国正在落实应对中国崛起的“空地一体战”构想，企图发挥美国在海空天的全方位体系优势，形成对我绝对常规优势，谋求第一岛链内的控制权，同时慑止我突破第一岛链后的行动。

美国战略重心东移，不断在我周边投棋布子，对我构成严重的直接军事威胁。美国不断增强第一岛链内外的军事力量，加大了东线威胁。美国进入中亚，使我西部后方直接暴露在美军威胁之下。美国通过美蒙军事合作关系，把手伸向蒙古，企图从北线封闭对华包围圈。

美国还不断加强对南亚次大陆和东南亚的渗透，支持相关国家在南海挑衅我国，与澳大利亚、菲律宾的军事同盟关系持续升温，从南线对我施加压力。特别是美国战略重心东移，刺激了周边国家的倚重投机心理，相关国家认为有机可乘，对我态度纷纷示强，企图借机加剧岛礁争端从中渔利。我国海洋权益安全形势急剧恶化就是在这一大背景下发生的。其目的是制造紧张局势，引发中国与周边国家的冲突，从而减缓甚至阻止中国的崛起。当前主要是利用中国与南海国家的海洋权益争端，拉拢相关国家，支持他们与中国的对抗，恶化我周边安全环境，形成“区域制衡”态势。

美国通过东进战略遏制中国，传统意义上的“抓手”，如台湾问题、西藏问题、新疆问题，属于中国的内政，外部干预不易达到目的，而东海、南海问题作为中国核心国家利益的组成部分，涉及到中国与其他国家的关系，容易发力，自然就成为美国遏制中国的战略“抓手”。

中日钓鱼岛领土主权之争，就是美国区域制衡战略的典型例证。美国既是中日钓鱼岛领土主权之争的始作俑者，也是扩大双方矛盾和纠纷的元凶。

（二）美国实施“区域制衡”策略，高调介入东海、南海争端，是我国海洋权益安全形势急剧恶化的主要原因

美国前总统国家安全事务助理布热津斯基在《大棋局》一书中早就指出：美国最希望的局面就是亚洲国家或国家联盟的普遍对抗和捉对厮杀：中、日、韩保持对峙，东盟与中国存在争端。只有争端难以消弭，才使处于实力下降中的美国可以四两拨千斤，继续保持对欧亚大陆及边缘地带的控制，坐收渔翁之利。当前美国在战略重心东移中推行的“区域制衡”策略，就是对《大棋局》理论的现实运用。所谓“区域制衡”，即利用矛盾，挑唆周边国家与中国的关系，从中渔利。只要中日相安无事，美国就要点火。在中日双方闹得不可开交时，美国出来一边说不选边站，不持立场，一边装腔作势两面劝和。但与此同时美国多次明确表示钓鱼岛属于日美同盟防御范围，美国有帮助日本进行防御的责任和义务，并与日本频繁举行夺岛演习。当劝和不能奏效时，就在当事国面前展示实力，派航母编队在钓鱼岛附近游弋。这样，实际上是美国始终操控着中日钓鱼岛领土主权争端的杠杆。美国之音“岛屿纷争：中日纠结，美中纠结?”的报道说：“在美国重返亚洲战略大背景下，美国希望日本壮大，成为‘亚洲的一种稳定力量'，而日本则在与中国冲突加剧时希望获得美国的明确表态，美国则痛快地给予回答，这样钓鱼岛争端'不可避免地从中日领土纠纷变成一种美中抗衡'。"从现实看，美国利用钓鱼岛争端，成功地挑拨了中日关系及国民感情，使日本民主党政府完全投入美国的怀抱，使被日本民众厌恶的"鱼鹰"战机成功地飞入日本，使日本对美国的依赖大大增加，从而获得巨大的政治、外交、军事、经济利益。可以说，美国精心导演的这场"大戏"，巧妙地利用了中日固有的矛盾，既牵制了中国，又捆牢了日本，还顺手拉拢了东盟各国，使其"重返"战略得以实现。

在南海问题上，也是同样。正如外电评论指出："美国才是南海紧张局势的始作俑者。南海本是平静的海洋，正因为美国的搅局才变得恶浪滔天。随着美国实施重返亚洲战略，美国在南海问题加紧围堵中国，一方面怂恿菲越充当打手遏制中国，一方面直接介入相关海域之争，从舰队东移到战机配备，从卖武器到搞军演，大小动作无日无之。""美国既要浑水摸鱼，又要以'世界警察'自居，口口声声在南海争端中不偏袒任何一方，但事实上，美国从来没有中立过。"

（三）相关国家的战略利益诉求，是我国海洋权益安全形势急剧恶化的内在动因

当今世界进入海洋大开发的时代。众多国家都把加快海洋经济开发放到战略地位，世界性、大规模开发利用海洋，已成为国际竞争的重要内容。我国东海、南沙海域十分丰富的油气资源和重要的战略地位，都强烈地刺激着相关国家的贪欲，他们充分利用域外大国势力别有用心地介入和挑拨的机遇，促使围绕我国东海、南海岛礁以及资源控制权的纠纷不断升级，并呈现出激烈化、域外化、国际化、复杂化的特点。

日本在钓鱼岛问题上的挑衅是日本右翼势力刻意制造的，其背景是日本国内愈演愈烈的政治右倾化。长期处于经济困境的日本，在经济总量被中国超越之后，右翼势力迅速抬头。他们把仇恨集中到中国身上。近年来否认南京大屠杀、否认强征“慰安妇”、否认“村山谈话”、鼓吹领导人参拜靖国神社、扩军备战、废除和平宪法的言论层出不穷。利用钓鱼岛问题恶化中日关系，推进军国主义已成为日本右翼猖獗的突出表现。而当前日本人的心态正如日本京都大学教授田雄次所说：由于“日本人缺乏自尊心，这种对于外国人或者其他人的羡慕就会毫无道理地扭曲为一种极端的嫉妒和憎恶之情。日本人的这种劣等意识作为一个整体使日本陷入了危险的境地，一旦恐慌情绪出现、或是欲求得不到满足，极易出现全民性歇斯底里。”日本有学者讲：日本相当多的国民对中国的心理几乎可以归结为一点，这就是对一个走向强大的中国感到害怕。而日本右翼势力则利用民众这一心理，煽动反华情绪，绑架国家政治，企图通过刺激、激怒中国，扰乱中国崛起的步伐，实现重温当年日本帝国梦的目标。当前“新鹰派”掌权的日本政府，出于国内政治的需要，对右翼势力加以利用迎合和纵容。他们认为：强化日美同盟，支持、参与以遏制中国为核心的美国“重返亚洲”战略部署，是日本遏制中国发展，大力发展军力，实现再次起飞的契机。在这一背景下，钓鱼岛归属之争已成为日本围困中国的借口和遏制中国的工具。正如《纽约时报》指出的：“岛屿争端是由于日本对中国崛起不适应。”

从南海周边国家来看，一是相继进入工业化发展期的南海周边国家，急需能源等战略资源，企图通过海权争夺为国家经济寻找新的增长点；二是《联合国海洋法公约》缔约国大会决议规定：凡是1999年3月13日之前批准公约生效的国家，如果主张200海里以外的大陆架，必须在2009年5月13日前完成200海里以外大陆架外部界限的规定和有关法律程序工作。在这样的形势下，南海周边国家纷纷以各种形式宣示主权；三是对中国快速崛起的疑惧感，急欲使其非法占领合法化。他们担心中国随着实力的增强，会在领土、领海主权上采取更加强硬的措施，害怕中国的最终崛起将使他们无力与中国争夺岛礁，而且国家的规模、发展速度和前景决定了时间不在它们一边。因而试图采取以攻为守的策略，搞一系列动作，企图在对他们有利的条件下解决问题；四是企图充分利用美国战略东进、重返亚洲的机遇，以美遏中，获取最大利益；五是为摆脱国内危机和战略压力寻找出路。

三、维护我国海洋权益与安全的主要对策

维护国家海洋权益需要战略思维，面对严峻的东海、南海形势，我们必须站在战略高度思考我们的对策。

（一）实现中华民族的复兴大业，是21世纪中国的最高利益、最大政治，解决海洋权益问题必须服从这个大局

实现民族复兴大业这一最高利益代表了人民的根本利益；要从维护国家发展大局的战略高度谋划应对钓鱼岛和南海岛礁争端的良策。要深刻地认识到，美国当前挑动相关国家与中国闹海洋权益争端的目的，就是要恶化中国的安全环境，破坏中国的吸引力，干扰、打断、破坏中国经济发展的大好形势，最终改变资本的流向，从而改变美国在国际金融和经济活动中的不利局面。因此，我们一定要不被政治迷雾所迷惑，不被外界干扰所挑动，坚持集中力量发展经济不动摇。同时要看到正确处理钓鱼岛问题关系重大：其一，它的成败直接影响到南海争端的解决，进而关系

到中国能否成为海洋大国的命运。其二，它给中国崛起为一个良好形象的全球大国以新的机遇，当中国用创造性智慧及手法解决争端之时，将是中国进一步获得世界尊重之日。其三，它也是在斗争中改善自身机制体制，提高维权本领的良机。为此，我们必须坚决维护国家领土主权，积极谨慎地处理争端问题。

（二）海洋权益争端还不具备彻底解决的条件，必须做好长期斗争的充分准备

我们要充分认识到中国目前的实力还没有强大到使相关国家慑服的程度，中国正处于高速发展的战略机遇期，同时又是被美国等西方敌对势力“看得最紧”的时期。中国现有力量对于突破并压制这种“盯防”，创造对中国最有利的领土谈判环境远远不够。现在谋求“彻底解决”，中国吃亏的可能性很大。因此，我们必须做好长期斗争的充分准备。特别要认识到钓鱼岛主权斗争的长期性是确定无疑的：第一，日本右翼势力极为猖狂，通过钓鱼岛争端遏制中国发展是铁了心的。而且钓鱼岛已经成为日本执政党与在野党的“党争之牌”；成为日本地方政府绑架中央政府的“内争之牌”；成为日本将国内问题国际化的“转嫁之牌”；成为考验日美军事同盟密切关系的“测试之牌”。这都必然使钓鱼岛问题不可能速战速决地加以解决。第二，美国始终操控着中日钓鱼岛主要归属争端的杠杆，美国决不会帮助中国打压日本，并马上把钓鱼岛主权归还中国。美国从一开始把钓鱼岛“管辖权”交给日本，就是事先设好的圈套，把日本当枪使，让中日永不消停，以便从中渔利。在这一战略背景下，中方想要尽快解决钓鱼岛领土主权争端，没有美国的“许可”也是不可能的。第三，中国目前还没有能力立刻解决钓鱼岛问题。这一方面是因为中国的实力、包括军事实力尚不足以在钓鱼岛周围的广阔海域取得压倒性优势，另一方面中国除了保卫岛屿，还有实现全面崛起的历史性使命，中国目前的综合实力也还做不到将这两大任务做到游刃有余的平衡。做好长期斗争的准备，关键是要不断增强综合国力。实力是基础，发展经济、壮大综合国力是维护国家安全之根本，也是有效处理并最终彻底解决海洋权益争端的基本前提。我国经济持续增长，实现富国强兵，不仅会不断地增强解决岛礁争端的主动性，会转化为很多具体的反制手段，而且会释放出更多的回旋余地，使有关国家的挑衅失去底气。在彻底解决岛礁争端的时机不具备的情况下，当前阶段的斗争目标是：充分利用日本等国破坏“搁置争议”原则的机遇，紧紧抓住反击的主动权，展开各种反制行动，迫使其回到承认争端、通过谈判解决争端的轨道上来。

（三）和平方式是解决海洋权益争端的最佳方式，在不放弃武力的前提下，要综合运用多种手段力争主动

历史经验证明，和平方式是解决领土、领海争端最稳妥的办法。在涉及主权和海洋权益的问题上，中国政府的和平立场历来都是坚定不移的。尽管中国拥有相当的军事优势，但为了维护东海、南海地区的和平稳定，仍然以极大的耐心争取以和平方式解决争端。例如，在南海争端问题上运用外交手段已经取得初步成效。面对激烈的南海权益争端，我国坚持强化主权，不容谈判；借机出手，强化控制；捕捉时机，合纵连横；多方并用，力促和缓的指导原则。充分利用我国巨大的经济优势和南海周边国家对华态度的区别及内部矛盾，立信与立威并举，树立“靠得住、惹不起”的大国形象。运用合纵连横策略，最大限度地展开外交斗争，积极支持与我友好合作的国家，扩大与其经贸往来，共同开发资源，努力实现“共赢”，争取南海周边多数国家认同我国政府立场，彻底孤立某些顽固不化的国家。既使周边多数国家感到中国值得依赖，又使个别国家在给中国制造麻烦时有所顾忌。在黄岩岛争端中为了尽量减少擦枪走火的几率，我国运用“海警一线，海军二线”的维权方式，启用海监船巡视维护权益，而不是直接运用军舰进行武力反击。外电评论指出的：这种方式巧妙地“传递了中国在主权问题上不可让步的态度，又在道德上显示不以武力解决问题的良好愿望。”

（四）在海洋权益争端中必须坚定不移、寸土不让，当前应抓住机遇推进管控力度

岛屿主权争议事关国家主权和领土完整，中国政府和人民绝不会退让半步，这是坚定不移的原则立场。为此，我们必须坚持对所有海上领土争端的法理主权，让全世界不断地听到这是中国的领土主权的声音。同时，要充分利用相关国家公然挑衅我国领土主权、恶化两国关系的时机，突破“搁置争议”的束缚，大胆出手，扩大对争议地区的实际控制，扩大对被相关国家宣称是其“固有领土”的争议性，削弱其对争议地区的实际控制，并在特殊时机实现我对其的实际控制，使公然挑衅的国家自食恶果！

例如，在钓鱼岛争端问题上，针对日本“国有化”我国采取各种有效的反制行动，已取得强化控制的明显成效。实现了一些有长远意义的突破：

一是在日本主动挑衅的情况下，中国顺势打破搁置争议原则，转而展开在钓鱼岛问题上的对日据理力争及意志对抗，随着中日实力快速的此消彼长，中国的战略优势将日益呈现。

二是在实际上改变了钓鱼岛争议的形势。日本对钓鱼岛“国有化”已陷入完全被动。中国海上执法力量实现了在钓鱼岛海域的常态化巡逻，并持续进入钓鱼岛 12 海里，并开始驱离日船，顿挫日本色厉内荏的气势，中方已经朝着实际控制钓鱼岛大大迈进了一步，增加了我未来解决争端的筹码。

三是中国通过这一阶段的斗争在法理和舆论上都为最终收回钓鱼岛做了铺垫，中国处于可以选择对自己最有利的时机采取进一步行动的状态，斗争的主动权逐渐向中国转移。而日本在法理和国际舆论上，都处于被动地位。

四是这一阶段的斗争给了日本全国一个深刻的教训，他们应当清楚地认识到今天的中国是不好惹的。野田所说的“没想到”、“没想到”，就是没想到中国、中国政府和十三亿中国人民反应如此强烈，再也不是历史上那种“逆来顺受”、“忍气吞声”，可以任人欺侮的情景了。

（五）军事力量是解决海洋权益争端的坚强后盾和最后手段，必须大力加强我军力量特别是海空军建设和多方运用

历史经验表明，军事力量是解决领土、领海争端的坚强后盾，是解决国家利益争端的最后手段。没有强大的军事实力的外交是软弱的，甚至是无法实现的。为此，我们要加快军事力量特别是海空军力量的发展，加紧进行海上战场建设，重视发展两栖作战力量，构建军民融合的海防体系，进行各种类型的军事演习，不断增强捍卫海洋国土的战斗能力！同时，要注重军事力量的多种运用：一要以各种方式显示强有力的战略威慑：二要做好打的准备。我们不打第一枪，但在必要时——对手触犯我底线时，一旦开战，就要做到出手有力，收拳及时。向外界传递中国军队捍卫领土主权“说一不二”的战略决心和“不想战争但决不惧怕战争”的信息。最近中国海军东海舰队与海监、渔政举行海上联合维权演习，即对外表达了敢于在发生冲突时使用海军的意志。

（六）维护祖国领土主权尊严是中华民族的共同责任，要努力争取两岸携手共同维护国家海洋权益

在目前的东海、南海海洋权益争端中，都与台湾有密切关系。相关国家最怕的就是两岸携手，形成维护中国海洋权益的合力。因此，我们要尽最大努力争取两岸携手共同对敌。要看到有相当比例的台湾同胞支持两岸合作维护祖国海洋权益，两岸联手护卫祖国海洋权益既有法律支撑，又有民意基础，我们应多做工作。当前的问题是台湾当局担心台湾与大陆联手护卫祖国海洋权益，会失去对外自主权，会成为迈向统一的第一步，会站到美国和日本的对立面，而戒惧戒慎。对此，我们要多做工作，消除误解，创造合作的机会。

（七）美国是中国周边海洋权益争端的主要推手，要把握美国“底线”，进行有理、有利、有节的斗争

目前中国海洋权益争端形成的严峻形势是在美国重返亚洲战略的背景下出现的，是美国背后挑唆煽动造成的。因此，要从根本上缓和争端态势，必须抓住美国所谓“中立”立场，从根子上对美国展开有理、有利、有节的斗争。从历史上看，促进美国中立是有根据的。因为美国在处理国际关系尤其是大国关系时，会把握一个“度”，即底线，那就是美国的国家利益。美国在亚洲的“度”，就是维持其在亚洲的霸主地位及其盟国的安全。美国在对华政策上的“度”，就是既牵制，又合作，使两国关系既不会很好，也不会很坏。在东海、南海争端中美国对相关国家的支持是控制在一定范围内的，它既要利用相关国家遏制中国发展，坐收渔翁之利，又不愿把美国卷进去。即使发生了武装冲突，只要不触犯美国的国家利益，它是不会轻易对华开战的。从现实看促使美国保持中立也是可能的。首先，美国在东海、南海没有领土诉求，中美不存在主权争端，而且公开表明持“中立”立场。这是促使美国中立的重要前提；其次，中国不挑战美国的霸权地位，希望美国在亚太地区发挥建设性作用，强调“太平洋足够宽，完全容得下中美两国”，而且美国国内经济危机没有解困，需要中国“同舟共济”。这就为中美在地区和平共处预留了很大的空间；再次，中美在东海、南海的政策主张虽有矛盾冲突的一面，但也不乏妥协与合作的空间。实际上日本、菲律宾都是美国在东亚制衡中国的工具，但不是美国的核心利益。美国是根据自己的国家利益把日本、菲律宾等国放在股掌之间摆弄的。相反，中国对美国的国家利益影响重大，美国非常担心一旦与中国战略对撞会导致无法预料的严重后果。据此，我们可以展开有理、有利、有节的斗争，促使美国中立，改善周边环境。美国《国家利益》杂志在研判菲律宾折腾时指出：“这不是第一次了，一个小代理国自以为受到强大保护国的支持而变得大胆，力图将保护国卷入危险的争吵，华盛顿需要后退。”美国国务院临时代理发言人托纳，在回答记者关于如果发生军事冲突，美国是否出兵保护日本的问题时，表示不回答假设性问题，表明美国开始明显表露出不愿意为日本冒进埋单的迹象。

（八）爱国主义是中华民族的光荣传统，在维护海洋权益斗争中必须大力弘扬爱国主义精神

中华民族具有爱国主义的光荣传统。中国人民在维护国家海洋权益斗争中所表现的爱国热情，是国家各项对策的群众基础和有力支撑。但是，各种爱国行动必须在理性和法制的范围内进行，必须服从保持国家社会稳定这一大局。

从长远看，维护我国海洋权益安全，必须高瞻远瞩地筹划中国海权发展战略。中国海洋权益发展战略的主要目标：近期目标——打破第一岛链包围圈：一是取得黄海的制海权优势，促进朝鲜半岛局势稳定；二是取得东海制海权优势，确保台湾走向统一；三是谋求南海中国主权范围内的有限制海权，维护、拓展中国在南海的实际利益。要明确地告诉世界，第一岛链不是封锁中国的岛链，而是中国保卫东部保卫国家安全的第一防线。中期目标——建设地区性海上军事强国。一是保持“两洋”存在，扩展安全边界；二是维护海上通道的相对安全；三是创造和平、友好的亚太区域安全环境。长远目标——建设世界性海洋经济强国，积极承担国际责任，成为世界海洋新秩序的重要塑造者。

美国重返亚太与我国周边的海洋争端问题

中国社会科学院国际法研究所海洋法与
海洋事务研究中心主任 王翰灵

美国重返亚太，或者说搞战略再平衡，因怕过于刺激中国而换了几种说法，但不管他怎么说，其矛头指向中国，主要目的就是遏制中国，这一点不应有任何疑问。美国当然不公开承认其遏制中国的真实目的。但是，如果我们有人到现在还在怀疑美国是否真的是为了遏制中国而来，那真是糊涂了。

美国遏制或牵制中国的一个主要领域是海洋。美国在第一、第二岛链设防，在海上遏制中国，遏制中国海军及海上力量的发展，其主要抓手就是我们的软肋，那就是东海、南海问题，其次可能还有黄海地区问题。在东海，其做法就是利用钓鱼岛问题挑起中日争端，离间中国和日本。钓鱼岛问题是美国于 1971 年在中国和日本之间埋下的纷争的种子。美国那时候就知道不能让中国和日本走得太近，以向日本“移交”钓鱼岛的方式，埋下祸根，在需要挑拨中日关系的时候就把钓鱼岛问题挑出来。2010 年 9 月发生的钓鱼岛附近海域撞船事件中，日方悍然扣押中国渔民及渔船，其幕后操手的真实意图是为了打击日本的亲中势力，因为当时的日本首相菅直人有亲华倾向，为美国所忌。中国与东盟的关系也是美国要分化的一个重点，而且南海问题就是个很好的抓手。从这个背景来分析，我们就很容易理解，为什么近年来我们海上的争端这么多，这背后有美国的影子。因此，我们的应对思路也应该很清楚，就是要注意海洋问题，重点关注南海、东海问题。

钓鱼岛、南海岛礁主权争端的基本态势是，对方非法使用武力长期控制这些岛礁。在法理上，我们不承认日本实际控制钓鱼岛，日本确实也没有派兵驻岛，但日本利用舰机长期对钓鱼岛周围的海域进行非法控制。最近，我国有人认为，因为我国海上执法部门对钓鱼岛进行了常态化巡航，钓鱼岛的局势发生了根本性的变化。然而，我认为，日本对钓鱼岛的控制力量仍然很强大。在南海，南沙的绝大部分岛礁被越南、菲律宾、马来西亚等国长期非法控制。主权争端历来难以解决。我们不得不面对现实，从长计议。我国政府其实很清楚这一点。所以，现在我国有关部门不说“解决”钓鱼岛问题、南海问题，而只是说要“管控”争端及其危机。我们传统的思维是，有问题就要解决。但是，我们没有好好想想，有问题就一定要解决吗？想解决就能解决吗？解决与不解决有什么利弊？我们解决问题的出发点是，解决问题对我们有利，或者至少公平。我们从来没有想到，有些问题的存在，或者留着不解决，可能并不都是坏事。对于南海、东海问题，假如我们处理得好，利用得好，坏事可能变好事。我们可以利用矛盾，利用海洋争端问题长期牵制有关国家。我们力量在上升，日本和周边国家，包括美国都在衰退，谁怕谁！我们现在要考虑的问题是，要在岛礁和海洋争端长期未能解决的情况下，怎样维护我们的权益，稳定我们的周边，跟美国周旋。

重返亚太是美国在整个国际力量格局发生重大变化的情况下，为了维护其在亚太地区的利益所做出的重要战略抉择。早在1995年的时候，新加坡国立大学李光耀公共政策学院院长马凯硕（Kishore Mahbubani）就在美国的《外交杂志》上发表文章预言，自美国在1992年从菲律宾苏比克湾撤军，约15年后美国会重返金兰湾，而且会受到越南的欢迎。他的预言非常准确。果然，2010年美国国务卿希拉里在河内就声称美国在南海有国家利益，反制我们的核心利益说。我们没有好好地研究国际著名专家的观点，或者我们知道了也不重视、不相信。亨廷顿也预言，南海必有一战，而且分析了未来南海战争怎么开始，结果如何。对于这些著名学者的观点，我们有人重视了吗？中国缺乏战略研究，特别是海洋战略研究。

美国重返亚太，遏制中国，其自身力量不够。美国力量在衰退，存在各种各样的国内问题，而且还在伊拉克、阿富汗身陷一场错误的战争。美国要在这种情况下遏制中国怎么办？这时候他提出要利用巧实力，因为硬实力已经不够了。美国要利用菲律宾、日本、越南等国家做代理跟中国作对。但这些国家也不笨，他们也知道美国实力下降了。在2011年香格里拉对话会议上，美国前任国防部长盖茨回应东南亚国家的质疑，说如果美国在西太平洋的军事部署减少的话，他愿打赌。此后不久，美国就宣布要到2020年把60%的军力部署在亚太。2012年新加坡外交部长访问美国时说，美军在澳大利亚的达尔文港部署2500名士兵，怎么够遏制拥有13亿人口的中国？这说明东南亚国家怀疑美国的实力。美国的硬实力不够了，他要用巧实力，除了利用盟国之外，另外就是利用国际规则、国际法，包括《联合国海洋法公约》。美国主导了1982年《联合国海洋法公约》的谈判，但它至今不批准该公约。长期以来，美国凭借其作为世界唯一超级大国的威力，身处《联合国海洋法公约》之外，也能对公约确立的国际海洋秩序及其广大缔约国的海洋事务产生重要影响，发挥着在场外遥控场内的作用。现在美国实力下降，像以前那样发号施令已经不管用了，他就不得不进到公约里来，以公约缔约国的身份，用公约制定的规则跟同为缔约国的中国同台较量。这就是现在美国为什么要批准这个公约的主要目的。

美国遏制中国是全方位的，我们的对策也应该是全方位的，包括政治、经济、外交、法律等，尤其是在海洋方面。我们要制订国家海洋战略，加强海军及海上力量。我们不光要维护我国在东海、南海、黄海的主权及其他海洋权益，还要维护和拓展我国根据国际法在世界其他海域所应该享有的权益。

在南海问题上，东盟的海洋国家和陆地国家是分化的。南海周边的一些海洋国家倾向美国，而东盟的陆地国家，比如柬埔寨、缅甸等并不支持在南海问题上的反华政策。我们要利用政治、经济、文化、外交等多方面的手段拉住越南、牵制菲律宾，不能让他们完全倒向美国，完全沦为美国遏制中国的工具。我们有筹码，就看我们怎么运用巧实力了。

长期以来，我们片面注重大国外交，学术界也片面注重大国关系的研究，不重视小国。比如，把东海、南海问题都放在中美关系格局来看，但是我们忽略了一点，其他的小国跟我国的关系也很重要，它们也有自主外交的一面。美国在“9·11”以前从来不重视小国，也是跟我们现在一样就是大国关系思维，结果“9·11”事件说明这一思路是错的，危险和损害来自不起眼的小国。假如我们再不重视小国，也可能犯像美国那样的大错。

最后，应该强调，虽然中美之间存在种种问题，我们还是要加强跟美国的关系。中美之间存在很多共同利益，面临许多共同的问题，在很多方面应该合作。其实美国也想跟我们合作。美国的海军多次要跟我们合作，比如中美海军搞联合军事演习等。双方有共同利益，有合作意愿，我们应该推动，通过合作加深了解，加强互信，减少摩擦和冲突，对双方都有好处。

高度关注国家信息网络领域安全问题

解放军总后学术研究部研究员　高东广

近几年，人们往往津津乐道地谈论海湾战争、科索沃战争、阿富汗战争及对利比亚的空袭等，人们只看到了有形的精确打击，没有认识到，看似平静、看似无形，实则却是极其激烈而又贯穿始终的网络空间里的较量。最近，美国白宫高调宣布要成立信息网络作战旅，这使各国不得不更加注重本国信息网络领域里的安全问题。20 世纪后半叶，科学家们在不断向外层空间寻觅探索的同时，发明了一个令人类本身也没有想到的新空间，那就是由信息流、信息网络技术等融合而成的动态无限扩展的网络空间。现如今，不分国度、不分民族、不分老幼，几乎都成了“网民”，在这个无形空间里“网民”们找到了新的支点、新的平台。而当初恐怕连发明者也没有想到，这个新的空间不仅改变了人生、改变了社会，从某种程度上也改变了这个世界。正如美国著名学者托夫勒曾预言的：“电脑网络的建立与普及将彻底地改变人类生存及生活的模式，而控制与掌握网络的人就是主宰。谁掌握了信息，控制了网络，谁就将拥有整个世界。”人类真正进入了网络时代。

几场高技术局部战争实践充分表明，在正式交火之前，网络空间里的激烈较量已经开始。拥有信息优势一方，通过对敌方各类指挥控制系统实施网络战、信息战，有效瘫痪了对方的经济、军事、政治等核心控制系统。由此，确保了掌握主动权。这不是天方夜谭，而正在被战争导演者们试验着、演练着。从某种程度上说，战争决策者们必须把作战的重心与关注点逐渐由有形空间转到无形空间来。否则，可能因此而失去战争。在政治、经济、外交、文化等领域里亦然。这个无形的“巨网”是把双刃剑，它在带给人们巨大利益、极大的便利和超乎寻常的想象空间的同时，也成为敌对者们斗争的主要工具和阵地，以至给国家安全带来前所未有的挑战。

一、信息网络时代国家安全面临安全问题更趋复杂多变

网络时代的到来，使得整个国际社会政治、经济、文化、军事等发生着深刻变化。它的发展使传统上以地域性、区域性为存在基础的主权国家和地区受到严重冲击，“全球化”、“地球村”这些新的理念正在成为现实。显然，国家安全不论是内容还是形势又出现了诸多新的严峻挑战。

（一）国家安全观念发生新变化

安全稳定是国家核心利益所在。国家安全一方面主要体现在保障领土、领空、海洋权益等方面，避免与邻国发生边界冲突或防范外敌入侵；另一方面体现在维护社会稳定和避免社会动荡。

前者主要通过强大的国防和武装力量来实现，后者则强调运用国家法律法规和相关制度等实现。相对而言，这些因素都在明处，通过强化国防和多项应对措施就能有效规避风险，保障内外安全。“网络空间”的出现，在这一数字化而又抽象的空间里，传统意义上的“国界”、“边疆”很难体现。信息网络全球化、普遍化、开放化的特点使国家的“信息边疆”不断延伸，就是说信息流通过国际互联网是没有国界的。真正意义上的“全球村”时代到来了。与此同时，网络空间领域里的安全问题不断引起各国的高度关注，中外网络领域里的现实情况一再表明，网络安全与否直接影响国家安全和社会稳定。信息安全特别是网络安全已经成为国家利益的一个重要组成部分。

在当今网络时代，网络有利亦有弊。网络既给人们带来了巨大的经济、社会、文化等效益，也同时给人们带来了许多问题、困惑、矛盾甚至危机。网络攻击司空见惯，几乎所有国家的各种网站都受到过不同程度的攻击。特别是号称“世界警察”的美国受到的攻击最多。比如，2001 年，美国国防部网站遭到一种名为“红色代码”病毒的袭击，国防部内少量网络连接的电脑受到严重影响。2002 年夏天，黑客组织侵入印度国防部网站，篡改了网站资料，并假称印度国防部支援印控喀什米尔地区独立，还在网站上设立了色情链接。美国 2006 年发表的一项报告称，美国国防部电脑系统半年内遭到黑客袭击的次数总和达 2 万多次，平均每次维护耗资达 150 万美元以上。在现代信息化作战条件下，在军事领域里的较量首先就是信息战，而信息领域较量最为激烈的莫过于网络攻击。对此，美军把培养具有网络攻防能力的士兵作为训练重点，着力建设相应的“网络部队”来应对网络战场。可见，确保信息安全并在激烈的信息对抗中获得优势是保证未来军事行动成功和军事行动安全的首要任务。随着网络技术的发展，网络的开放性特征，使得国家政治、经济、文化、外交、军事等许多信息无密可保，这也使得现代国家普遍感到“危机四伏”。网络时代必须高度警觉、未雨绸缪、抢占先机之利，才能有效地在网络时代巩固国家安全利益。在军事领域，通过掌握高尖端的信息网络技术，先机制敌，从而达到不“战”而屈人之兵的目的；在经济领域，可以通过先进的信息网络系统和高素质的信息网络专家队伍，破敌经济信息系统而打败竞争对手。总之，一个不争的事实就是信息网络已经改变了国家安全的内容与形势。信息网络系统已经与一个国家的安全与稳定息息相关，在信息技术远远落后的国度里，国家安全无疑要面对更多的危机。

（二）国家主权安全出现新问题

网络空间从属性上说，不属于任何国家或国际组织，而是属于人类社会的共有财富。事实上，网络空间却又是继陆地、海洋、外层空间之后，成为引发新一轮国际竞争的重要资源，美国甚至把信息网络视为控制世界具有决定意义的战略资源。因此，我们必须清醒地认识到，互联网给国家主权观念注入了新的内容，显然，一个国家、一个民族必须拥有属于自己的“信息疆域”。只有牢牢保护好自己的“信息疆域”，才能构筑国家在信息领域里的安全。信息技术已经成为国家维护其主权不可或缺的工具。但各国掌握的信息技术差异甚大，“落后就要挨打”，在网络时代体现得更为鲜明。因此，美国学者约瑟夫认为，国家信息技术实力的高低在某种程度上影响了这个国家维护主权的能力。随着信息革命的发展和全球化浪潮的推进，一些发达国家通过互联网的技术优势，在国际社会中，不论是贸易竞争、金融竞争，还是军事、外交等多方面都能抢占先利之机。而恐怖组织也通过互联网这一便捷而有效的全球联络工具，传播其思想，扩大其影响，完全打破了政府及媒体对于信息的垄断，对敌对方实施有效的攻击。随着网络时代国家界限的进一步模糊，跨国公司很可能插手多方面的事务，它们有足够的资源，在某些方面还具有相对于国家的信息优势，因此很可能成为21世纪极具影响力的多功能实体。此外，特殊集团如某些国家军队、恐怖组织、黑手党、秘密社团、原教旨主义组织、宗教团体、怀有某种目的的政客等等，为达到各自的目的在幕后操纵，甚至不择手段。互联网为它们同时在许多国家行动和逃避政府的控制提供了可能。所有这一切，进一步侵蚀了国家在国际舞台上的权力。“信息国土”也是行使国家主权的重要内容。一个国家只能选择加入还是被隔绝于全球信息网络之外，加入了全球网络，就要接受这一领域的新挑战。信息发达国家为谋求自身的政治、经济和军事等利益而妨碍、限制甚至压制他国信息的自由流动。这将成为发展中国家面临的现实的主权威胁之一。

（三）国家安全威胁出现新“黑手”

这里所说“黑手”亦即“网络黑手”，是指占有信息网络技术优势的国家或地区，对他国或地区进行限制、压制甚至攻击，以谋求政治、经济、外交、文化和军事等利益。这只无形的“网络黑手”，其实质也是一种“霸权”的表现。其一，“网络黑手”影响国家的政治安全。利用自身占有的网络技术优势，一些别有企图的个人、组织或政府，借用信息网络散发虚假信息，用以蛊惑民心民意，或者影响舆论导向，篡改政府网站信息，非法窃取国家核心机密，发动政治、文化、心理攻势等等。比如，海湾战争开战前，美英联军就是首先对伊拉克进行了网络蛊惑、网络攻击，使伊军军官普遍没有了斗志，最终不少军官没有参战，就成了敌方俘虏。还有一些恐怖组织，则利用网络向敌对国家或政府部门发动网上攻击，危及国家政治安全与社会稳定。伊朗情报部门反间谍机构就曾多次捣毁受美国支持的反政府网络。其二，“网络黑手”威胁国家安全。“网络黑手”经常利用网络并以网络为攻击目标，以破坏目标所属国的执政基础、社会稳定、经济安全，扰乱社会秩序，制造轰动效应为目的的恐怖活动，这是网络领域里的恐怖主义向信息技术领域扩张的产物。“网络黑手”出于其政治目的，通过信息网络来破坏军事指挥中心、金融、电力、供水、能源、机场指挥中心、铁路调度等国家核心利益，因此，其实质就是恐怖主义在网络领域里的延伸。“9.11”事件发生后，一些恐怖分子利用网络之便向美国计算机网络频频发动攻击，特别对那些要害部门的网络进行破坏，令美国上下甚为紧张。其三，对他国实施心理战攻势。一方面，通过过分夸大自身实力，给他国民众造成心理上的巨大压力；另一方面，通过揭露甚至“造假”，促使他国国内各种矛盾和敌对情绪激化，制造动乱，导致他国政府倒台。1989 年的罗马尼亚事件中，西方国家就曾通过电视卫星转播和网络传播，将所谓“罗马尼亚安全部队大肆屠杀群众”和“死难者尸体难以计数”的电视画面向罗马尼亚境内反复播放。激起了罗马尼亚政府与民众的矛盾，以至推翻了齐奥塞斯库政权。事后人们才明白，这些画面都是用计算机合成技术伪造的。此类事件，不在少数。其四，“网络黑手”侵蚀他国民族文化。某些国家借助发达的信息技术手段在其文化传播中推行文化侵蚀。美国一些人就主张应当利用其“世界上唯一的信息技术超级大国”的地位推进它的价值观。许多国家已经感到他们把握民族文化命运的权利正在被削弱。由于包括卫星电视和信息网络在内的信息媒体已经不分国界，“网络黑手”进行政治上的宣传灌输，把自己的价值观强加于人，进行文化渗透和文化侵略，搞文化殖民主义，影响对方生活方式，达到不战而屈人之兵的目的。

（四）社会安全稳定出现新威胁

信息网络广泛地渗透到社会各个角落。一是信息网络促进了经济增长方式转变。互联网不仅促进了经济增长，也有效提高了政府行政管理效率，网络经济初显优势。与此同时，有害信息泛滥、网络犯罪层出不穷，对社会产生了巨大的负面影响。我公安部全国信息网络安全状况调查的结果显示，信息网络安全事件的主要类型是：计算机病毒、垃圾电子邮件、网页被篡改、网络攻击等。现代网络防范技术还没有取得实质突破，正在研发中的网络“云技术”有望在这方面有重大突破。但最近几年网络犯罪的方式越来越多，要完全成功防护一些新型网络犯罪，还有大量工作要做。二是网络犯罪给社会造成重大损失。计算机病毒的传播范围变得更加广泛，造成的损失也更为巨大。近些年针对国家政府要害机构和军事机关以及一些大型企业、金融机构等的攻击，屡见不鲜，造成了严重损失，对国家安全构成挑战，引起许多国家和地区的密切关注和忧虑。据不完全统计，美国每年政府机构和各大院校有47%的网络系统遭到网络攻击，损失达数百亿美元。三是网络犯罪致使经济损失日益严重。网络技术的恶性利用带来的破坏力更为严重，网上犯罪比以往任何时候都更具危害。有的专家称，“用计算机毁掉一个社会比用炸弹快得多”。网上诈骗、利用计算机程序偷窃银行资金和商业机密等等，连年增多。四是网络文化污染泛滥成灾。通过网络非法窃取私人信息数据、泄露个人隐私、制造人身攻击、侵犯知识产权、网上洗钱、散布色情和暴力等。这些丑恶现象对社会带来了负面影响。网上出版物的侵权问题也是困扰各国司法的一个难题。此外，走私、洗钱、贩毒、恐怖主义、邪教组织等，更是积极利用互联网进行犯罪活动。

（五）国家维护自身安全应具新能力

“网络战”作为一种新的作战样式，较之传统战争形态，有着极大差异。通过病毒或黑客入侵等方式，如发布虚假信息、虚假命令，窃取军事情报，对敌方的通信网络、油气管道、电力网等经济命脉实施破坏。这就要求，维护国家安全必须具备网上攻击与反攻击的能力。应当看到，互联网的广泛渗透性和多节点特征，使国家自身安全受到了空前的新挑战：发起进攻的对象和性质难以确定；对频繁的网络攻击的预警和防卫十分困难；针对国家安全而进行的舆论攻击难以控制；军事领域安全也面临全新样式的网络战威胁。随着网络技术的进一步发展，以及网络社会化程度的进一步提高，网络安全面临的挑战将会更大，运用各种手段包括道德约束、法律法规、科学技术设备以及发挥科学的力量保卫网络安全，抵御网上攻击将成为本世纪新的全球性安全问题。

二、我国信息网络安全新情况、新问题不断涌现

新时期新阶段，随着我国社会主义市场经济和科学技术的迅猛发展，我国的信息产业一日千里，其增长速度远高于国内生产总值增长的速度，目前已经成为国民经济的第一大支柱产业。信息产品出口总额占全国外贸出口总额的比重超过了20%，已经成为中国外贸出口额最大的产业。因此，信息网络的普及和应用极为广泛。但网络安全意识、网络应用、网络管理特别是网络信息

安全技术水平还不够高，抵御各种网络攻击的能力有待提高。

（一）网络产业迅猛发展，国家信息安全不容乐观

中国信息网络产业迅猛发展，目前看信息网络产业已成为发展最迅速的产业。我国的“网民”数量已经超过4亿，排在世界第一位，电子计算机硬软件数量也稳居世界首位。但中国的IT技术、操作系统、CPU和加密技术等核心技术都存在安全性问题，我们还没有完全掌握这些领域安全技术方面的主动权。一是计算机及网络核心技术自主创新还远远不够。比如，目前在世界范围内基本上都是由微软一家独揽操作系统软件的开发。它会根据计算机硬件配置的情况生成一连串与用户名字、地址相关的代码，并能经由电子注册程序，神不知鬼不觉地传送至微软网站。同时，这一识别码还能够追踪电子文件作者的身份，并植入电子文件，如商业信函、电子数据表，在这里“用户隐私”变得不保密，微软公司承认这只是个“失误”，显然不能自圆其说。人们只关注网络运行畅通与否、病毒是否侵入等问题，却忽略了计算机信息系统的安全防范。对此，应尽快将有关信息网络系统安全问题提上重要议程，并尽快开展全民性的信息网络系统安全防范宣传教育。二是大量使用别人的技术产品使我国的网络安全存在严重隐患。我国信息化进程尚在初始阶段，基本上是依赖购买国外技术设备，这就容易埋下信息安全隐患。中国网民数居全球第一，但操作系统、硬件芯片、网络设备等，大都依赖进口。目前，中国信息基础设施的网络、硬件和软件等产品几乎主要是建立在外国的核心技术之上。国内的厂商只在较低端技术领域拥有局部的市场数量优势。在软件方面，美国微软公司经过多年的苦心经营，其操作系统和办公软件已在中国占据了90%的市场份额。长期缺乏自主创新技术，将会导致我们在互联网的核心控制

上没有必要的防范能力。我国 IT 产业关键部分受制于人。目前美国微软的视窗操作和办公系统，已在我国占据 90% 的份额；离开了微软操作系统，所有的国产应用软件，包括 WPS，都会因失去操作平台而立即全面“窒息”。这就不能保证黑客不会采用网络瘫痪或其他手段大面积袭击我国网站。三是信息网络安全管理落后。现代信息安全涉及个人权益、企业生存、金融风险防范、社会稳定和国家安全。它是物理安全、网络安全、数据安全、信息内容安全、信息基础设施安全与公共信息安全的总和。信息安全具有综合性特征，涉及立法、技术、管理、使用等许多方面，包括信息系统本身的安全问题，以及信息、数据的安全问题。信息安全也有物理和逻辑的技术措施，一种技术只能解决一方面的问题，而不是万能的。利用法规制度优势，加强信息安全的综合管理，统筹各方面的信息资源，在确保信息安全的前提下，发挥最大效益，是我们需要解决的战略性课题。

（二）网络空间斗争尖锐，不稳因素日趋增多

网络空间的出现改变了传统的维护国家政治安全的模式，网络空间的迅猛发展正在以自己的方式和节奏对政治安全机制的各个层面产生巨大冲击。一是网络成员身份难以确定。网络时代的到来，带来了极大便利，但也着实给人们带来了许多的“困惑”。过去，无论是个人还是组织，无论是来自国内还是来自国外，政治控制和防范的对象都能够确定并适时掌握。但信息网络把匿名性与隐秘性有效结合起来。出于保障隐私的考虑，互联网自研发成功之初，就没有设定有效的身份鉴别的功能，它遮蔽了现实世界中展现人们身份特征的识别标志，只要把自己的数据输入网络，虚拟的网民因志趣相同就可以形成虚拟的网民群体。这其中人人都可做“加密业务”。这样，网络成员能以“隐形人”的身

份在网上自由操作。匿名程度越高、密码方法越好，互联网的吸引力就越大，同时发生危害国家政治安全的可能性也越大，而政府防范网上犯罪的可能性与成功概率却越小。例如，组织恐怖行动、民族分裂活动、宗教极端行为等等。从有形到无形，从公开到隐蔽，从可以确定到难以识别，从能够掌握到无法控制，显然，国家政治安全机制进入了一个十分复杂的环境。二是网络空间使政府对舆论的有效控制变得困难。在网络时代之前，人们要了解信息，只能经由传统媒体如电视、广播、报纸、杂志等。在这种情况下，“信息把关”、“信息过滤”是容易做到的。但是，互联网的出现打破了传统媒体垄断性，网络作为一个崭新媒体，它的发展开辟了传媒的新纪元。网上信息的传递和交流是完全自由和在相当程度上不受政府的管理和制约的，任何一个支点上的个人或团体都可以在不同程度上突破国家的监控，随时以低廉的费用向全世界自由发布信息和传播思想，同时也可以自由地选择和吸纳信息。与报刊杂志相比，网络的舆论宣传优势非常明显。从 1999 年开始，我国因特网用户呈现爆炸性的增长，“上网”已不再仅仅是一种“时髦”，而是作为一种生活的必需、一种获取新闻信息的重要途径。这种突如其来的变化极大地影响了大多数国内的传统媒体。如果说 1998 年以前许多报纸、电台、电视台的电子版还只是一种摆设的话，那么，现在网络媒体已经成为传统媒体的强劲挑战者。网络发展所引发的变革，极大地冲击着政府的传统权威，使个人和非政府组织的影响力扩大，使政府对信息的控制力呈下降趋势。网络大大缩短了时空距离，现实世界中不同肤色、种族、国籍、性别、年龄以及阶级的人们在互联网上表现为适时交流。网上极为频繁的跨国、跨民族、跨文化的信息交往也超越了地域、民族和文化的隔阂，部分冲淡了不同民族之间的文化差异。可以看到，网络以其独有的穿透力突破国家与民族的框架，它在某种程度上模糊了阶级、民族差别，进而促使民族和国家意识趋于淡化。事实上，网上充斥着“无政府主义”、“个人主义”等口号，这从某种程度上影响着人民对爱国主义、集体主义和社会主义的思想政治认同。亨廷顿在《变化社会中的政治秩序》中提到，当政治制度化还不够成熟时，失去控制的政治参与必然导致政治动乱的来临。三是网络空间开辟了信息盗窃和攻击渗透的新途径。在今天的网络平台上，中西方意识形态的冲突变得隐蔽化、复杂化，网上种种思想的尖锐对立形成了网络信息的“一片混战”，这场战争貌似公正，但实际上是不均衡的。目前，全球网络信息窃取和破坏十分严峻，全世界计算机每年遭受入侵和侦察的达9亿次以上，美国、英国等西方国家，凭借其先进的信息和数据分析技术，已侦知数十万个外国计算机系统的指令和网址，他们利用地球同步卫星可以窃取包括因特网上通信和电子邮件在内的各类通信信息。此外，他们还投入大量经费用于计算机网络信息系统的安全保障。与此同时，他们又积极制造并试用信息武器，利用信息武器进行信息攻击。相比之下，我国网络信息安全令人担忧。1997年4月23日，位于美国得克萨斯州的某个用户，恶意侵入中国互联网信息中心的服务器，破译系统的账户密码，把中国互联网信息中心的主页换成了一个“笑嘻嘻的骷髅头”，使该系统蒙受巨大损失。2001年“五一节”期间，我国与美国之间发生了一次民间黑客大战，国内一些网站技术人员缺乏，不能针对具体攻击的特点拿出有效的防护措施，致使我国一些官方和民间网站持续处于被动状态。为了保证网络安全运行，防止“黑客”攻击，我们在吸取别国教训的同时，必须从自身的实际情况出发，认真研究对策，并采取有效措施搞好信息网络防范。

（三）网络经济助推发展，但潜在风险日益加大

我国国民经济信息化建设发展较快。如今，金融、税收、能源、粮油、水电气、交通运输、邮电、广播电视、商贸等国家基础设施，都是我国的经济命脉，信息化建设步伐逐年加快，其中不少设备是进口的，有些领域外商在信息安全方面介入较深，这些部门信息网络安全领域存在较大隐患。

我国许多网络在建网初期较少考虑安全防范措施，不少网络工程本身没有考虑系统的安全环节。如，我国的电子商务也正以前所未有的速度发展，但由于许多应用系统安全保密系统还较脆弱，因此，存在着网络安全隐患，这一现象在金融领域更为突出。在我国通过网络犯罪的案件已呈直线上升，金融系统网络犯罪屡有发生。1999 年 10 月，上海公安部门破获我国首起侵入证券公司的电脑黑客案。犯罪嫌疑人赵某利用一些证券公司网络上的漏洞，于 1999 年 4 月 16 日侵入证券公司的网络，操纵股票价格，给证券公司造成约 300 多万元的损失。对于我国金融系统计算机网络现状，有些专家形容为，使用不加锁的储柜存放资金；使用公交汽车运送钞票，等等。在证券系统，每天的交易量达成百上千亿元，而其交易的基础却是建立在一个缺少一定安全性的网络平台中，着实令人担忧。统计表明，近几年，在我国各类利用计算机网络违法行为以每年 30% 的速度递增。黑客的攻击方法已超过计算机病毒的种类，总数达千种。2000 年 2 月，新浪网的电子邮件系统遭到了黑客的袭击，由于当时正是春节放假，耽误了修复时间，导致用户无法收发邮件长达 17 个小时。许多网站都遭到过黑客攻击，但有不少网站因没有造成严重危害或其不愿透露相关信息而未被曝光。

（四）军用网络初具规模，网络环境形势严峻

我国军用计算机信息网络系统是国家信息网络系统的重要组成部分，它是建立在国家经济和信息技术基础之上的为军事服务的专用信息网络系统，军用信息网络系统大致可分为两类：一类是用于各类军用勤务信息的传输和处理；另一类是用于作战指挥和武器装备控制。20世纪80年代以来，经过不断地完善改进，已逐步形成用于担负多样化军事任务的初具规模的信息网络系统。岸基、舰载和机载平台的信息网络系统组成的区域性军事综合信息系统功能强大、运行良好。但亦有安全和网络防护方面的隐患。一是信息网络的总体框架中信息安全和网络防护方面仍较薄弱。早期信息网络系统甚至连信息传输保密的措施都没有，后期建设的网络虽然从信息保密角度考虑采取了一定的有效措施，但从信息安全整体看还很不完善。我们更多采用的是物理隔绝法。二是尽管信息网络系统拥有较为复杂的设备和各种保密措施，但要完全保证它们没有缺陷和漏洞是不可能的。目前还没有一种技术手段可以检验信息网络的安全性能，这便使网络安全问题变成一个风险管理问题，信息网络安全性成为概率意义上无法准确定义的指标。三是由于军用信息网络的主机有一部分是基于国外厂家的产品，系统软件由于其通用和开放性，使得其安全漏洞很难根除。我国有关部门最近还发现某些进口的计算机产品并不安全，有些计算机设备以“远程维护”为借口故意留下安全漏洞；有些操作系统和应用系统利用网上注册的名义，要求把用户的信息发给厂商。四是管理的力度和水平不适应信息网络系统的发展。军队对信息网络的迫切需求促进了网络系统的发展，但缺少适合军用信息网络特点的建设和管理的法规制度和运行机制，管理的力度和水平跟不上信息网络发展的速度。

三、维护国家信息网络安全需要采取新对策新举措

新的形势下，随着我国社会主义市场经济的飞速发展，我国综合国力稳步提升。特别是我国信息化建设步伐更是迅猛异常，极大地促进了各项建设事业的发展。事实上，“信息化程度”也成为一个国家经济建设发展的重要标志。我们必须清醒地认识到，21 世纪敌对势力将会随时、随地、随处运用网络空间对我们实施“信息战”、“网络战”，以此来阻止、遏制我们的建设发展步伐。信息网络领域里的安全与防范问题，将成为直接影响国家稳定全局和长远利益的关键问题。网络空间安全问题如果解决不好，将全方位地危及我国政治、军事、经济、外交、文化等方面的安全，务必引起我们的高度重视。

（一）树立网络环境下新的国家主权意识

信息时代的基本现实是网络空间正在发生着一场真实的信息争夺战。对信息的传播力、控制力决定了国家在网络空间的管辖力和管辖范围。而在网络时代，传统的国家主权维护越来越依赖于对信息的影响和控制能力。网络社会的全球性与民族国家的地域性正在产生着日益深刻的冲突和张力。互联网的运行机制与文化建构必然需要国家发挥其规范和引导作用。国家的规范和引导应是在这种前提下寻求与网络社会的良性互动，这意味着国家还必须适时地调整和更新自身的一些机制，最大限度地降低互联网未来发展的制度成本，从而使互联网与国家之间的张力成为国家变革自身历史时代的动力。据英国《卫报》近日透露，美军中央

总部已经同加利福尼亚的恩特雷皮德公司签署价值276万美元的合同，准备研发能够秘密操纵社交网站言论的软件，利用虚假的网络身份来引导互联网上的舆论方向，进行有利于美国的舆论宣传。这款名为“网络身份管理工具”的软件，可以为1名美军人员提供10个来自全球不同IP地址的网络虚拟身份，允许他们进入任何的博客群、聊天室进行网上对话，以进行亲美宣传。为增强可信性，这些虚拟身份还必须拥有合适的历史和教育等背景性细节的支持。而且美军人员在进行网上操作时，还不能被“高明的对手发现”。可见，我们必须运用多种手段，进行适时而科学的宣传教育，使我们的广大网民在网络空间里时刻筑牢国家主权意识，防范外来不良文化的侵蚀，使互联网为人类展示的美好愿景最终能够真正变为现实。

（二）组建维护网络安全的组织领导机构

目前，人类社会对信息网络系统的依赖越来越突显，由于计算机网络极易受到攻击，这种高度依赖性使国家经济和国防安全变得十分“脆弱”。一旦计算机网络受到攻击，就难以正常运行，甚至被人为瘫痪，以至整个社会陷入危机之中。为此，国家必须健全网络安全组织机构。首先，成立组织领导机构。如美国相继成立了国家基础设施保障委员会、国家安全局等信息安全管理组织，其职责是制定国家信息安全防护政策。其次，组建防护管理机构。在信息安全领域处于世界领先水平的军队都十分重视防护机构建设，认为在信息战中用于信息系统防护的力量应大于90%。再次，开展防护理论创新研究。研究国际社会信息安全发展的尖端技术，借鉴发达国家的有益做法，制定适合本国信息安全的发展战略，是目前世界各国政府和军队的普遍做法。美国海军从20世纪90年代就实施了“深度防御”战略，旨在减少由于任何单位安全方法的漏洞而造成安全缺口的可能性。

（三）构建维护网络安全的体系结构

在未来的一定历史阶段，国家无疑仍是国际社会的基本主体，承担着社会发展的领导责任，它有义务对互联网的发展进行一定的规范，以调整网络空间的社会关系和社会秩序，减少不必要的摩擦与冲撞，防止和惩治互联网上的犯罪活动，保证其稳步、协调、持续、健康地发展。其一，确立网络防护策略。网络安全威胁是客观存在的，但其风险是可以控制乃至规避的。美军将网络与系统安全列为21世纪的主要安全战。俄军将信息战摆在仅次于核战争的重要位置，把信息领域的安全作为维护国家利益的重要保证。其二，颁发网络防护法规。保证网络运行安全，制定法规制度是关键。迄今美国已确立了包括《计算机安全法》在内的多项信息安全法律。2000年6月，俄罗斯正式颁布实施了《国家信息安全学说》。欧洲委员会制定了《打击计算机犯罪公约》。其三，建立网络防护机制。建立风险评估机制，对网络的保密性、完整性和可用性进行科学评价，找出缺陷和漏洞，设法躲避风险；建立防护演练机制，有效的演练可以验证信息安全策略的合理性和网络系统的安全性，不断发现和寻找信息安全的薄弱环节，达到固强补弱的目的；加强互联网立法工作，网络立法应当兼顾维持秩序、制止犯罪和保护言论自由、鼓励传播、繁荣创作、保护并促进网络健康发展的双重目的。网络立法不仅要顺应国家自身经济和文化的发展需要，而且要适应经济、政治、文化全球化的发展进程。网络立法既要有可行性又要有前瞻性，要使网络规范与网络技术的发展相衔接，使制定出的规范能够有效地、低成本地贯彻实施。

（四）狠抓网络安全的手段建设

信息社会中，只有掌握和运用先进的信息安全防护技术和方法，技高一筹，才能获得信息安全防护优势。美国国防部曾对自己使用的一万多台计算机进行了一次全面安全检查，结果只有极少数符合保密准则。首先，要建设实时监控系统。当信息系统遭受攻击时，能够利用监控手段对入侵、破坏、欺诈和攻击等行为进行实时识别、分析和反击。掌握了解攻击的模式、程序和企图，对攻击来源进行准确定位，据此找出入侵路径与攻击者。其次，要建设应急响应系统。在国家范围内开展信息技术合作，充分利用军用和民用信息安全资源，建设信息安全应急响应系统，一旦发生信息安全突发事件，实施紧急响应、处理和恢复，使各种文件数据和网络系统能够及时恢复工作。再次，要建设容灾备份系统。利用通信和计算机技术，建设网络异地容灾备份系统，提高抵御灾难和重大事故的能力，减少灾难打击和重大事故造成的损失，保持重要信息网络系统工作的持续和稳定。

（五）研发维护网络安全核心技术

大力发展自主的网络安全高新技术，其根本意义就在于使中国信息网络系统所需要的硬件和软件产品能够有自己独立研发、拥有知识产权的主导产品，从而根除网络安全受制于人的被动局面。发展网络安全高科技包括两个方面：IT行业基础元器件和基础设备。比如，芯片技术、高速计算，都是发达国家不向中国转让或禁运的，我们只能自己研发；网络本身的安全防卫技术，因为涉及国家安全，我们必须自己创新研发。为此，一是加强尖端技术特别是信息网络攻防技术的开发和研究，提高网络信息战的打击和防御能力。像当年研制“两弹一星”那样，汇聚全国科技精英，进行技术攻关。二是要大力培养信息安全的专家人才。随着国民经济信息化的进展，我国需要相当数量的高品质信息安全专业人才，他们将掌握信息安全的关键技能，是保证国民经济各部门信息基础设施安全运行的骨干力量。三是引入市场竞争机制。网络安全高科技的研究开发蕴藏着巨大的商机，走市场化道路，有利于达到最大的研究开发效益，有利于加快我国信息安全高科技的发展。

美军网空战对我国安全的威胁与对策

西安政治学院军事理论教研室教授　郭建军

北京大学研究生　郭　戈

美军10年大规模地面反恐战争接近尾声，美国得以抽身把战略重点转向应对中国崛起，强化了中国挑战美国霸权地位，威胁“美国亚太利益”的战略判断。2012年美国战略指导文件认为“中国有潜力以多种方式影响美国经济和安全”。美国把中国作为潜在战略对手和未来作战对象，美国战略重心和军事力量东移加快。为保持对我作战优势，美军加紧发展网络和太空作战能力，网空战已成为美军新的战争形态和主要作战样式。美试图在未来可能发生的中美军事冲突中以网空战毁损我网空力量、降低我军作战效能，对我国安全构成新的严重威胁。

一、网空力量作用与美军网空战发展

网络空间技术的出现是科学技术发展的产物，由于网络空间技术的便捷、高效被越来越多地广泛运用于各领域，全球英特网用户超过20多亿人，主要国家功能运转、社会生活、武器系统等实现了网络化，且对网络的依赖度越来越高。

（一）网空力量成为达成国家战略目标的重要手段。

网空力量可以通过五种形式发挥作用或产生影响：成为情报工具，扩大情报搜集广度和搜索速度；最大优化硬实力的使用；破坏敌方使用硬实力的网络；对敌国基础设施进行网络攻击，使其瘫痪或损毁；对敌国民心、士气产生重要影响。

从外国已发生的网络攻击实例看，通常是针对敌国特定的战略或政治目标。2007年4月，为反对把位于爱沙尼亚首都的二战苏军胜利纪念碑移至郊外，俄罗斯对爱沙尼亚实施3周大规模网络持续攻击，该国政府、金融、通信等网络遭到重大打击。2007年9月，以色列网络战部队攻击叙军防空系统，使其探测能力暂时失效，成功掩护以军战机轰炸叙利亚核设施。2008年8月，俄格冲突中，俄政府网络战力量、网络战部队和由民间黑客组成的网络民兵对格鲁吉亚政府、军队发动分布式拒绝服务网络攻击并控制计算机，切断相互间信息传递网络，窃取了军事情报，此为格鲁吉亚战败重要原因。2010年，美与以色列使用“震网”蠕虫病毒攻击伊朗未与互联网络连接的纳坦兹铀浓缩设施封闭式机密计算机，导致伊984个铀浓缩离心机被误操作，引起负荷运转而受损，严重破坏了伊朗核设施和核研究进程，完成了钻地核弹和特种作战部队难以完成的战略作战任务。近年朝鲜等国网战部队、国际和美国内黑客曾多次进入和破坏美军作战网络系统，美国等少数国家先进武器曾击毁过多个卫星。网空攻击已成为以隐蔽、非对称、低代价、低政治风险和高效达成国家战略目标的重要战略手段。

（二）美军网空战的发展、优势与任务

美军是世界上装备计算机最早、数量最多的军队，在发展计算机网络战的基础上，2006 年美国提出网空作战设想并进行过多年研究和论证。2010 年 2 月，美国防部《四年防务评估报告》正式提出网空作战概念和网空攻击术语。美军认为，网空作战包括计算机网络战、电磁战、远程通讯等作战领域。2010 年 5 月，美军创建网络司令部，整合网络战部队，由美国国家安全局长任网络司令部上将司令，网络司令部下属陆、海、空、舰队网络司令部，编制网络战部队 931 人，另有信息战专家 3000—5000 人，实际参与网络战的部队达 3—5 万人。通过分布在全球几十个国家内建立的上千个设施运行着 1.5 万个网络和 700 万个计算机设备，利用网络空间对美军指挥控制，美军网战部队装备有特洛伊拉木马、蠕虫病毒等网络攻击病毒武器 2000 多种，年预算经费 1.59 亿美元。2010 年 7 月，美国空军率先颁布了《网络空间作战条令》，2010 年 10 月，美军网络司令部全面形成作战能力，2011 年 5 月，美国颁布了《网络空间国际战略》，7 月，美国国防部颁布《网络空间行动战略》；11 月，美国颁布《网络空间政策报告》。美国国防部《网络空间行动战略》指出："美国在网络空间拥有明显优势为美国军队运用网络空间获得快速通信和信息共享以支援作战的能力，成为美军完成使命的关键赋能器。"强调增强美军网络空间作战能力。2012 年，美国国防部《维持美国全球领导地位：21 世纪的防务重点》文件把网空作战作为新型作战领域和发展重点，分别向网络作战和太空领域投入 34 亿美元和 80 亿美元。美军认为网空攻击具有以下优势：1. 攻击速度极快，容不得防御方有丝毫闪失；2. 网络攻击没有地域限制，全球任何一个地方都可以发动攻击；3. 网络遍布全球，追查

隐蔽性强的攻击源头难度很大；4. 网络无处不在，国家机器运转、经济、社会生活、军队作战等领域严重依赖网络，攻击目标易找，防御方面临巨大压力；5. 成为美军作战巨大力量倍增器和廉价战争方式。美军网络司令部主要任务是：1. 指挥国防部网空作战与防御；2. 时刻准备在所有领域进行全方位网空作战。美军已在伊拉克、阿富汗战争中进行了网空作战武器实战运用；美、以联手对伊朗“震网”病毒攻击，重挫伊朗核研究能力；2011年对利比亚军事打击前，美军侵入利比亚互联网、通讯网对其策反和网络攻击，加速了利比亚政权垮台。2020 年，美军将建立5个功能齐全的空天作战中心（27 架主要任务飞机）、10 个航天和网络空间联队等打击力量。美军以 X—37B 为代表的空天战武器已试验成功，使美军获得空天侦察、预警、难被探测发现和作为高端武器平台对太空在轨卫星等飞行器监控、打击和对太空以下目标实施全球 1—2 小时快速精确打击能力，随着美军空天武器相继投入实战，美军将获得空天、网空非对称作战优势，网空攻击已成为美军演习的重要内容，将对敌国造成灾难性后果。

二、美军网空战对我国安全的威胁

网络空间战略已成为美国国家安全战略的重要组成部分，在高度网络化的 21 世纪，网空战已成为美军击败对手的主要作战样式。

（一）网空攻击严重威胁我国安全

从多年来在我国发生的诸多网络事件看，窃取或搜取数据、破坏或阻止网络、信息畅通与服务、破坏与削弱网络连通事件时有发生，其威胁破坏来源除恶意行为人、非国家行为体等具备网络攻击能力者，可以通过英特网络便宜地买到计算机设备实施网络攻击外，网络武器也已商品化。尤其应高度重视敌对国家目的明确、有组织、有计划、以隐蔽方式对我国网空系统的破坏和攻击，由于网络具有与我国政府、军事、经济、金融、信息、科技、电网、交通、社会生活等各领域密切相连的一体化特征，一旦我国关键网络、基础设施网络和卫星等太空设施遭受大规模网空攻击和物理毁伤，将造成与网络相连的国家多个领域运行受阻或瘫痪，继而引发社会不稳和混乱，严重影响政府施政能力和军队作战效能，网空攻击及后续灾难已成为我国安全面临的潜在严重威胁。

（二）先发制人攻击我太空、网空系统

由于太空、网空系统为国家机器运转、生产生活等提供极重要的功能，为军队作战提供关键定位、导航、指挥控制、导弹预警、气象、情报搜集、后勤支援等作战支援。美军强调“削弱对手的网络和太空能力成为获得和保持作战进入的关键组成部分”，“太空和网络部队必要时将提前实施机动……联合部队将在太空和网络空间通过侵入敌方数字网络实施机动”，运用网络进攻击败敌太空、网空系统。美军将先发制人对我实施网空攻击，削弱我网空能力，阻我获得网空支援，降低我国网空反制能力。

（三）以网空致盲为突破，打击我核心战力和战争潜力

美军准备首先对我实施全面“致盲”和打击我天基、情报、信息获取等关键作战网络，以夺取和保持美军在太空、空中、海上、陆上、网空多维主导权，最大限度地降低我军作战效能。同时对我实施先制隐形远程突袭和全时空、精确、长期大规模压制

性打击，毁我远程精锐战力、弹道导弹发射、重要武器生产等核心战力和战争潜力。我可能丧失部分反制能力，对美战略威慑、作战效能可能降低，我国首都等重要战略目标防护难度也将同步增大。

三、战略思考与对策

网空攻击已成为我国安全面临的严重威胁，应采取积极战略对策有效维护我国安全。

（一）整合涉网空力量，制定法规、预案，强化演练，提高网空防御能力

由于网空技术快速发展，仅靠国家专业网空防御力量难以有效应对对我国的大规模网空攻击，因此应采取多项措施：1. 建立以国家网空防御职能部门为核心的领导机构，加强网空防御专业指导；2. 加强网空力量建设，以国家关键网空领域为重点，有计划、分步骤全面整合、使用国家涉网空力量；3. 建立以国家专业网空防御力量、国家关键设施网空防御力量、各领域网空防御力量、省（市）网空防御力量四结合的国家网空防御力量体制；4. 制定国家专业网空防御级、国家关键设施网空防御级、各领域网空防御级、省（市）网空防御级四级网空防御标准和法规；5. 立足当前，兼顾未来中、长期网空威胁，设置敌方对我国网空攻击多种想定，拟制多种网空防御预案和有效应对措施；6. 建立国家网空攻防实验基地，由上至下逐级进行多难度、综合性网空演练和考核，全面检验、评估我国网空防御和反制能力。

（二）加快自主研发和技术升级，保持战略主动

我国部分计算机和网络关键设备仍为外国产品，留有诸多安全隐患，国家应投入重资加速我国网空技术自主研发，为使我国网空防御与信息技术、网络技术、空天技术的快速发展相适应，应加快我国网空防御技术升级、更新，提高我国关键网络和卫星等太空设施抗网空攻击能力，以在应对敌方对我国网空攻击威胁时保持技术优势和战略主动，有效维护对我国安全十分关键的网空能力。

（三）建立我军网空作战部队，发展高端武器，确保以先进战力维护我国安全

美国等主要国家相继建立或正在组建网空作战部队，加速发展网空作战能力，我国网空防御和国家安全面临严重压力。因此应及早组建我军网空作战部队，建立网空作战指挥机构以统一和协调各军种网空作战职能，使之尽快形成网空作战能力。国家应加大资金投入加速发展我军高端非对称网空作战武器，确保我军有先进的网空防御能力和有效反击能力保卫我国网空安全和国家安全。

新安全环境下的网络舆论管理

清华大学国际传播研究中心主任、博士生导师　李希光

网络信息不仅是人民群众日常生活无法逃避的背景，也是政治辩论中心，更是各种势力操纵民意的工具。本文就如何化解当前社会舆论的“二元对抗”提出建议：打破少数精英在改革上的话语霸权；改革方向不被媒体议程左右；政府网管规则与权力要清晰透明；媒体的权力要透明；各种改革游说集团活动要透明。

一、资本操纵下的媒介新格局

（一）资本控制了优势舆论资源

各大主流商业网站的资本构成，决定这些媒体为资本利益代言。从媒体的社会和政治动员力看，资本控制的媒体动员力已经超过官方的社会动员力。资本集团势力控制了中国最有影响的网络媒体资源和部分传统媒体资源，同时对几大官方媒体的网站和官方微博进行了渗透。这种渗透导致了国家媒体近一年来在几个敏感重大问题的报道内容、报道立场和报道态度上产生网上和网

下的“人格分裂”，让党的广大追随者无所适从。一些媒体表面上在争取摆脱党控制的“新闻自由”，而实际上在变成资本的喉舌。真正的新闻自由在于摆脱媒体的外部控制和媒体的内部控制：1. 外部操控——政府的控制与资本的控制；2. 内部操控——媒体老板和媒体经营者通过编辑部内部控制编辑记者。

（二）“媒主”主宰“媒奴”的时代

在今天的媒介市场化和产业化的背景下，“人民群众”变成了“媒体消费者”，变成了少数人赚大钱的工具，媒体成了资本权贵集团自我推销和维护自身利益的舞台。在资本操纵下，揭黑报道、犯罪报道、丑闻、绯闻、内幕，更多地是娱乐受众，满足收视率和发行量的需要，而不是满足人民群众的真正需要。由于资本集团渗透了几乎全部的网络媒体和有影响的主流媒体，从新兴媒体到某些官方媒体的网络版和微博版大面积发生“南方系化”，其在重大政治问题上的言论和新闻立场与南方系如出一辙，不同的声音，基本发不出声来。结果是，在一种声音独霸的“媒主”世界里，本来沉默的大多数慢慢地变成不再去独立思考和判断的“媒奴”。在有的电视频道或微博里，整天就那几个“媒主”对天下事发表煽情意见，他们不是基于常理，不从基本事实出发，没有解决问题的欲望，而是不断地引领“媒奴”发动一场又一场的“网络文革大字报运动”。

（三）媒体成了政治斗争的战车和软实力

当今天中国站在改革的十字路口的时候，媒体成了各种利益集团都想利用的对象，成了各种利益集团政治斗争的战车。一股势力要想制服另一股势力，获得舆论支持，就要学会怎样有效地利用媒体来传播自己的声音和形象。媒体也是各个集团争夺政治权力的软实力。软实力战场有两个：用图像和故事争夺普通民众的新闻传播战场；用思想观念争夺知识分子的学术教育战场。而这两个战场上传递的信息全是不需要实践和社会调查验证的间接信息，结果这两个战场常常是谣言战、谎言战和谬误战。

（四）制造虚假的“社会共识”掩饰分裂的社会舆论

网络上的舆论斗争凸显中国社会舆论已经分裂。微博实际上为隐性的政党的政治宣传提供了重要渠道，具有明显的党派特征和宣传意味，近似于一种党派性的“政治狂热”了。各个政治阵营都在制造有利于自己的舆情，并极力通过其在体制内的代理人，向中央呈送有利于自己阵营的舆情报告，从内部影响高层决策者。各个集团出于自身政治经济利益，力图通过顶层设计，利用其代理人制造虚假的社会共识。他们不断利用突发事件，制造和传播虚假信息，用雾气一般模糊的改革口号推销利益集团自私的政治和经济议程。资本集团利用媒体形成“全民共识”，通过高层知识分子形成“顶层共识”。高层知识分子们经常包围着高层领导，他们反复向高层暗示、灌输，然后再由高层向全体人民宣传。中下层社会民众没有自己的报纸、电视频道、网站发出自己的声音。他们或是沉默地被资本集团控制的媒体和网络代表者、操控者，或是在被严密监控的社交网络媒体中艰难地发出自己的声音。基层群众失去了改革的思想权、发言权和判断权。

（五）沉默的大多数在寻找党的新闻中心

“几年过去了，没有人来制止这样的谣言，也没有谁来保护我的名誉。”党的十八大期间，有人造谣张海迪加入了日本国籍，网上一片对她的围攻。张海迪无奈，只能在自己的博客里发出上述感慨。张海迪提出”“谁来保护我的名誉?”这个重大政治命题。党的新闻中心在哪里？党的发言人哪去了？谁在设置党的网络议程？在国家的正当文化中的图腾式人物受到人格污名化，党的新闻中心难以发出声音时，中国的舆论好像进入了一个表面“群龙无首”、深层次资本操控的“众声喧哗”的时代。在重大敏感问题上，人民群众亟需党的发言人解答时，党和政府的发言人及其官方微博形同虚设。敢公开出面维护党的尊严的记者、学者稀缺。在微博上，党的拥护者走入匿名，而拥有众多粉丝的名人微博则通过嘲讽、挖苦，甚至攻击共产党，赢得大量粉丝。

二、如何化解社会舆论的“二元对抗”

今天政府的网管行政机构在重大事件中，引导舆论的手段多在“封”、“堵”。政府对网络采取严厉的跟踪、封锁和删除行动，造成了政府与群众二元对立的政治对抗。当前的网络话语中，“政府”等被看作是与人民对立的“公敌”，而被封杀的网络信息、言论和微博被视为“人民”的声音。党中央要有勇气在这种“政府”与“人民”在网络舆论里的二元对抗获取完整和准确的舆情，从而形成有效的正确引导舆论措施。为此建议如下：

（一）政治公开与透明

党要尽快化解网络舆论上“政府”与“人民“的二元对立格局。未来的改革必须走群众路线，打破少数精英在改革上的话语霸权和黑箱作业，在媒体上能听到人民群众就改革问题发表的声音，特别是要增加媒体报道底层群众的改革意见，在媒体上发表改革建议的学者要具有意见上的广泛代表性；要提高各项改革政策的酝酿和出台的政治透明度，在媒体上要公开决策程序和决策人员背景，以便增进公众对改革决策公允性的信心，确保国家的各项改革政策是代表了最广大的人民群众的根本利益，最终实现共同富裕。

（二）改革方向不被媒体议程左右

主张改旗易帜的人在社会上虽然只占很少一部分，但其中的一些人掌握媒体和网络话语的生杀权。他们一旦发现网上群众意见不利于自己时，就会想方设法用最快的速度封锁不同声音，以凸显他们才是代表未来的强大集团。但是，中国共产党不是任何派别和利益集团的代表，是全中国人民根本利益的代表，中国政治体制改革是确保中国共产党不退化为派别和利益集团的代表，把党对政府在价值取向和大政方针上的监督变成人民对政府监督的一种形式。国家的改革要从惠及中国最普通老百姓利益的目标出发，不被资本控制的媒体议程左右。

（三）党中央需要更真实和完整的网络舆情

目前，向中央各部门报送舆情的机构很多。各利益集团也都在试图向中央呈送有利于自己政治议程的舆情报告，从内部影响高层。重大敏感事件发生后，一方面，政府的网管们用最快的速度封堵他们主观上认定的“有害信息”；另一方面，一些研究机构又依据某些利益集团的隐藏议程需要，选择性地编撰所谓“舆情报告”，向上呈送影响高层的对形势的研判和决策。为确保党中央获得更真实和完整的网络舆情，对网络信息内容的监管和删除工作不应该由行政机构去做，而应该由全国人大依法成立专家小组就要关闭的微博或网站、要封堵的关键词提出建议和理由，并公布在国家的相关网站上，防范各级政府把网管工作变成对付人民群众网上监督的“反监督工具”。

（四）保证网络对政府的舆论监督作用

党要保证网络舆论对各级政府，包括对中央政府的舆论监督作用。当前对各级政府最有威慑力的舆论监督来自网络。从长远发展看，党在管理上不应该把网络媒体从传统媒体分开。当前网络媒体管理和平面媒体管理的党政分立，不仅让党难以全面准确把握舆情和利用舆情，更会失去党代表广大人民群众利用网络舆论去监管各级政府的群众力量。如果党不去与网络里的人民群众发生直接联系，政客就会通过资本集团的资助，在网络里拓展自己的政治疆域和政治权力，而资本和媒体集团又通过与政客的关系为自己的利益寻求政治上的庇护。从长期看，这会给高层带来发生分裂的政治风险。

（五）保障人民群众的知情权和话语权

放开言论，让社会各阶层发出成比例的声音，党要尽快放开微博言论，听到各个阶层真实的政治诉求，尽快形成党执政的新的群众基础，找到党在国内的真诚的政治同盟者。只有社会不同阶层的人民群众的呼声在媒体上合乎比例地自由表达，党的高层方能准确了解民意，真实把握中国社会现状和民心趋势。党和政府还须考虑出台政策和资金，帮助那些没有资金创建报纸、频道、网站的弱势群体，帮助他们创建媒体平台，使党和政府听到广大中下层群众的改革诉求。

（六）加速媒体权力的透明化

今天的媒体拥有强大的政治权力去影响决策、影响政治结果。但媒体的政治权力不需要民主选举和绩效考核。媒体拥有过高的政治权力就会变得跟任何不受监督的权力一样，带来另外一种权力腐败——制造虚假新闻、媒体事件、愚弄人民、欺压无权者。媒体领导人要政治透明化、个人信息公开化。由于党是代表全中国人民利益，不为任何利益集团服务，从媒体改革的长远目标看，党应该把主流媒体改革成为一个为人民服务，而不是为资本服务的公共部门。媒体领导人的任命要由各级党委提名，由各级人大审议任命。

（七）政府高层网管的权力透明化

政府高层网管要像法院和检察院负责人那样，须经过各级人民代表大会审议和任命，并定期更换。政府高层网管人员的个人社会关系要公开并定期更新；严禁政府高层网管参与党内和国内任何政治派系活动；严禁政府高层网管与商界、媒体发生任何个人和商业上的联系；严禁政府高层网管负责人参加任何社会团体、群众组织、大学兼职。

（八）各类改革游说集团活动透明化

设立公开的监管政策，确保公众监督政府决策不受国内外媒体、国内外游说团体、外国政府、华尔街财团和国际公关公司设置的改革议程左右。

美国战略重心东移对中国经济安全的影响

中国现代国际关系研究院研究员　江　涌

美国战略重心东移的高压，加速了中国经济、社会乃至政治的裂变，里应外合“扳倒中国”已不是杞人忧天。在美国的凌厉攻势下，中国的国家安全在枪杆子、笔杆子、油罐子、米袋子、钱袋子等方面产生了某些不利影响。多年来，在新自由主义的浸淫下，一些人思想混乱，良莠不分，是非莫辨，敌我友难察。有人试图在中国引入于国际社会早已臭名昭著的“华盛顿共识”，要对社会主义经济制度的基础（国有企业）实现私有化，核心裂变，基础动摇，将对中国经济安全遭遇空前威胁。

一、美国战略重心东移重在遏制、扳倒中国

20 世纪 70 年代，毛泽东、周恩来等老一辈党和国家领导人，审时度势，因势利导，推动美国总统尼克松成功地进行融冰之旅，开启中美关系逐步走向正常的大门，为中国改革开放营造了

先机。由邓小平、陈云等第二代党和国家领导人，在新中国坚实的建设成就上，积极推行改革开放，使中国经济持续快速增长，国家实力稳步提高，成为当今世界的重要一极。

中国的快速发展与美国的战略疏忽有很大的关联。30 年来，中国聚精会神搞建设，一心一意谋发展。在美国不经意间，中国竟把自己搞到“世界老二”的位置。而与此同时，美国或忙于美苏两极争霸（第一个十年）；或沉醉于冷战胜利，消化冷战影响（第二个十年）；或积极致力于反恐战争（第三个十年）。美国民间机构、著名学者、政府部门乃至国际组织纷纷预测，中美之间照此势头延续下去，中国或将在 2019 年，最迟也会在 2030 年，超过美国，成为世界第一经济大国；一些美国人同时认为，中国的经济实力，将会转化为政治、外交、军事实力，从而美国的全球领导地位将被中国替代。习惯于老大的美国终于按捺不住了，于是便有“重返亚太”，战略东移，在中国周边、国内策动一系列事件，意图扳倒中国。

其实，多年来，美国对华一直实施“接触”加“遏制”的两手策略。通常在美国国内压力舒缓时，“接触”就多一些；国内压力紧张时，“遏制”就多一些。如今，在金融危机冲击下，在社会危机延烧下，美国急于向外转移风险、转嫁危机，中国则成为其捧杀与棒杀的必然选择。美国正在试图从中东、北非等地区腾出手来，集中精力对付中国，不断加强对华西化、分化、弱化的攻势，利用其强大政治、外交和军事力量对中国施压，里应外合，扳倒中国。今后相当长一段时期，中国的国家安全很有可能在以下几个方面会出现危急：

第一，枪杆子，即国防军事安全。长期的和平环境，多少消蚀了中国军队的战斗力。美国不断利用最前沿的科技、最精良的武器、最现代化的战斗方式，拉帮结伙，在黄海、东海、南海以及中国的陆邻，不断压迫中国底线，向中国军队施压，企图在中国军队中激起恐美、不敢与美国硬碰硬的思想情绪，试图做到不战而屈我之兵。

第二，笔杆子，即意识形态安全。多年来，美国利用各种途径，在中国培育亲美、哈美势力，进行思想、文化渗透，导致一些人思想混乱，良莠不分，是非莫辨、敌我友难察。长期以来，世界银行与国际货币基金组织一直为美国利益奔走呼号。然而，一直将这类机构当做权威，不辨是非，力图将它们推行的臭名昭著的“华盛顿共识”当做增进国家利益的良方。

第三，油罐子，即能源安全。中国已成为世界第二大石油消费国及净进口国，对外依存度超过55%。与此同时，美国的石油自给率（在北美地区）高达85%，对“世界油库”（中东）的石油进口占美国石油总进口不到10%，而且美国统领国际能源机构，掌控石油期货，国际石油交易以美元计价结算。如此，国际油价有着日益明显的“美国因素”。此外，国际重要的石油运输通道（如马六甲海峡）几乎都由美国把持，轻易即可施加影响与干扰。中国的石油安全面临美国的威胁。

第四，米袋子，即粮食安全。中国“入世”十年来，中国大豆以及相关产业几乎被进口美国转基因大豆所冲垮，如今玉米似乎重蹈大豆覆辙。更为紧迫的是，在内外相关势力的联手下，除水果蔬菜外，中国推进转基因主粮的研究乃至推广。鉴于生物技术与生化武器的模糊性，鉴于转基因关键技术近乎都掌控在美国手中，中国在转基因技术的研究、应用、推广等问题上，不仅面临巨大的物种生存风险，而且面临系列技术专利陷阱。未来，中国一旦步入大规模转基因粮食生产，美国的专利陷阱必将令中国付出沉重的经济代价。

第五，钱袋子，即财政金融安全。有独具慧眼的学者尖锐指出，中国经济正“伤于财政，毁于金融”。多年来，中国金融利益集团的某些人，为了自己的蝇头小利（往往不到总收益的5%），而不惜将巨额利润（95%）奉送给西方、奉送给华尔街，使得国家金融资产、储户资产（长期负利率）、散户股民资产陷入持续而巨大损失，对国家利益、中产阶层利益构成持久而严重威胁。

二、中国最大的危机在思想

英国前首相撒切尔夫人曾经放言，中国这个只会代工制造，出口低端产品，输不出思想的国家，没有崛起可言。在美国高调“重返亚太”，全力遏阻中国之际，中国一部分“国际主义者”抛出他们的主张，“你把美国当敌人，美国真的就是你的敌人”，“中国门口已经没有狼外婆了”，“如果得出结论，现在美国在准备全面围阻中国，那是一个错误的结论”，“美国新战略根本没有针对中国的意思”，等等。这些人的逻辑是，视而不见等于不存在，不仅自己甘当鸵鸟，还要整个中国人和他们一样成为鸵鸟。还有一部分人帮助美国资本在中国攻城略地，网友唤其名曰“带路党”。

2012 年 2 月 28 日，世行发布一篇名为《2030 年的中国：建设现代、和谐、有创造力的高收入社会》的报告，报告在“大众利益”、“环境保护”等靓丽包装下，核心指向就是试图中国完全实行私有化。

其实，世行给中国开出的“良方”根本就不是什么新鲜货色，而是其所一贯秉持的“华盛顿共识”。所谓“华盛顿共识”是 1989 年以洛克菲勒支持的“彼得森国际经济研究所”名义，邀请国际货币基金组织（IMF）、世界银行、美洲开发银行和美国财政部在华盛顿共同举办的一个研讨会上提出的、就发展中国家理应采取的“正确”政策所达成的共识。而实施“华盛顿共识”不仅使拉美，还有苏东、东南亚、非洲等诸多国家陷入糟糕境地。

三、中国经济安全隐患是国企私有化

金融是现代经济的核心，健康的金融可以有效地配置资金资源，为创造财富的实体经济服务，增加经济效率与活力。在经济全球化、经济金融化的情势下，金融安全越来越成为国家安全的核心。自20世纪80年代以来的世界经济历史一再表明，金融危机不仅可以导致经济危机、社会危机，在诸多发展中国家与新兴市场，还可以引发政治危机，乃至国家危机。90年代初的苏联、1997年的印度尼西亚以及1998年的俄罗斯等国，都是一步一个脚印地由金融危机而逐步陷入国家危机。

近些年来，中国的金融利益集团中的某些西方代言人，与国际垄断资本内外联合，在金融深化、扩大开放的旗帜下，不断将中国的货币市场、资本市场变为它们的提款机。

国有企业是中国社会主义经济的基础。《中华人民共和国宪法》（2004年修正案）第六条规定：“中华人民共和国的社会主义经济制度的基础是生产资料的社会主义公有制，即全民所有制和劳动群众集体所有制。”“国家在社会主义初级阶段，坚持公有制为主体、多种所有制经济共同发展的基本经济制度。”第七条规定：“国有经济，即社会主义全民所有制经济，是国民经济中的主导力量。国家保障国有经济的巩固和发展。”

多年来的实际表明，凡是国有企业居于主导地位的行业，经济安全就有保障；凡是国有企业被私有化了的行业，经济安全状况令人堪忧。因此，国际垄断资本处心积虑地要促使中国的国有企业私有化，消除美国跨国公司的竞争对手；施压中国不断扩大与深化的金融开放，满足国际利益集团的要求，由此进一步操纵中国金融市场，谋取巨额投机利润。

2011 年 10 月 26 日，美国国会成立的美中经济安全审议委员会发表了题为《中国国有企业与国家资本主义分析》的报告，报告认为中国政府和国有企业仍然具有强大的经济威力，国有企业享有不公平的竞争优势。2012 年 2 月 3 日，《华尔街日报》发表了《美国将打击目标对准中国企业》一文指出，“美国贸易官员们对美中商业冲突的核心环节——受到大量保护和补贴的中国国有企业，发起了协同攻击。这些企业不仅在中国，也在全球竞争中正对美国公司造成沉重打击。”2 月 28 日世行发布《2030 年的中国》的报告，决不是一起孤立事件，而是要对中国国有企业发动“是后一攻”。

美国社会学家阿米泰·埃齐奥尼曾说，“除了中国，没什么地方还对（自由）资本主义感兴趣了”。自由主义，讲求个体理性，追求个体收益最大化，是资本的逻辑，是殖民主义的逻辑，具有强烈的离散力，是共同体的大敌，是民族团结的大敌，是主权国家的大敌。“华盛顿共识”这一自由主义中的沉渣在中国泛起，违背了宪法、损害国家利益、忤逆历史潮流，必将遭到人民的坚决抵制与反对。

中国周边安全战略再思考

中国社会科学院世界经济政治所

国际战略研究室主任　邵　峰

目前中菲之间的黄岩岛问题牵动了大众的神经，吸引了各种媒体的广泛关注。实际上，这只是中国周边安全问题的冰山一角而已。当今中国的周边安全环境在总体保持稳定的同时，在某些局部问题上呈现出激化、恶化的趋势，比如钓鱼岛问题、南海问题、朝核问题等，对我国的周边安全战略构成严重挑战。面对挑战，中国应该如何应对目前的周边安全形势？是否应该调整中国的周边安全战略？这里笔者谈一些粗浅的看法。

一、影响中国周边安全环境的三大因素

当前中国周边安全环境主要受三大因素影响，这三大因素是：历史遗留问题；中国快速崛起；美国因素。在此三大因素影响下，中国周边安全环境总体尚属稳定，但也面临不少严峻的安全挑战。

历史遗留问题构成影响中国周边安全环境稳定的最重要因

素。环顾中国周边，各种热点问题和领土争端问题多数都是历史遗留下来的问题，近代中国的屈辱没落，冷战的残留因素，给当代中国的周边外交留下了太多的难题。这些问题的特点是，各国政府既无法回避，同时又缺少相互妥协、达成谅解的余地，因此造成中国与周边国家之间持久的摩擦，严重影响到和谐周边的建设。

中国持续高速的发展，使中国的国际地位和国际影响力获得快速提升。2010 年，中国的 GDP 跃居世界第二。伴随中国的崛起，周边国家对华态度也有了微妙的变化，倚重与疑惧交织并存。一方面，对中国空前倚重，积极把握中国崛起的机遇，分享中国发展的利好，中国成为东盟最大贸易伙伴和第一大出口目的地；另一方面，中国加速崛起也使一些周边国家对中国的战略疑虑、担心甚至恐惧上升，在“大象”与“小鹿”的共处中，“中国威胁论”的噪声时有发生。譬如在南海问题上纠纷增多，一些周边国家试图将美国、印度、日本等外部势力拉进来，或借东盟之名集体与中国进行谈判，借以制衡中国，而这与美国“重返亚太”的战略意图一拍即合。

美国因素向来是影响中国周边安全环境的最重要因素之一。2010 年开始，美国政府不断强调战略重心东移，要重返亚太。事实上，美国从来没有离开过亚太，只不过在小布什期间投入不够多，这两年由于亚太地区的分量和重要性增加，美国出于全球战略布局和整体利益的考虑不得不更加重视亚太地区的事务，在安全、经济、外交上不断加大投入。美国的战略东移必然会引起亚太安全格局和中国周边安全环境的变化。

二、对中国周边安全环境的四类威胁

当前对中国周边安全环境的威胁可以归为四类：

其一，中国与周边国家的领土领海争端。中国是亚洲诸国中邻国最多、地缘矛盾最多、最复杂的战略主体。中国周边共有邻国20个，其中，陆上接壤14国，隔海相望6国，涵盖了各种地理条件。中国是当今世界上唯一没有实现统一的大国，多年来，又是与别国领土争端最多的国家。尽管近年解决了部分争端，但是，仍存在着更为复杂的领土和领海纠纷，且海洋权益不断遭受蚕食。

其二，民族分离主义对国家统一和领土完整构成重大威胁。“台独”势力的恶性发展，“藏独”、“疆独”隐性发展，战略对手肢解中国的意图阴魂不散。民族分离主义与宗教极端主义和恐怖主义的结合，对中国安全构成持久挑战。

其三，核扩散趋势难以遏止。印、巴两国已经成为事实上的核武器拥有国，朝鲜核问题陷入僵局并呈恶化态势。新型核力量崛起我国周边，既对我国构成直接威胁，又成为引发连锁反应或外来干涉的现实条件。

其四，美国的战略东移对中国周边安全环境的挑战。2011年底，美国国务卿希拉里·克林顿宣布了塑造“美国太平洋世纪”的战略安排，试图从安全与经济两个方面加强美国在亚洲的存在。安全上，美国提出要美国借道双边同盟重返亚洲，在地区安全秩序上试图构造一种“雁型安全模式”，以共同应对地区安全挑战和中国崛起。说起“雁型模式”，人们都还记得20世纪80年代的一种说法，即东亚经济发展的模式。而目前美国在中国周边正在试图构造一个“雁型安全模式”。在这种模式中，美国是雁首；第二梯队是美日、美韩同盟，尤其是美日同盟被置于首要位置，是美国接触亚太地区的“基石”，美、日、韩三边存在形成军事同盟的趋势；第三梯队是美国与澳大利亚、菲律宾和泰国等盟国的关系；第四梯队是美国与印尼、越南和印度的关系。经济上，强势推进 TPP 框架协定，塑造新的亚太经贸版图。TPP 不仅是经贸安排，更是一个战略的考量。美国的目的除了要分享亚洲高速经济增长外，更看重的是掌握亚太区域统合的主导权。美国重返亚太加大了周边国家对我国的离心力，中国与周边国家的政治互信有所减弱，某些国家借美国战略调整之际企图获取渔翁之利，使我国与周边国家的关系增加了复杂的不利因素。

三、中国周边安全战略再思考

（一）中国目前的周边安全战略体现了中国作为负责任大国的气度

在中国外交的总体布局中，“大国是关键，周边是首要，发展中国家是基础，多边是重要舞台。”周边外交，对中国发展具有特殊重要的作用。若周边不稳，不仅“全方位外交”将成为空谈，中国的发展空间也将大受挤压。

2002 年，党的十六大提出“与邻为善、以邻为伴”的周边外交方针。在 2003 年 10 月巴厘岛东盟与中日韩（“10 + 3”）领导人会议期间，中国向亚洲邻国全面介绍了我国致力于“睦邻、安邻、富邻”的周边外交政策。“睦邻”，就是继承和发扬中华民族亲仁善邻、以和为贵的哲学思想，在与周边国家和睦相处的原则下，共筑本地区稳定、和谐的国家关系结构；“安邻”，就是积极维护本地区的和平与稳定，坚持通过对话合作增进互信，通过和平谈判解决分歧，为亚洲的发展营造和平安定的地区环境；“富邻”，就是加强与邻国的互利合作，深化区域和次区域合作，积极推进地区经济一体化，与亚洲各国实现共同发展。

这是我国领导人对党的十六大确定的“与邻为善，以邻为伴”重要方针的第一次具体阐述，是对近年来我国周边外交实践新的概括和总结，进一步丰富了我国睦邻外交政策的内涵。“睦邻、安邻、富邻”的政策主张，从政治、安全、经济三个层面全方位阐释了中国的周边外交路径和手段，不仅增进了周边国家对我国的理解和信任，有利于保持和发展各项区域合作，为推动我国开创外交新局面注入了新的活力，成为中国明确的周边战略。

亚洲是我们共同的家园。我们历来主张，亚洲各国应该在政治上和睦相处、经济上互利合作、安全上互信协作、文化上相互促进。中国将坚定地奉行“与邻为善、以邻为伴”的周边外交方针和“睦邻、安邻、富邻”的周边外交政策。

由此可以看出，“与邻为善、以邻为伴”，创造良好的周边环境，是中国周边战略的目标，合作是最主要的战略路径，而“睦邻、安邻、富邻”则是实现这一战略目标的手段。

（二）中国周边安全战略的战略路径和手段应适当调整和丰富

“与邻为善、以邻为伴”的目标，清晰地宣示了中国作为负责任大国的风范，也是中国倡导的建设“和谐世界”宏伟蓝图的具体步骤，这个崇高的目标我们一定要永远坚持下去。但是，在如何实现这一目标的战略路径和战略手段问题上，我们可以有更多的选择，需要根据现实的具体情况做出适当调整和丰富。

第一，合作不是中国实现周边安全的唯一战略路径，合作与斗争、竞争相结合才能够最终实现美好的“和谐周边”的目标。

合作是中国对周边国家的主要政策方向，但合作不等于没有底线，不等于放弃根本的主权原则和长远的国家利益，斗争也是中国对外合作的一种必要补充，有时甚至应当成为某一阶段的主要政策取向。没有斗争，就没有可靠持久的合作，只有通过斗争才能让这些国家真正了解中国的底线和合作的真实内涵，即：中国的合作不等于一味的妥协，只有在保障自身国家利益的基础上，才谈得上和平发展、互利共赢。

新安全观的倡导和实践不能取代传统安全观的主导地位。自20世纪90年代以来，中国积极倡导以互信、互利、平等、协作为核心的新安全观，即：通过对话增进信任，通过合作促进安全。中国在外交实践中践行了自己的承诺，这在上海合作组织的建设和中国与东盟的关系上有突出的表现。但是，客观地说，中国的周边安全环境并没有得到实质性改善，甚至在某些局部地区呈现恶化的趋势。中国与东盟签署了《南海各方行为宣言》，加入了《东南亚友好合作条约》，这对保持南海地区和平与稳定、增进中国与东盟互信有重要的积极意义。但是，某些国家错误地理解中国走和平发展道路和新安全观的内涵，以为中国为保持和平稳定的周边环境将不会对其各种蚕食、挑衅行为做出强烈反应，因此变得越来越肆无忌惮。

因此，我们有必要反思南海战略。一方面，南海战略目标是维护南海地区的和平与稳定；另一方面，是维护中国合法海洋权益，二者不可偏废。外交手段与强力手段并重，既要表现出中国对合作发展的真诚，又要使对方感受到我们坚定维护国家利益的决心，树立中国负责、正义、强大的全面形象。国际形象包括两个维度，一个是优劣，一个是强弱。中国目前最应该而且能够做到的就是在世人心目中提升中国强有力的印象。中国的“睦邻、安邻、富邻”政策不是无条件的、单向的，而是需要周边各国的真诚合作。一味地退缩妥协，只会让美国更肆无忌惮地挑拨离间这些国家与中国的关系；相反，如果我们适时、适度、有理、有节地进行必要的武力反击斗争，美国大概只有约束自己小兄弟的行为尺度，以免影响中美关系的大局。只有把“维权”与“维稳”统一起来，才能把南海变成和平之海和合作之海。

总之，斗争的成分要多一些。合作要真诚，竞争要有力，斗争要坚决。只有三管齐下，综合作用，方能达到我们“和谐周边”的目标。

第二，成立一个统管国家安全的协调机构，在具体问题上建立相应的统一高效的协调工作机制。

安全问题的复杂多样性和利益相关性必然需要处于一线的外交来维护或解决，但外交不可能独揽所有事务，事实上很多安全问题的解决需要国家其他部门或其他手段起主导作用。比如，随着中国公民海外遇险事故的增加，外交部与国家安全部等部门共同协作并强化了对海外风险的评估。

很多学者建议，我们可参照美国等国家的做法，建立国家安全委员会制度。在美国，有关日常工作，由总统的国家安全事务助理负责主持。国家安全委员会的职责主要是在一切有关国家安全政策的统一与协调方面，向总统提出建议；协助总统制定、审查并协调与国家安全有关的内政、外交及军事政策。在维护海洋权益方面，有人建议成立“国家海洋事务委员会”统筹海洋事务，改变现在在海洋行政管理方面政出多门、多重执法、职责不清的局面。

在处理目前的南海问题上，首先可考虑建立一个统一的协调指挥中心机构，统筹规划和处理南海争端。中国是缺少综合执法力量的海洋大国。着眼有效维护海洋权益，建设一支与形势要求相适应的海洋综合执法力量已经迫在眉睫。建设海洋综合执法力量体现了海上执法手段的强制性。目前，我国有海监、海事、渔政、海关缉私、公安边防海警部队五支执法力量，俗称“五龙闹海”，除了公安边防海警部队外，大部分海上执法力量都没有配备警械装备，执法能力孱弱。加之各执法力量互不隶属，管理职能局限性强，在海洋巡逻过程中，发现超出自己管辖范围的违法活动，只能听之任之。若建设“中国海岸警卫队”，那么既能优化配置资源，合理合法地为海上执法力量配备必要的警械装备，又能避免这种“管得着的看不见，看得见的管不了”的现象发生。

第三，有效控制与经济开发相结合，加大战略性投入。

这主要是针对海洋岛礁争端而言的。首先，有能力占据的岛礁要坚决占有，要保证对实际占有岛礁的有效控制，不能只是象征性地占有，应坚决对任何侵入活动给予及时驱离、打击。没必要跟周边小国没完没了地扯皮，外交谈判根本解决不了领土问题。中国渔民在自己的海域从事正常的生产活动而被他国军舰肆意抓扣、勒索、羞辱的时代应该一去不复返了。何谓“负责任大国”，不仅有对外的责任，更有对内的义务。如果一个大国对自己的主权和领土完整都不能实施有效保护，那么又谈何对国际社会的责任呢？其次，从战略上加大对我实际控制的争议海洋区域的开发投入的力度，暂时不要计较经济成本。目前在南海，中国的开发力度远远落后于周边国家，这不仅导致经济利益的巨大损失，而且也容易造成领土占有的既定事实，对未来的争端解决非常不利。因此，中国必须降低经济逻辑在政策通盘考虑中的权重，提升政治逻辑和外交逻辑的权重，不要计较短期的经济效益，应该有长远的战略眼光。

值得欣慰的是，中国相关部门已经意识到了这一点，在两方面初步采取了重要的步骤：其一，中国加快了深海开采技术的研发。2011 年 5 月，由中国自主设计、建造的第六代深水半潜式钻井平台“海洋石油 981”的成功出航，代表了当今世界海洋石油钻井平台技术的最高水平，标志着我国已经初步具备了深海油气开发的能力，并于 2012 年 5 月 9 日，在南海首钻成功。从此，中国可以自行开采深海石油，不必再仰他人鼻息，从而正式加入抢夺南海石油的激烈竞争。其二，海南宝沙渔业有限公司于 2012 年 5 月组建大型捕捞船队。该船队由一艘 3.2 万吨级的“海南宝沙 001 号”综合鱼品加工船，总载重吨位 2 万吨级的油船“海南宝沙 021 号”和两艘万吨级的冷藏运输船“海南宝沙 011 号”“海南宝沙 012 号”，三艘 3000 吨至 5000 吨的补给保障船组成，预计将集结 300—500 艘百吨级的渔船前往南海作业。此举可有效促进海洋经济发展，调整海洋产业结构，开发远海渔业，完善海洋渔业产业链。

第四，建议放开对国际问题讨论的限制，从维护国家利益共同立场出发，各抒己见。

实际上，网络上的言论早已经失控，需要放开的是媒体评论和学者的研究成果发表，当然，底线是不能损害中国的国家利益。这样做的好处有三：一是让外国人看到中国的民意，在外交上也是一种施加压力和增加筹码的手段；二是多元化言论的出现，一个问题可以有多种看法，可以有多种态度和情绪化表达，这会增加其他国家研究中国战略动向的成本，起到战略性迷惑的作用；三是可以展示中国的言论自由，既然美国人、日本人都可以对中国说东道西，还号称是他们的言论自由，为什么中国人就不能对他们也言论自由，品头论足也好，反唇相讥也罢，只要站在中国的立场上，说些刺激性的话，效果未尝不好。

（三）制定和实施周边安全战略时应遵循的战略原则

在战略的制定和执行的过程中，对基本战略原则的遵守是必不可少的，否则将导致迷失方向，出现战略的混乱，影响到战略目标的达成。在制定和实施周边安全战略时，我们必须遵循以下五个战略原则。

第一，战略重心的原则。战略重心原则，即在战略实施的过程中，找出对全局具有决定意义的环节和方向，集中力量，把握战略重心推动全局发展，这是一切战略的共同要求。

中国是典型的陆海复合型国家，不仅有960万平方公里陆地疆域，还有300多万平方公里海洋管辖领域，但其中有100多万平方公里海域存在主权争议。这类国家的最大弱点，就在于往往陷入“陆海两难”的战略困境，由于资源的有限性，必须做出取舍。从目前的形势看，中国周边战略的重点方向应该是海洋，原因有两点：一是陆地方面周边环境比较平稳，存在的问题如朝核问题、中印边界问题都是历史遗留下来的，目前看不到解决的出路但尚能维持现状，而东部海洋方面几乎没有一块平静的海疆；二是岛礁的占有附带的海洋权益非常惊人。

目前，我们的海洋权益屡受侵犯，加紧制定海洋强国战略成为紧迫的课题。从历史发展看，在从地区性大国上升为全球性大国的进程中，一个崛起的大国必然走向海洋，而国际力量对比的变化和国际体系的调整将最先反映在海上利益边界冲突上，由此中国在东海与南海面临的海洋争议突显。美国根据国会当年通过的《2000海洋法令》，历时5年完成的《21世纪海洋蓝图》海洋政策报告，成为21世纪美国海洋发展的战略，韩国等国也制定了21世纪海洋开发战略，而中国至今没有一个完整的海洋发展战略和规划。因此，我们必须彻底改变重陆轻海的传统意识，牢固树立新的海洋价值观，提升海洋在国家发展战略中的地位，把建设海洋强国上升为国家战略，加紧制定符合中国国情的海洋强国战略规划。无论在理念上还是在实际的投入上，国家都应该向海洋方向倾斜。特别是在军力建设上，要合理分配陆海空力量，重点建设一支可以维护国家海洋权益的强大的海军。同时，普及国民海洋知识，加强海洋权益教育，增强国民海权意识，成为关乎国家命运的根本大计，具有长远战略意义。

第二，目标与手段相适应的原则。目标与手段之间的关系实质上可以归纳为三种：一是目标超出手段能力范围；二是目标低于手段能力；三是目标与手段平衡。战略的成功取决于对目标和手段的正确算计、结合和正确运用。目标超出手段能力范围，有可能造成巨大损失，甚至是灾难性后果；目标低于手段能力，将造成巨大的资源浪费，对于国家安全也不利。在上述三种关系中，战略指导者应力争目标与手段的协调。

面对周边各种挑战，我们要根据自身现有资源、实力和手段的实际状况，科学设定具体目标。有能力解决的问题，我们就迎难而上，慨然应对；暂时没有能力解决的问题，就没有必要轻易挑起或者扩大事态，不能总是“说大话，使小钱”，“雷声大，雨点小”，最后不仅解决不了，反而落得个没有台阶下、脸面不保的尴尬局面。长此以往，中国的国际形象将大大受损。

第三，掌握战略主动权的原则。主动权意味着选择对自己有利的时机、地点、方式与敌人会战，而不是让敌方决定。孙子在《虚实篇》中提出了“致人而不致于人”的著名论断，阐明了调动敌人而不被敌人调动，夺取克敌制胜主动权的战争指导思想。毛泽东也十分了解战略决策中主动权的意义，在不同的时期，他领导部队用不同的方式赢得和行使主动权。在所有的战争形态上毛泽东都掌握了主动权原则这个至高点。无论何时，不能让敌人指挥自己的行动。被别人牵着鼻子走，自然不会有好的结果。

目前，在中国周边的多数热点问题和领土争端问题上，中国往往不占有主动权，导致总是被动应付、疲于招架的窘境。在朝鲜核问题上，中国处于左右为难的境地；在钓鱼岛问题上，日本的霸占企图和频繁的小动作，中国缺少实质性的反制措施；在南海，大部分的岛礁被越南、菲律宾、马来西亚等国占据并已经实际开发，中国在多数情况下只能望洋兴叹，鞭长莫及。主动权的丧失，原因是多方面的，当前的问题是要研究如何逐渐把主动权夺回到自己手中。

这次中菲之间的黄岩岛危机就是一个很好的尝试。目前的局势已经趋于平稳，中国已经开始行使对黄岩岛及附近海域的主权管辖，菲方暂时没有能力和决心挑战这一事实。尽管近期甚至若干年之内，黄岩岛的主权归属都不可能通过谈判获得完全解决，但是中国对相关岛屿和海域的实际控制地位的取得具有至关重要的意义。只要黄岩岛在中国手中，就占有了主动权，局势就会朝着越来越有利于中国的方向发展。

第四，善于发现和恰当地利用战略时机的原则。时机的把握对于战略执行的效果具有重要意义。正确的战略也要选择正确的时机，时机不对，真理也被斥为谬论。但是战略时机不是经常性现象，它是一种稀缺的资源，一旦出现我们必须认清并很好地把握，切不可失之交臂。值得注意的是，时机往往伴随着危机而来。对一个综合国力足够强大、战略意志足够坚强的大国来说，很多情况下，危机就是执行既定战略的绝好时机。在中印边界问题、朝核问题、钓鱼岛问题上，暂时没有出现对我有利的战略时机，那么，我们就应做好功课，静待时机的出现，不必要轻举妄动。

具体到南海问题上，中国的战略应该是：一方面，对已经实际控制的岛礁要大力推进开发利用；另一方面，对争议岛礁继续主张“搁置争议，共同开发”。但是，一旦出现菲律宾在黄岩岛这样的蓄意挑衅，我们就应该变危机为战略机遇，抓住有利时机，彻底解决岛礁的归属问题。长痛不如短痛，当断不断，反受其乱。就像这次菲律宾挑起的黄岩岛危机，在各方面都有利的情况下，如果我们不能从速解决问题，等菲律宾引美国、日本、澳大利亚等国纷纷插手以后，中国的战略空间就会被极大地压缩。此种后果的出现，不仅中国的主权利益得不到应有的维护，而且还严重影响中国的国际形象，造成今后解决南海问题的恶劣先例。

第五，奉行少搁置、多解决的原则。许多人一讲起解决海洋争端，就脱口而出“搁置争议，共同开发”，甚至将其归结为八字方针，这是一大认识误区。20 世纪 80 年代邓小平关于南海、东海的多次讲话，其完整的思想是“主权属我，搁置争议，共同开发”。忽略了“主权属我”这一基本前提，将这一战略思想仅仅理解为“搁置争议，共同开发”，也就偏离了邓小平解决海洋争端战略思想的本质。另外，小平同志的“搁置争议”思想是在特定的历史条件下针对特定的海洋争端问题而言的，既不能无限期搁置，也不能扩展至其他领域。

中国在周边安全问题上，要杜绝养痈遗患的现象，遇到问题应该立足于解决，而不是“搁置争议”，造成周边安全问题的堆积，给我们的子孙后代留下越来越多的负面遗产和争端的种子。我们现在已经背负了难以承受的历史遗产，再这样无限制地堆积下去，子孙后代的安全环境将变成什么样？凡是有理、有能力解决的问题，最佳的选择就是当时当地解决，以绝后患，不要总是顾虑重重，患得患失。

从价值观的高度审视中美关系

总参原炮兵装备技术研究所政委　傅景云

自从克林顿·希拉里高调宣布美国“重返亚洲”后，接踵而来的便是：美军上下调兵遣将，联合军演彼伏此起，高层出访来去频繁。一些亚洲国家也趁机发难，挑起领土争端。一时间，整个亚太地区被搅得风尘滚滚、乱象丛生。

一

美国的这些动作，引起世界舆论一片哗然。许多战略和政治理论家，纷纷作出判断，剖析其意图，预测其结果。各种解读莫衷一是。例如：英国《金融时报》网站2012年7月9日载文说：希拉里构思了奥巴马政府“重返亚洲”战略。这一思想是通过加强在该地区的贸易来对抗中国的影响力，而不是仅仅提高军事化。

欧亚集团主席伊恩．布雷默认为，美国亚洲战略并不是要遏制中国。只是为了增强与其新老盟友的伙伴关系和在亚太地区建立更加广泛和强大的商业势力，从中获利。（日本《外交学者》

杂志网站2012年6月4日)

美国企业研究所学者迈克尔·奥斯村则说，美国战略转移，是高谈论阔，含糊不清，好高骛远。(美国《华尔街日报》网站8月27日)

日本《产经新闻》专栏作家宫家邦彦坦称：美国政策说变就变。帕内塔关于“重返亚洲”的演讲，是一种具有象征意义，带政治色彩的文字游戏。(《日本产经新闻》6月14日)

西班牙学者哈维尔·巴伦苏埃拉认为，战略转移是美国为了同中国和印度角逐世界之王。(西班牙《国家报》9月2日)

乔治·华盛顿大学国际关系教授阿米塔伊·埃齐奥尼认为，美国重返亚洲，纯属虚张声势，意在转移选民注意力（美国《国家利益》双月刊网站6月14日)

此外，也有许多人认为，是为了牵制中国。

那么，美国“重返亚洲”究竟想干什么?

毫无疑问，箭指中国。无非是两条：一是遏制和孤立中国；二是改变中国颜色，使中国变成“民主社会”的一员。两者相辅相成。前者为后者服务。

二

美国遏制和孤立中国，有它的内部原因和外部原因。对此，美国前国家安全顾问兹比格涅夫·布热津斯基在他最新出版的《战略远见：美国全球权利危机》一书中作了这样的诠释。他说：“近十年来，美国模式丧失了动力。一方面，在中国崛起的同时，美国的公开债务增加；另一方面，在阿富汗和伊拉克的帝国主义战争落败。于是，西方特别是美国产生了一股悲观主义思潮。美国感到很不安。认为美国衰落已经是不可避免的历史趋势。虽然在每一个可感知的权力层面，比如科技、经济、金融和军事领域内，美国依然没有对手。但实际上这种情况不会长久。根据乐观主义者的预测，这种请况也许只能再维持两个世纪。而现实主义者则认为，到 21 世纪的 2080 年左右，就会发生彻底的改变。”布热津斯基从一个侧面揭示了美国战略东移的原因。

那么怎么办呢？

克林顿·希拉里作出了答案。她在 2012 年 9 月访问亚太地区时，一次与杨洁篪部长举行的联合记者招待会上说：“正如我以前说过的，我们两国正在尝试从事一件历史上从未有人做过的事情，它将会写下新的答案，来回答一个老牌大国和一个新兴大国相遇时将会发生什么问题。”此前，她还讲过：“我们是在与中国展开争夺影响力的竞争。让我们把我们信仰中的人道主义和理想化的一面放在一边。让我们谈论赤裸裸的实力政治吧，我们是在与中国竞争。”

这就是说，由于中国的崛起，美国的衰退，美国人害怕了。于是，以“中国威胁”为托词，把同中国的关系确定为“一个老牌大国”同“一个新兴大国”的战略竞争关系。中国成了美国的战略竞争对手。美国的这种定位，说明它依然热衷于冷战时期两极关系的思维。中美关系既然是战略竞争关系，那么，它也就必然呈现出如下特点：第一，竞争是全方位的。涉及政治、经济、军事、外交等各领域；第二，竞争的手段是多样的、激烈的，甚至是你死我活的。这种特点不是任何个人主观所为，而是战略竞争题中应有之意。对此，我们切不可有任何幻想。美国企图通过竞争，取得一举两得的效果。一方面，巩固其在亚洲霸主地位；另一方面，干扰和牵制中国，并为改变中国做出铺垫。

三

然而，美国战略东移的根本目的，则是企图通过推广它的价值观改变中国。2012 年夏天，希拉里在访问蒙古国时公开宣称："尽管美国扩大在亚洲的军事存在已经引起了人们的极大注意，但美国对该地区的战略核心，则是支持民主和人权。"希拉里这样讲，并非心血来潮，而是美国全球战略利益使然。

美国全球战略利益要求，在采用政治实力即通过武力威胁或通过经济强制力来取得对别人的控制权时，必须重视"软实力"在战略目的实现中的作用。这是因为"硬实力"在某种情况下，带有一定的局限性。只有"软实力"的提升，才能建立和维系一个以美国为世界领袖的、稳定合作的国际新秩序。

"软实力"这一概念，是 20 世纪 90 年代由哈佛大学约翰·肯尼迪政治学院前院长约瑟夫·奈提出的。它的基本点是：歌颂普世价值和不可抗拒的民主制度，宣扬资本主义的最妥善形式。这一概念提出后，受到华盛顿战略家们的热捧，以至奉为国策。

由此可以看出，美国要在亚太乃至世界推行它的价值观，是它对自己国家利益的认知，有它的必然性。了解这一点至关重要。因为价值观问题是中美竞争中的本质和核心问题。也是中国国家利益之所在。美国要推行它的民主价值观，让别人充当它的"小伙伴"，从而，维系它岌岌可危的世界领袖地位；而中国则要坚持自己的核心价值观，使自己真正自立于世界民族之林，实现中华民族的伟大复兴。中美这种价值观的对立，反映了中美两国国家利益的碰撞，构成了中美战略竞争的核心。其他竞争都是这一"核心"的拓展、延伸，或为其服务。了解这一点，有利于我们读懂美国战略东移乃至21世纪的中美关系。同样，也只有从价值观的高度来审视中美关系，才能在惊心动魄的战略搏杀中，面对各种复杂情况，见微知著，了然于胸。

四

平心而论，美国“重返亚洲”对中美两国而言，都是一场力量和智慧的博弈。谁是赢家，谁是输家；或者像布热津斯基所言，没有输家，没有赢家，留待历史去作结论。但是，必须看到，既然美国已经把中国列为它的竞争对手，只要中国仍然坚持自己的价值观，依然保持“崛起”的势头，它就绝不会善罢甘休。除非它放弃“世界领袖”霸权，否则这种博弈将是长期的，许多时候，甚至是敌对的。可以预料，如果不发生不合逻辑的事件，整个21世纪，特别是上半世纪，将是中美既搏杀又合作、搏杀多于合作的世纪。这种情况，不决定于中国，而决定于美国。正如美国前助理财政部长保罗·克雷格·罗伯茨2012年4月1日在西班牙《世界报》撰文所说：“美国下的赌注是内战，是国家内部分裂，就像前总统克林顿对南斯拉夫的作法。越多的国家被摧毁和解体，华盛顿就越强大。”对于这种情况，我们一定要保持高度警惕。集中精力把自己的事情办好。一方面，要深化政治体制改革，采取有力措施，保持党内、国内的团结和统一；另一方面，要抓住、用好未来十年左右的战略机遇期，利用美国战略东移、世界政治经济格局深度调整之机，进一步把国力、军力搞上去。对外不争霸、不称霸。坚定不移地执行独立自主的和平外交政策。不为武力所恐吓，不为妖言所蛊惑，不为杂音所干扰。从而，在新的世界大变局中，赢得主动、赢得发展、赢得朋友、赢得未来。

认真吸取西方“和平演变”苏联的历史教训

国务院发展研究中心俄罗斯外交政策研究室主任　万成才

笔者从20世纪60年代起一直研究苏联和俄罗斯问题，亲身经历了西方“和平演变”苏联和苏联消亡的全过程。西方“和平演变”苏联的历史教训值得我们认真总结和吸取。

我党“十八大”作出决定，既不走封闭僵化的老路，也不走改旗易帜的邪路。这是在坚定地告诉全国和全世界：中国不会从“改革、开放”的既定方针走回头路，也不走戈尔巴乔夫“改旗易帜”从而亡党亡国的邪路，而要坚定地沿着邓小平开创的中国特色社会主义道路走下去，实现中华民族的伟大复兴。但是，美国和西方总有人亡我之心不死，美国把全球战略重心从欧洲转向亚太来主要是针对我国，除加强对我军事威胁和军事遏制外，同时也在加大对中国“和平演变”的强度。过去美国是硬实力、软实力双管齐下，现在又加上巧实力，“三管”齐下。所以，我们在“十八大”旗帜下高歌猛进的时候，应牢记苏联的教训，这是十分必要的。

首先，笔者要强调的是，苏联亡党亡国是内外因合力的结果。内因是主要的，外因是第二位的。虽然它是第二位的，但不可低估它的破坏力，这在特定时期能发挥关键作用。内因的关键点是苏共从救国为民的党蜕变为抛国弃民的党；外因的关键点是以美国为首的西方从以硬实力为主的“遏制战略”转向以“超越遏制”战略的软实力为主的“和平演变”战略发挥了效应。“和平演变”是苏联解体的助推力和催化剂。

一、美国和西方怎样“和平演变”苏联

“和平演变”是美国前中央情报局局长、时任美国国务卿的杜勒斯1953年1月15日在美国国会讲话时正式提出的对社会主义国家的战略。他说，对社会主义国家要用“和平演变”的“解放政策”，以期改变和推翻这些国家的社会主义制度。综观以美国为首的西方国家领导人的言行，为达到“和平演变”的目的，主要采取了意识形态战、军备竞赛、经济战、物色培植利用代理人等一些公开和秘密的手段。

第一，广泛开展意识形态战，用西方价值观取代社会主义价值观。“和平演变”战略主要是在与社会主义国家接触中通过政治、经济、思想、文化、艺术、教育、媒界、宗教等交往，体现西方“民主”、“自由”、“人权”等所谓“普世价值”观。为此，他们进行了精心设计和实施。杜勒斯虽然在1953年才提出“和平演变”这个词，但“和平演变”的战略思想早就在二战结束前夕就酝酿成熟。据后来透露，他在1945年初中央情报局的一次秘密会议上的讲话中就详细地说明了战后如何“和平演变”苏联。他说：“战争将结束，不管怎么说，一切都会得到解决，一切都会安排好。而我们将把我们所拥有的一切，所有的黄金，

全部物质援助或资金用于对人们的愚弄和哄骗。人们的头脑和意识是可以改变的。在播种了混乱的地方，我们可以悄悄地用杜撰的价值观将那里人们的价值观取而代之，并迫使他们相信杜撰的价值观。怎么做？我们可以在苏联寻找与我们观点一致的人，寻找可以帮助我们的人和盟友。一步一步地，这个地球上最难驯服的人民死亡的规模、巨大的悲剧，它的自我意识的彻底和不可逆转的衰败，将会发生……所以，我们将一代接一代地动摇他们……我们将从儿童、少年着手，将永远把希望寄托在青年身上，瓦解他们，促使他们蜕化，让他们精神上堕落。我们要把他们变成我们的利益代理人，变成自由世界的世界主义者。这就是我们要做的。”

美国历届总统都十分重视意识形态渗透，常常运用公开的舆论战和秘密的隐蔽战来进行。1961 年 1 月，肯尼迪在就职演说中明确表示：“我们不可能通过一般的战争战胜苏联。苏联是不可逾越的堡垒。我们只能用其他方式战胜苏联，意识形态的、心理的，通过宣传，通过经济。”

1975 年在赫尔辛基召开的欧洲安全与合作会议达成了安全、经济、人权三个“篮子”的最后文件。但美国和西方对安全、经济合作毫不感兴趣，只迷恋于所谓“人权”，好像他们比苏联领导更关心苏联人的人权，毅然把自己打扮为苏联人的“人权卫士”，迷惑了不少人。

1981 年春至 1986 年，里根任总统期间，实施了一项只有他本人和中央情报局局长威廉·凯西，总统国家安全事务助理里查德·艾伦，国防部部长卡斯珀·温伯格知道的计划。根据该计划，美国“目前首要目标已经不是与苏联共处，而是改变苏联制度”。里根给苏联扣上一顶“邪恶帝国”的帽子，呼吁各国起来改变苏联的制度。

20世纪80年代中期，当戈尔巴乔夫踏上按西方模式进行改革的道路时，美国老布什总统看到了“希望”，他把里根的“遏制战略”改为“超越遏制战略”。1990年3月12日，布什向国会提出的《美国国家安全战略》报告中说：“要创造条件使苏联加入和欢迎苏联加入一个和平、自由和繁荣的国际社会。要使东欧国家成为世界联邦一部分”。他强调，进行这一努力的主要工具之一是“美国之音”广播电台，“自由广播电台”、“自由欧洲广播电台”，称“它们的影响力是无法估量的”。

第二，挑起军备竞赛，拖垮苏联经济，使之不能改善民生，使民众不满而动摇对社会主义的信仰。采取的主要方法是制造紧张局势，抬高军备水平。20世纪70年代到80年代初，勃列日涅夫领导的苏联在与美国争霸的同时也对西方实行“缓和战略”，但美国却没有采取相应政策。1982年5月里根总统签署了一份秘密国家安全决策备忘录，提出针对苏联的军事战略；1983年3月23日里根提出针对苏联的“星球大战计划”。实际上，当时只是在实验室内做试验，但美国却对比大肆渲染，使苏联神经紧张，声称“勒紧裤带”也要与美国保持战略平衡，于是在人民生活水平下降的情况下仍斥巨资与美国搞军备竞赛，弄得人民更加不满，向往西方富裕的物质生活。

第三，开展大规模经济战，削弱苏联的经济实力，主要采用降油价、升粮价、禁技术等办法。到20世纪70年代中期，苏联经济增长速度虽然放缓，但仍略高于西方国家。而70年代中期和80年代初，国际油价大涨，按1986年美元计算，1980年11月每桶油价57.17美元。因此从1973年到1982年间，苏联石油出口量增加不到1倍，而石油收入却增加了14倍。这引起了美国的不安，决意与西欧国家，尤其与沙特阿拉伯等产油国磋商，用出售武器的方式换取油价的降低。结果，到1986年8月时国际油价每桶降至7.9美元，是1980年11月时油价的七分之一。

与此同时，美国抬高了苏联急需从西方进口粮食的价格，使苏联大幅减少石油收入的同时大幅增加进口粮食的支出。美国国会以苏联限制犹太人自由出境为由，于1974年通过了限制苏美贸易的“杰克逊—瓦尼克法案”，禁止给苏联提供最惠国待遇。有趣的是，苏联解体后，美国至今仍不取消，还以莫名其妙的借口把它与俄罗斯的“违反人权”联系起来，企图把这一法案延续下去。

大幅限制先进技术出口到苏联，这也是从经济上施加压力的重要手段之一。当时，美国控制的巴黎统筹委员会成员国均禁止把先进技术出口到苏联。结果，1975年至1983年，在美国出口到苏联的全部产品中，高技术产品的比重从37.79%降到5.4%。

以上三种经济办法加大了戈尔巴乔夫改革的困难，削弱了苏联的国际地位。结果苏联外债从戈尔巴乔夫1985年上台时的300亿美元升至他1991年下台时的1200亿美元。

第四，物色培植利用“代理人”，尤其高层“代理人”，使之从内部瓦解苏联。据俄罗斯民族主义者O.A.普拉托诺夫在《俄罗斯荆棘之冠：共济会历史（1731~1995）》一书所披露的事实，美国对几百名俄罗斯精英进行了“利益代理人”培训，他们成为毁灭苏联和未来叶利钦政权的骨干。

现已公开的大量材料表明，美国和西方国家领导人不遗余力地做了后来成为苏共总书记戈尔巴乔夫的工作。在这方面首推英国前首相玛格丽特·撒切尔，她是第一个发现戈尔巴乔夫是“可以打交道的人”。她从戈尔巴乔夫身上看到了其他人没有发现的弱点：关注个人声望，迷恋抽象的“全人类价值观”，自信，难以遏止的孤芳自赏嗜好，易受阿谀奉承的影响。撒切尔夫人对戈尔巴乔夫的这些弱点大加利用，解决所有她想解决的问题。而戈尔巴乔夫则总是败在撒切尔夫人手中。

撒切尔夫人虽然是发现戈尔巴乔夫是“可以打交道”的第一人，但最早注意戈尔巴乔夫的还是美国人。早在1968年，中央情报局就关注他了。1984年任美国副总统的布什与日内瓦会议苏联代表B.T.伊兹拉埃良秘密会谈时就明确地说：“你们下一个领袖就是戈尔巴乔夫。”然后他又亲自出面，提出与戈尔巴乔夫举行秘密会见的要求，其条件必须是：与戈尔巴乔夫的非正式接触，要对苏联所有国家领导人保密，包括国家首脑契尔年科。与此同时，美国人还通过当年4月访问苏联的芬兰总统毛诺·科伊维斯托表达了与戈尔巴乔夫个人建立非正式联系的愿望。根据前美国驻苏联大使马特洛克的回忆录，戈尔巴乔夫没有拒绝美国的建议，表示愿意与美国领导人举行秘密谈判。

无论是玛格丽特·撒切尔，还是布什公开地或秘密地做戈尔巴乔夫的工作，目的只有一个：“把自己的人”安排在总书记的位置。纵观戈尔巴乔夫上台后的所作所为，特别是在所谓改革中，苏共所遭受的灭顶之灾和对外政策方面一系列匪夷所思的让步和投降，可以得出结论：西方的努力没有付之东流。

此外，煽动和支持苏联的民族分裂势力，使之成为瓦解苏联的突破口。苏联是由100多个民族组成的联盟国家，有分立势力不足为奇。以美国为首的西方国家从中看到了希望。立陶宛是苏联15个加盟共和国之一，但美国在20世纪30年代与苏联建交以后，一直不承认立陶宛是苏联的一部分，一直把立陶宛在40年代并入苏联之前的驻美国大使位子保留到苏联解体。美国最先支持波罗的海三国和乌克兰独立，甚至不通知所谓的“老朋友”戈尔巴乔夫。

上面列举的几种“和平演变”办法，不是臆造出来的。请看看“和平演变”主导者们自己怎么说的、怎么做的就会一目了然了。

在苏联正式解体前夕，撒切尔夫人已清楚地看到了西方和平演变苏联的成功，迫不及待地坦露出他们是怎样和平演变苏联的。她1991年11月22日在休斯敦美国石油学会发表了45分钟的讲演。下面是她的原话：

“我们一直在采取行动，旨在削弱苏联经济，制造其内部问题。

主要手段是将其拖进军备竞赛。我们知道，苏联政府遵守苏联和其北约对手军备均等的原则。结果，苏联装备花费占去了预算的15%，而我们这些国家是5%左右。这自然就造成了苏联要紧缩生产居民大众消费品上的投入。我们希望借此引发苏联居民大规模的不满。我们使用的方法之一就是“泄露”。我们拥有武器的数量，有意夸大，以诱使苏联加大军备投入。

我们的政策的另一重要方面是利用苏联宪法上的漏洞。苏联宪法在形式上允许任何一个加盟共和国只要有意即可迅速脱离苏联。因为这只需要共和国最高苏维埃的简单多数通过就可独立。当然，由于共产党和强力部门的凝聚作用，长时间里这实际上很难实现。但这一宪法漏洞还是给实施我们的政策留下了未来的可能。

专家智囊中间围绕以一个问题争论激烈、分歧很大：是否推举叶利钦作为“人民阵线”的领袖，进而推行其进入俄罗斯联邦最高苏维埃，接下来成为俄罗斯领导人（以与苏联领导人戈尔巴乔夫对抗）。智囊团多数人的意见是反对叶利钦的提名，考虑到他的过去经历和个性特点。

不过，后来经过多次接触和约定，还是决定“推出”叶利钦。叶利钦费了很大的力气，勉强当选俄罗斯最高苏维埃主席。随即便通过了俄罗斯主权独立宣言。有人发问，俄罗斯独立于谁？整个苏联当时不是围绕俄罗斯为中心构成的吗？苏联的解体真正开始了。

在1991年“8·19”事件期间，我们也给予了叶利钦以极大的支持。当时苏联上层少数人隔离了戈尔巴乔夫，企图恢复维系苏联统一的制度。叶利钦的支持者坚持住了，并且掌握了控制强力部门的绝大大部分（虽然不是全部）实权。

其余所有的苏联加盟共和国，借机宣布自己的主权（当然，多数共和国在形式上并未排除联盟地位）。

这样一来，事实上现在苏联已经解体了，不过在法律上苏联还存在。我负责任地告诉诸位，不出一个月的时间你们就会听到法律上苏联解体的消息。”

撒切尔夫人以上说的大实话没有错。两周后，1991年12月8日由舒什克维奇、叶利钦、克拉夫丘克代表白俄罗斯、俄罗斯和乌克兰签署了宣布苏联停止存在和建立独立国家联合体的协定。12月25日晚，戈尔巴乔夫向全世界发表讲话，宣布苏联正式解体，给西方送去最大的、永久性的圣诞礼物。

美国为“和平演变”苏联付出的巨大精力和巨额资金获得了丰厚回报。老布什总统在得到苏联解体的消息后欣喜若狂。前美国国务卿贝克1994年在美国国会发表讲话时说：“近40年内，为了获得冷战的胜利，战胜苏联，我们耗资数万亿美元。结果，伟大的人民和我们一起实现了梦想……最主要的是我们找到了叛徒。”戈尔巴乔夫被美国视为苏联的“主要叛徒”。据中央情报局提供的数字，为搞垮苏联，美国各种耗资达13万亿美元，在戈尔巴乔夫执政的1985年至1991年，西方用于“苏联民主化进程”的资金达900亿美元。

美国前总统比尔·克林顿对上述巨额支出所产生的“效益”十分满意。1995年10月24日，他在参谋长联席会议的一次会议上说：“最近10年对苏联及其盟友的政策完全证明了我们所执行的除掉世界最大的国家之一以及最强的军事集团方针的正确性。利用苏联外交的失误、戈尔巴乔夫及其亲信超强的自信，包括利用那些公开持亲美立场的人，我们得到了杜鲁门总统拟通过原子弹对付苏联所得到的东西。当然，两者有很大的区别：我们得到的是原料附庸，而不是原子弹炸毁的国家——这样的国家是很难重建的。是的，我们为此花费了成千上万亿美元，但这些资金成本已接近收回，即如俄罗斯人常讲的，实现了‘自负盈亏’……在苏联的所谓改革年代，我们的许多军人和商人不相信即将打响的战役的成功。过虑了。在动摇了苏联的意识形态基础后，我们得以用不流血的方式让美国的主要对手国家从争夺世界统治权的战争中退出。”

以美国为首的西方“和平演变”苏联大获成功。他们还一直在以同样的办法“和平演变”中国，公开和秘密地物色“中国的戈尔巴乔夫”。但党的“十八大”宣布，中国将坚定不移地沿着有中国特色的社会主义道路走下去，绝不走封闭僵化的老路，决不走改旗易帜的邪路。这充分表明，西方“和平演变”中国的图谋肯定会遭到失败。但他们不会甘心，在加强对中国军事威胁的同时，他们正千方百计利用“软实力”和“巧实力”继续在中国周边和内部制造事端，迫使中国按他们的制定的规则做“负责任的大国”。习近平总书记宣布，我党要尽党的责任，尽人民的责任，尽民族的责任。我们深信，在以习近平为总书记的党中央领导下，将继续挫败西方的“和平演变”图谋，在建党100周年前夕的2020年全面建成小康社会，为在新中国建国100周年之际实现"中国梦"，完成中华民族伟大复兴的历史使命奠定更加坚实的基础。

二、开创新的战略机遇期，实现振兴中华伟业

在今后5至10年甚至20至30年内，中国将面临比此前30年更为复杂、更为严峻的国际环境，同时也有诸多条件来开创新的战略机遇期，以确保国家安全、主权，确保在2020年前全面建成小康社会，确保在本世纪中叶实现中华民族的复兴。能否把这一愿望变成现实，关键在于我党在快速变化的纷繁世界中，冷静而执着、大胆而精细地带领中国人民坚持走中国特色的社会主义道路，充分发挥中华民族几千年沉积下来的智慧去化险为夷，闯出适合中国国情的发展道路和发展模式。

今后的国际环境与前30年不同。此前的30多年，我们很好地抓住和利用了发展的战略机遇期，使中国的国力取得了奇迹般的提升。前30年的战略机遇期既是我们主观上开创的，也是国际环境客观上赋予的，如果说二者的比例各占一半的话，那么今后30年的战略机遇期主要得由我们自己来开创。为什么？因为今后30年中国面临的国际环境与前30年的国际环境大不同：此前30年美国全球战略重心在欧州和中东，主要针对苏联（今俄罗斯）和国际恐怖主义；而今后30年，美国全球战略重心从欧洲和中东转向亚太地区，主要针对中国。也就是说，20世纪80年代，美国着力从外部遏制苏联，从内部瓦解苏联；90年代着力消化苏联的东欧盟国和抑制俄罗斯复兴，本世纪头10年着力在阿富汗、伊拉克"反恐"，在中东中亚地区推销美式民主。

正是在这30年内，中国快速发展，一跃成为世界第二大经济体，不仅国力、军力、国际影响力增大，而且发展模式也引起美国的忧虑，后者认为会对它构成挑战。于是，2011年美国公开宣布把其全球战略重心从欧洲和中东转向亚太地区，着力利用软、硬、巧实力来从外部遏制中国发展势头，从内部添乱。美国宣布并已开始在中国周边地区和国家重新部署军事、经济、外交力量。由于在可预见的未来美国仍是政治、经济、军事、科技上的唯一超级大国，美国针对中国的这种重新部署将在很大程度上对中国未来10年甚至20—30年的国际环境造成重大负面影响，中国制定和实施外交政策的难度增大：一大难点是美国利用其盟国和伙伴国加大对我的遏制力度，我必须比过去投入更多的注意力；另一大难点是外交对国内的影响度更大。近年来，国内对外交实践的认知存在两大反差：一大反差是，国外普通认为中国外交越来越硬，开始展示“肌肉”；而国内呢，则普遍认为越来越软，对大小国家一味迁就，不敢显示力量。另一大反差是，国内一些人认为外交成就辉煌，与许多国家的双边关系都是“历史上最好的水平”，现有的问题只是成长中的烦恼；另一些人认为没有完整的外交战略，穷于应付已发生的事件。

意见多元化是社会进步的一大表现，但在面对重大对手面前，如何整合力量，使认识达成基本一致，以共同应对外部对手，是对今后的严峻考验，其难度并不亚于与外部对手交锋。

美国全球战略重心转向亚太，重点针对中国。这表明，中国的国际环境出现了拐点，即由过去30年对我相对有利转变今后相对不利。随着中国国际环境出现了拐点，我们的国际工作也出现了拐点，即如果过去30年中国国际工作的主要注意力放在如何为国内经济建设创造良好的国际环境的话，那么今后30年的国际工作不得不把相当多精力用来维护国家安全和主权、领土完整。只有这样才能确保国内经济建设的发展，前 30 年着力经济的外向型发展，今后 30 年应着力经济的内向型发展。

开创新的战略机遇期的巨大可能性。尽管今后的国际环境更为复杂和严峻，但基于下述原因仍有开创新的战略机遇期的巨大可能性。

第一，中国面临的更为严峻的国际环境，是苏联解体后大国力量对比发生重大变化的必然结果，并非中国国策失误所致。

苏联的经济总量曾是美国的 2/3，而今俄罗斯只是美国的 1/10，而中国上升为世界第二大经济体，美国把更多注意焦点从苏联（今俄罗斯）转向中国，但从美国的总战略看：一方面不允许出现能对美国构成挑战的国家或国家集团，另一方面也没有事实表明美国决心用向中国全面开战的方式来阻止中国的发展。当前，美国还是采取遏制加接触的双轨政策。这就给中国提供了周旋的空间。中国国的国力也今非昔比，有一定能力应对美国及其盟国伙伴国对我制造的麻烦，并且还可能有在风险中取得进展，比如在黄岩岛和钩鱼岛的维权斗争中取得了突破。

第二，美国及其欧洲盟国和亚洲盟国日本的经济仍处于低迷和“疗伤”阶段，并且各有所思、各有其难，对中国各有所需，不可能完全形成合力来对付我国。这与当年欧美日相当一致地应对苏联的局面大不一样。当年是以苏美为首的两个世界、两个市场，而今是经济全球化一个大市场，国际恐怖主义出现是新因素，所以当今不仅经济上，而且安全在相当程度上也相互依赖。这也为我提供了外交工作的回旋空间。

第三，美国的全球战略的战线仍然太长，难以集中精力遏制中国发展。美国虽然在欧洲、中东、阿富汗实行军事收缩政策，但仍有上千个海外基地，在欧洲执意部署针对俄罗斯的反导系统，在中东面对伊斯兰国家不降反升的反美情绪。这必将耗费美国相当大的精力，其更不大可能靠当年联中对付苏联那样来联俄对付中国。

第四，美国全球战略重心转向亚太，重点针对中国的战略难以收到美国所希望收到的效果。东南亚国家担心中国强大对其产生安全上的忧虑，欢迎美国重返亚太，在安全上依赖美国，但又与中国建立了密切的经济关系，在经济上已依赖中国。它们将在二者之间谋求平衡，争取利益最大化。这也为我外交工作提供了空间。

第五，中俄全面战略协作伙伴关系还将发展，中俄共同联合主导上合组织，在维护中亚稳定方面将发挥重大作用，因此我北面和西面已有稳定的战略后方，可相对集中精力应对东面和南面的挑战。

对美国有清醒认识的普京长期执政（至少6年，还可能是12年），中俄战略协作伙伴关系虽有待解决的问题，但中俄关系不会逆转。虽然美国欲拉俄遏中，但美国仍把俄罗斯定性为美国的潜在对手，继续干涉俄内政，普京对此十分反感。因此，中俄仍有坚实的战略协作的共同利益基础。

三、苏联在美国“和平演变”策略下解体的10点启示

苏联解体，尤其是戈尔巴乔夫在美国“和平演变”下进行所谓“新思维”改革失败的事实，至少给我们提供了以下10点启示。为了开创中国新的战略机遇期，必须从中吸取教训。

第一，坚持建设中国特色社会主义方向不动摇。戈尔巴乔夫“新思维”改革的教训对中国仍有巨大的现实意义，方向的动摇

牵动全身，易酿成全党全国大乱而一发不可收拾。戈尔巴乔夫起初要建设发达社会主义，后来改为要建设“人道的、民主的社会主义”，最终改旗易帜，转向全面按西方模式改革，结果亡国亡党。

我们不能走苏联封闭僵化的老路，不能走戈尔巴乔夫亡党亡国的邪路，不能照走西方的老路，而要坚持走创新的中国特色的社会主义的新路。我们要吸取古今中外政治经济发展模式中的精华，关于民主自由，我们不要回避，要积极探索符合国情的人民民主自由之路，防止照搬西方民主自由。

第二，坚持渐进改革方针，建设全面小康社会，不能操之过急，不要争相搞提前完成，因为欲速则不达。过去 30 年中国快速发展，取得了惊人成就，同时经济粗放发展、生态环境恶化问题急需解决。人们急于致富，人心躁动，甚至为致富不择手段。危险的是，这不是个别人、个别单位的情况。我们要吸取苏联和中国当年犯的左倾幼稚病的教训。列宁曾宣布要在 20 世纪 70 年代建成共产主义；斯大林 1936 年宣布，苏联已建成社会主义；赫鲁晓夫宣布，要在 1980 年建成共产主义；戈尔巴乔夫宣布要在 2000 年全面销毁核武器；叶利钦宣布俄罗斯要在 500 天内完成从计划经济转向市场经济。所有上述豪言壮语都已成泡影。目前，中国最大的国情是仍处在社会主义初级阶段，要真正静下来考虑轻重缓急。不要一说改革开放，就要什么都要加快，这是非常危险的。所以，我们必须继续坚持“摸着石头过河”的稳健改革之路。只有这样才能把国内稳定发展搞好，以便有更多的精力和实力开展国际工作，否则，国内乱，会无法顾及国际工作，给对手以可乘之机。

第三，无论国际上多么风吹草动，都要坚持持久战战略，不要动摇国内以经济建设为中心的总体发展战略。面对新的严峻国际环境要制定长期外交战略，为可能出现的大小麻烦准备各种预案，既要坚持和平发展道路，又要坚定维护我正当合法权益，在这方面不能做得不够，也不能做得过度，掌握好分寸很关键。戈尔巴乔夫 1985 年上台之初，重点放在经济改革上，遇到困难，就扭转方向，1987 年开始进行全面政治改革，准备把苏共分成两三个政党，结果一下子出现上百个政党。除个别外，领头人都是从苏共分裂出去的，不仅苏共分裂了，改革也中断了。

第四，在国外不宜过度宣传我建设成就，不宜宣传所谓“中国发展模式”。宣传成就、介绍发展中的困难，要实事求是。不要宣传“中国发展模式”，因为我们仍在探索中，还没有形成被普遍认可和效法的模式，即使有朝一日形成了，也不宜自己去推广，硬性推广的效果往往适得其反，何况我们仍是发展中国家，在许多方面还落后和不完善。当年苏联不仅在东欧，而且在亚非拉大力宣传和推销苏式社会主义发展模式，也曾被不少国家接受，但后来连苏联自己都抛弃了这一发展模式。俄罗斯著名学者卡拉加诺夫最近发表文章说，“中国不是她所说的那么强大，西方发达国家也不像她所说的那样衰败”。所以，我们仍要保持头脑清醒。

第五，与俄罗斯合作，更重视联合国在世界事务中的作用。普京特别重视利用俄罗斯是常任理事国的地位来牵制美国，这是可以借助的力量。“十八大”产生的新领导人首次出访国仍是俄罗斯和周边国家，否则不利于中俄合作。今后在与美国的战略对话中应主动给对美国提出我方关切，不能只是应对美方关切，应实寻求互利双赢，要美方履行其义务，不能接受美国单方面要求做这样做那样。对美国不宜主动寻求中国领导人去访。对于日本，不必换一个首相，就必须请他来访，但不要轻易弱化经济关系。在这方面，苏联和俄罗斯的教训也值得参考。苏联当年主要谋求与美国达成政治军事战略平衡，经济联系很不密切，至今俄美、俄日贸易额分别都只有约300亿美元，经济钮带不紧，双边关系易于大起大落。目前，普京正致力于改变这种关状况，谋求与美日建立密切的经济联系，作为双边关系的稳定器。经过30多年的努力，中国与美、日、欧三大发达经济体建立了密切的经济关系，是中国国际运作力的一大成就，不要轻易让其受损失，至少不要倒退或倒退太多。毕竟美日欧是我大市场，在不得已时才采取经济措施，采取时也要注意分寸。

第六，做负责认大国要量力而行，不能承担过多的国际义务，否则，本末倒置，自食其果。在这方面苏联的教训对我们仍有现实意义。苏联为了显示超级大国地位，履行所谓无产阶级国际主义义务，用上千亿美元补贴东欧、援助亚非拉，加上军事扩张，其结果是东欧盟国生活得比苏联好，一些第三世界国家的生活也比苏联好，使苏联不但在国际上失去了吸引力，在国内也丧失了吸引力，引起民众不满，弄得国内众叛亲离。随着中国经济实力的发展和国际斗争的需要，我承担更多国际义务是必要的。但做负责任大国，首先是对中国自己负责，而不是对别国负责。

第七，加强军事斗争的准备，但不和美国搞军备竞赛，以防国力不济而影响军力提升。当年苏联的经济实力约为美国的2/3，但军事实力与美国齐鼓相当，有些领域甚至超过美国。这是苏联要与美国争霸全球而勒紧裤带，用牺牲国民生活水平提高而铸就的。结果，原子弹氢弹成堆，卫星导弹满天飞，可人民生活水平没有提高，导致人心涣散、无心工作，政府不得不靠从西方借款来从西方购买供国民填饱肚子的粮食，为西方干涉苏联内部事务提供条件，使“和平演变”有市场。

面对维权的需要，我应加大军事投入，但不能谋求与美国相等的军力，因为中国的国际目标与美国不一样，应着力加强海空军来确保我海洋权益和经济交通线，而在世界其他地区除维和任务外不必军事介入。

第八，力争做好各国主流政治精英、知识精英和媒体精英的工作，使其认识到中共与苏共的不同、中国与苏联的不同。这点十分重要。今天，世界各种主流精英都看到中国30多年来取得的巨大经济成就。但是，没有多少人肯定中共在这其中的领导作用。相反，还集中做如下导向，即中国的政治体制、政治制度必须按西方模式改革，不然经济社会无法向前发展。这种论调已在中国国内产生不小的影响，和者不少。为什么会这样？因为他们把今天的中共与昔日的苏共，今天的中国与昔日的苏联混为一谈，视为同体。实际上，不是这样的。笔者在国外工作和访问时，不仅俄罗斯人士，而且欧美国家的外交官和媒体人士也主动询问：苏共领导的苏联解体了，中共领导的中国为什么不瓦解，反而强大了，奥秘在何处。但直到今天，西方主流舆论仍把中共视为苏共，中国视为苏联，把改变中国社会制度作为终极目标。为减轻西方对我意识形态的压力，我必须改进意识形式工作，同时认真研究中共与苏共的不同、中国与苏联的不同，通过适当方式让世界了解中国。

第九，严治吏宽待民，认真反对腐败。我党“十八大”之前发生的腐败要反，但是，重点应放在反对“十八大”产生的各级官员中可能发生的腐败上，以便提高公信度。官员大面积腐败是和平演变成功的土壤。

第十，把办好教育当作最大的民心工程来做，培养合格的公民。让每个公民都有强烈的宪法意识、国家意识，使其一生都心向国家。笔者在莫斯科亲眼看到，苏联人眼见国家解体无动于衷，决不能允许这样的事在中国发生。

进一步提升中俄战略关系，应对美国战略东移

新华社世界问题研究中心研究员　盛世良

美国战略重心东移，中国即使不是其唯一目标，起码也是主要目标。面临复杂的外部环境，此时不借助战略协作伙伴，更待何时。在中国诸多伙伴国中，真正意义上的战略协作伙伴非俄罗斯莫属，俄罗斯是中国当前难得的可借重力量。固然，俄罗斯有自己的战略利益和首先为本国谋利的外交原则，中国的期望值不宜过高。但是，用好俄罗斯这张牌，毕竟有利于缓解美国给我方造成的压力，延长中国的战略机遇期。

一、中俄有很多共同利益

（一）中俄战略安全利益相近

中俄两国在各自周边都面临各种挑战，两国在应对其他方向挑战时可互为战略依托。

共同维护反法西斯战争成果。日本妄图否定第二次世界大战

结果，对中俄都有领土争议问题。俄罗斯在对日领土争议中，坚持第二次世界大战成果不许篡改。

在维护领土完整的核心利益上相互支持。在中国与他国领土争议问题上，俄罗斯是唯一主持公道的大国。俄罗斯在中国与其他国家领土争议问题上的立场是：凡中国控制的领土，支持中国维护主权和领土完整；凡其他国家同中国的争议领土，主张由中国和当事国通过政治途径解决，反对第三方介入。同样，中国也应明确支持俄罗斯的立场。

共同维护东北亚地区安全。东北亚地区汇聚了中、俄、日美四大国，集中了中日、俄日、韩日等多对领土争端，是世界上军事力量最密集的地区，最需要一个包罗万象的安全合作结构，避免因误判而引发军事冲突。然而，东北亚恰恰是全球各大地区中唯一没有安全合作机制的地区。东北亚安全合作是体现中俄战略协作伙伴关系的最佳领域。中俄应不失时机地倡导东北亚安全机制，预防美国纠集盟国搞出由美国主导的东北亚地区安全机制，“请君（中俄）入瓮”。

中俄都需要应对美国反导计划和美日同盟。美国除了在欧洲部署反导系统外，还在东北亚部署反导系统，对俄罗斯和中国都构成威胁。日本把中国和俄罗斯排除在本国传统安全合作体系之外，防卫重心由均衡防御转为西南防御，目标针对中国。俄罗斯在反导问题上的反制能力强于中国，而且普京曾提议两国反导合作。

两国都主张维护联合国宗旨，反对干涉内政。在这一问题上，俄罗斯是唯一同中国立场一致的大国。普京反对外国以人权为借口干涉主权国家内政。在利比亚、叙利亚、伊朗等问题上，俄罗斯与中国立场一致，态度比中国激进，在应对西方方面，往往站在前头，客观上有利于分散西方对中国的压力。

（二）普京执政理念与我相近，政改举措可供我借鉴

早在2010年9月，普京在回答笔者有关政治改革的提问时，就以中国为例，不点名地批评了梅德韦杰夫的“政治民主化”主张。他说：“我十分尊敬中国领导人。他们把共产主义意识形态与市场经济相结合，人民参与国家管理，社会稳定，生活水平大幅提高，经济发展达到了神奇的速度！还有什么比这更好？俄谚说得好，身在福中要知福！”2011年，他在多个场合告诫，政治改革要慎之又慎，既不能搞“极权主义”，更不能搞“乌克兰化”，俄罗斯“要稳定发展十年”。

普京一贯主张保持国家稳定和渐进发展，反对“跃进”和“革命”。他依靠“统俄党”占多数的国家杜马，通过立法手段限制和打击政治反对派的活动，提高了对未经批准并影响社会治安的大规模集会游行的处罚力度，恢复刑法中“诽谤罪”条款，通过了监管网站传播不良信息的网络黑名单法，加强对非政府组织的监控，规定非政府组织只要符合“受到境外资助”和“从事政治活动”两个特征，将被列为“外国代理人”。

普京改进选举制度，放宽对政党限制，宏观控局。俄罗斯修改《政党法》，提高议员的地区代表性，在一定程度上迎合了反对派打破“统俄党”政治垄断和改革选举制度的要求，恢复州长直选、建立相对独立的公共电视台，回应政治反对派关于当局控制舆论、“压制言论自由”的批评。

（三）俄罗斯高调强军，有利于分散美国对我军事围堵

普京的应战思路是：以战略核力量对付大国侵略的潜在威胁；以常备军对付俄格战争式的局部战争和地区冲突。他不理会国内外的反对声，将大幅递增军费：2012年1.9万亿卢布，2013

年为2.1万亿，2014年为2.5万亿，2015年为3万亿（合1000亿美元）。俄罗斯决定，将于2011—2020年拨23万亿卢布（29卢布合1美元）发展武装力量和军工，在主要军事技术领域夺回主导地位加强军事能力建设，决心以突防能力超强的新型导弹来对付美国的反导部署。

（四）普京始终警惕美国

俄罗斯精英亲西方，但主流民意反西方。普京心仪西欧，但对美国始终抱有深重的警惕。他2011年启动俄罗斯、白俄罗斯和哈萨克斯坦海关同盟，2012年启动三国统一经济空间，进而构筑类似欧盟的超国家实体——欧亚联盟，以俄为主，自成世界一极。西方对俄罗斯不放心，厌恶强势领袖普京。俄罗斯依然怀有恢复版图和苏联势力范围的愿望，必然遭到西方反对，客观上能减轻西方对中国的压力。

（五）普京决心开发远东，为中俄长期经济合作、为中国振兴东北提供新机遇

俄罗斯制定了远东开发三步走的战略。2015年前的重点是加快投资、增加就业、提高劳动生产率、推广节能技术、发展基础设施、兴建工农业项目；2020年前的重点是新建大型能源项目，建立运输枢纽，完善物流网络；2025年前的重点是发展创新经济。据学者估计，开发远东最终将需要高达3万亿美元的投资。俄罗斯需要引进外国的资金、技术和管理经验，还需要引进高素质的劳动力。这为中国提供了可贵机遇。

（六）俄罗斯拥有丰富的资源，是我最近便的资源产地

俄罗斯是世界上唯一的完全资源自给国，尚未开采的探明矿产资源价值6倍于中国，水资源和土地资源数倍于中国。从俄罗斯进口资源和农产品，近便而安全。

（七）中俄都希望中亚维持稳定，反对美国扩张

俄罗斯在中亚的存在有扎实的政治、经济和文化基础，对中亚国家领导层有深广的影响。出于自身利益，俄罗斯力求保持中亚国家的政局稳定，反对美国和西方势力渗透中亚，严防中亚出现亲美反俄政权。中俄在中亚的政治和安全利益在很大程度上相互吻合，两国在这方面的协作有利于中国西北地区的稳定和发展。

二、中俄利益有差异

（一）俄罗斯有侧重西方的战略传统

俄罗斯自我定位为欧洲国家，历史上不太重视亚洲和东方，曾以“最欧洲化的亚洲人”而自傲，又以“最亚洲化的欧洲人而自卑”。上层人士的主流意识依然是欧洲中心主义，重西方，轻东方。欧盟在俄罗斯外贸额中占一半，俄罗斯能源出口的主要对象依然是西欧。

（二）俄罗斯仍重视发展与美关系

奥巴马上台不久，布热津斯基和基辛格曾提出“美中两国论”，捧中国，贬俄罗斯，离间中俄关系，遭到中国冷遇。布热津斯基再生一计，捧俄罗斯，贬中国。他于2011年秋在俄罗斯雅罗斯拉夫尔论坛上唱高调，拉拢俄罗斯：俄罗斯可以融入西方。

从远景看，俄罗斯对美关系可能改善。军事战略和地缘政治中两个影响俄美关系的问题有所缓解。在军事战略领域，俄罗斯不想同美国对抗，更不想搞军备竞赛，而是希望美国稍做让步，维持战略均衡。在地缘政治领域，北约东扩暂停，美国没有能力阻止俄罗斯借助苏联地区崛起为区域强国。经贸领域内，俄美关系有突破：美国支持俄罗斯入世，美俄石油合作出现万亿美元级的项目。俄罗斯分析家认为，美俄关系未来有可能好于中美、中俄关系。

俄罗斯的理念是“战略伙伴诚可贵，本国利益价更高”；中国曾把对美外交看作“重中之重”。俄罗斯精英中没有“亲华”派，也缺少知华派。俄罗斯精英认为，现在中国和西方争相讨好俄罗斯，在俄中美三角关系中，俄罗斯处于最有利地位。

在拉其他核大国参与核裁军方面，俄美有共同利益。两国可能近期就会共同要求中国增加核力量的“透明度”，要求“冻结”中国核军备的发展，进而“邀请”中国参与核裁军进程。

在对日关系方面，俄罗斯部分学者认为，在现代化方面，日本对俄罗斯比中国更有用。有政治家主张借中日关系恶化之机，在领土问题上对日妥协，换取日本的巨额投资和新技术。

（三）中俄互信度仍有待提高

普京强调俄中之间已经解决了所有重大问题，特别是边界问题。

普京对中国依然不放心，提出双边关系中存在 4 个问题：“俄中在第三国的商业利益远非永远吻合”、双边贸易结构对俄不利、相互投资水平低、中国移民潮。

在能源合作中，俄罗斯担心成为中国的“原料附庸”。在军事技术合作中，担心向中国提供先进武器技术的后果。俄罗斯强力部门中甚至有部分人认为，从长远看，中国对俄罗斯的威胁将超过美国对俄罗斯的威胁，一旦中国反俄，美国可以成为俄罗斯的潜在盟友。

（四）俄罗斯担心中国扩大对中亚的影响

21 世纪俄罗斯国际处境险恶，普京积极促成上合组织的建立。现在俄罗斯处境改善，而且其主导的欧亚经济共同体和集安条约组织进展迅速，转而开始担心上合组织会成为中国的“独联体”，反对中国“插手”欧亚联盟。俄罗斯防范中国利用上合组织主导中亚，挤压俄罗斯的势力范围，因此对中国提出的发展上合组织经贸和人文合作的倡议不太积极，力主上合组织扩员，稀释中国影响。

（五）前超级大国的失落感

1978 年俄罗斯联邦与中国 GDP 之比为 2.5∶1，此后发生逆转，2011 年为 1∶4。俄罗斯相对国力下降，失落感强烈，担心成为中国的“小伙伴”。俄罗斯人对中国的心态是：美国比我强，理所当然；日本比我富，可以理解；中国超过我，心理不平衡。当初对华出口机械设备，从中国进口初级产品，俄罗斯心安理得；现在中国对俄出口制成品，从俄进口原材料，俄罗斯感到不平衡。

（六）中俄文化差异大，相互理解不易

在世界其他地区，邻国之间的人种、文化、宗教、风土人情，都是自然过渡的，唯中俄边境例外。这是沙俄超范围周边扩张、强行改变版图的结果。因此在中俄边界，黄种人突变为白种人，汉藏语系急转为印欧语系，东亚文明直接跳到欧洲文

明。中国人习惯于演绎法思维，俄罗斯人习惯于归纳法思维；中国人讲究“投桃报李”，俄罗斯人重视即时利益交换。两个民族思维方式、行为模式和生活习惯迥然不同，容易产生隔阂，引起误解。

三、中俄无须结盟，应深化战略伙伴关系

从近期和中期看，中俄关系存在着进一步密切的可能性。俄罗斯把保持良好的对华关系，看作营造有利外部环境的一个关键因素。

苏联解体后，俄罗斯一直担心陷入战略孤立，总想寻找盟友。叶利钦向美国和西方“一边倒”，没有得到好报，反而招致北约东扩的战略噩梦。普京任职初期曾想与西欧结盟，甚至加入北约，结果被欧盟婉言拒绝，遭到北约冷嘲热讽。俄格战争前，普京曾提出与中国结成“盟友关系”（союзничество）的动议，没有得到中方回应。

中国没有结盟的传统。在近代之前，中国周边不存在能与中国匹敌的大国和强国，只有属国、朝贡国，因此没有结盟的需要。鸦片战争后，中国遭受列强合伙欺凌，失去了结盟的资格。中国有史以来有过的唯一盟国是苏联。但是，彼强我弱，同盟失衡。20世纪60年代，中国同印度边境冲突期间，盟国苏联的最高领导人不仅没有支持中国，反而批评中国，对外暴露了中苏同盟的破裂。

中国有的学者曾希望，一旦中国在台湾问题上与美国发生冲突，俄罗斯能够以战略伙伴利益为重，策应中国。这是不切实际的幻想。在中美关系紧张、俄美关系缓和时，俄罗斯担心为中国

利益在台湾问题上卷入跟美国的对抗。2008 年，俄罗斯还击格鲁吉亚后，普京对中国没有公开支持俄罗斯、没有承认南奥塞梯和阿布哈兹独立心存芥蒂。俄罗斯现在既怕中美“勾结”，又怕中美热战。

结盟首先是为了本国利益。中俄两国的核心利益虽有不少交汇点，但差异很大，而且结盟还会干扰两国与第三国的关系，恶化两国的国际环境。

总之，当前中俄既不希望，也不需要，更不可能结盟。对中俄两国来说，最理想、最现实的双边关系状态是全面深化现有的战略协作伙伴关系。

用好用足俄罗斯因素，有利于应对能够战略东移，延长中国的战略机遇期。中国宜着眼长远，制定对俄关系战略，细化对俄经贸、能源、农业、物流、科技、人文合作规划，把战略协作伙伴关系落到实处。

美国战略重心东移后的驻日美军调整

军事科学院世界军事研究部研究员　陈宏达　江新凤

2009 年 2 月，美国务卿希拉里访日时指出："美日关系对世界极其重要，其基础在于美日共同肩负的对安保和繁荣的责任。"日本在美国全球安全战略与亚太安全战略中处于核心地位，故强化美日军事同盟关系是美战略东移举措的重要组成部分。

美国战略重心东移后，对驻日美军进行了调整，主要举措包括加快联合指挥机制建设、分散兵力增强部队灵活性与快速反应能力、提高各军种战略与常规威慑力、加强反导系统建设等。其目的是拉紧日本，控制海洋，维持美国在亚太地区的传统优势，遏制中国崛起。驻日美军的调整不仅威胁中国海上安全，对钓鱼岛问题、两岸关系问题、朝核问题等地区热点问题也产生了重大影响。

一、驻日美军的调整与相关举措

美国"重返亚太"后，对驻日军事力量结构进行了优化调整。在注重威慑的同时，向更广泛的地缘范围分配兵力，同时加快美日军事一体化进程，推进部队向多功能应急部队转型，提高快速反应能力。

1. 加强联合指挥机制建设。美日每年举行“日美合作联合指挥所演习”，分指挥所演习和实兵演习，演练日美三军指挥和协同作战。日本“3・11 地震”发生后，美军编成联合支援部队，展开“友人作战”行动。日美在救灾行动中临时成立了日美联合作战协调所，通过双方的联络官总体协调两军工作。防卫省联合参谋部设置了联合运输指挥所，对运输业务进行总体指挥。驻日美军司令部横田基地设置了联合航空协调所，对灾害派遣的飞行设施进行航空管制。2012 年 3 月 26 日，日美联合作战协调所在地横田正式成立，未来在启动联合作战体制时，将实施平行指挥体制，作战指挥权由双方各自掌握。未来亚太地区一旦发生战事，驻日美军还要负责协调驻韩美军和驻关岛美军组成联合特遣部队，通过司令部（以陆军司令部为依托）实行统一指挥。

2. 努力实现陆军向多功能应急部队转型。2007 年 12 月 19 日，美国首次落实驻日美军整编计划，将陆军第一军司令部（原驻地为华盛顿州刘易斯堡基地）迁入日本神奈川县座间兵营，与驻日美军陆军司令部合并。美陆军第一军约有 2 万名官兵，主要任务是应对亚太发生“紧急事态”。新司令部为多功能应急机动司令部，是美陆军转型试点单位，必要时可发挥联合作战司令部职能，指挥多军种协同作战。陆上自卫队于 2013 年 3 月 25 日将中央快速反应集团司令部迁至座间兵营，以便与整编后的驻日美军陆军司令部加强合作。

3. 提高空军作战效率，增强战略威慑性。美军将第 13 航空队司令部（原驻关岛安德森空军基地）迁至日本横田基地，与第 5 航空队司令部合并，组成太平洋战区唯一一个管辖 2 个航空队的司令部。为扩大行动范围，增强快速反应能力，美军准备将距台湾仅有460公里的下地岛建设成空军重要战略平台。2012年，美军除了恢复三泽基地F-16轻型战斗机飞行外，还将第四代隐形战斗机F-22A“猛禽”临时部署在冲绳嘉手纳空军基地和山口县岩国海军陆战队基地。作为新一代主力战机，“猛禽”具有出众的超机动性能和超音速巡航能力，是典型的“偷袭杀手”。

4. 增强海军的威慑力。美国有11个航母战斗群，在亚太地区便部署了6个，其中包括驻扎在横须贺基地的“乔治·华盛顿”号核动力航母。该艘航母接替“小鹰”号常规动力航母，在日本永久前沿部署。另外，美国将厚木海军基地的航母舰载机部队移防至山口县岩国基地，体现出航母战斗群南移的构想。美军的核潜艇活动也很频繁。2010年9月3日，弗吉尼亚级核潜艇“夏威夷”号在横须贺军港停靠。次年12月21日，同级的SSN-777“北卡罗来纳”号抵达该港，并被正式部署在西太平洋地区。“弗吉尼亚”级核潜艇可发射“战斧”巡航导弹、“鱼叉”反舰导弹和重型鱼雷，还能够容纳微型潜艇，快速部署“海豹”突击小组。美军除重视航母与核潜艇的威慑外，还不断增强常规威慑。2012年4月9日，美派遣两栖攻击舰“好人理查德”号进驻长崎县佐世保海军基地，该舰可对“鱼鹰”垂直起降运输机进行舰载训练。

5. 增强海军陆战队运用灵活性的同时，提高其快速前沿部署能力。美军将驻扎在冲绳的海军陆战队第3陆战队远征部队官兵中的4700人迁往关岛，3300人迁往夏威夷、澳大利亚和菲律宾。这样，驻冲绳美军陆战队规模将从1.8万人降到1万人。美军还同日本自卫队共用关岛训练设施，接受日本提供的基地整修费用。2012年9月27日，美海军陆战队在山口县岩国基地进行了新型运输机MV-22“鱼鹰”的试乘活动，并于10月中旬正式在冲绳县宜野湾市普天间机场部署12架“鱼鹰”运输机。该机型不仅搭载量大、续航能力强，还能实现垂直起降、高速飞行，活动半径较以往大幅增加，在远程渗透、特种作战方面具有优势，只需40分钟便能从普天间基地飞抵钓鱼岛。另外，美军还十分重视与日本在离岛防卫方面的合作，特别是对冲绳和西南诸岛的警戒监视。2012年8月21日，美海军陆战队第3远征部队的约千名官兵同日本陆上自卫队的40名队员在关岛和北马里亚纳群岛的天宁岛，举行了首次联合离岛防卫训练。日方派出的自卫队员分别隶属于驻那霸市的西部军区第15旅和驻佐世保的西部军区步兵团。演习由美方主导，为期37天，出动了直升机、登陆舰、橡皮艇等装备，内容包括袭击敌方部队、救援非战斗人员等，重点训练自卫队官兵的两栖登陆作战技能。

6. 加强导弹防御系统的建设。2010年，美日“宙斯盾”驱逐舰首次实施数据联网，美舰“乔治·麦凯恩”号与日舰“鸟海”号进行了捕捉、拦截和跟踪弹道导弹的联合反导特别训练。2012年3月，美国宣布在亚洲和中东建立地区导弹防御系统。9月，美防长帕内塔在访日时宣布，美日两国就在日本部署第二套“X波段反弹道导弹预警雷达系统”达成一致，并称目的在于提高美国保护日本的能力，主要针对来自朝鲜的导弹威胁。

二、驻日美军调整的目的

从驻日美军调整举措可看出，美国希望借此拉紧日本，控制海洋，维持美国在亚太地区的传统优势。2012年1月5日美国公布的《军事战略报告》、《防务战略指南》明确将中国列为潜在对手和主要防范对象，可见遏制中国崛起是美国的主要目的之一。

1. 深化美日同盟，加强联合作战能力。小布什政府将海外兵力重点部署在中东地区，明显冷落亚太地区，加大了亚太地区重要盟国日本的离心趋势，导致美日关系一度出现波折。奥巴马政府则认为，虽然美日同盟本身是冷战时期的产物，但日本作为美国在远东地区利益的代理与美东亚战略体系的支撑，在区域事务中扮演着重要角色，故“拉紧”日本成为美国在军事上控制亚太的关键。驻日美军加强同日本在情报、训练、灾害救援方面的合作，既彰显了美国在亚太地区的军事存在与美日同盟的军事功能，又检验了自身控制、干预远东地区突发事件的能力，还向日本输出了先进军事技术与作战技能，提高了日军实战水平，为美日联合作战做好准备。同时美国也希望借助各项调整工作恢复对美日同盟的控制力，避免日本特立独行干扰美国在亚太地区的总体战略。

2. 加强对海洋的控制，维持美国在亚太主导权，谋求扩大海洋权益。海洋是美国推进军事、外交战略的重要平台，海上博弈在美国战争史上占有突出位置。近年来中国海上力量增强，已经成为美国潜在的对手和竞争者，美军便提出“空海一体战”加以应对。向日本派驻“乔治·华盛顿”号航母与“弗吉尼亚”级核潜艇便是对“空海一体战”构想的实践。航母战斗群具有全维作战能力，是美国应对局部战争、实施威慑和空海封锁的重要手段。美企图利用航母控制海洋，遏制中国在海上的崛起，维持本国在亚太的霸权。

3. 提高运用灵活性，增强动态威慑能力与部署能力。日本无广阔平原，驻日美军的大规模部队如集结于狭小地域，容易遭受毁灭性打击。分散兵力减小了遭受毁灭性打击的概率，增强了军队的自主性与机动性。“鱼鹰”、“猛禽”等各种新装备则是增强部队机动能力与快速反应能力的重要手段。另外，将海军陆战队分别驻扎在冲绳、关岛和夏威夷，可形成三基地联动局面，不仅能对危机作出快速处置，更有助于后续战斗力的生成，使美军在亚太地区的军事部署更具有弹性。

4. 降低驻军成本。美军在日本有大量军事存在，长期以来成为纳税人的负担。全球金融危机后，美国经济不景气导致了巨额财政赤字，军费预算大幅缩水，难以维持驻日美军的庞大开支。通过此次调整，美国不仅让日本分担了驻日美军的部分费用，还将情报搜集、侦察监视、航道扫雷、基地警戒等任务交给日本，并要日本为美国提供机场、港湾、道路、空中航线、无线通信波段等。

5. 利用钓鱼岛问题牵制中国。自 2010 年钓鱼岛“撞船事件”以来，日本在钓鱼岛问题上的姿态逐渐由“低调实际控制”转向“高调宣示主权”，并加紧西南诸岛的军事部署，甚至扬言不惜以武力保卫钓鱼岛，其背后主要是因为有美国的支持。美国表面上持“中立”立场，但实际行动上却明显支持日本。美国“2013 财年国防授权法”修正案中明确写入钓鱼岛是《日美安保条约》第五条的适用对象，称美对钓鱼岛最终主权不持立场，但承认日方对该岛屿的行政管辖权，并强调任何第三方单方面行为均不会影响美国的上述立场。这意味着，一旦中日在钓鱼岛发生武力冲突，美国就可能以《日美安保条约》为由进行干预。美国一方面向中国发出了震慑信号，不希望钓鱼岛争端升级为武力冲突；另一方面给日本以极大的支持与安抚。日本认为有美国撑腰，便不惮加剧同中国的固有矛盾，将来有可能进一步铤而走险。美国把钓鱼岛争端作为其介入亚太安全事务的一个切入点，同时也作为其牵制中国的重要筹码。

6. 削弱中国核打击能力。目前，美国在日本的反导系统已见雏形。2006 年，驻日美军在日本北部青森县设置了一套 X 波段雷达系统，若加上即将在日本南部和菲律宾部署的 X 波段雷达系统，亚太地区将形成“反导弧”。其拦截目标不仅包括朝鲜的远程导弹，还包括中国的中远程和洲际导弹。而近年的美日联合反导特别训练更是以中国为假想敌，可见驻日美军构建反导系统的真实意图是降低中国导弹突防能力，削弱中国战略核力量。

三、可能产生的影响

驻日美军的调整产生的影响是多方面的，既影响到日本国内，也波及到包括中国在内的地区各国，更对钓鱼岛问题、两岸关系问题、朝核问题等地区热点产生重要影响。

1. 影响我海上安全。海洋战略是 21 世纪中国最重要的国家综合发展战略之一。美日担心中国军事力量的快速将发展改变亚太安全态势，所以防备中国成为海上强国而挑战其海上优势。美前国防部长盖茨于 2010 年 5 月 4 日称美军核潜艇数量超过其他国家所拥有的总和，对我施加心理压力。而近年美国航母、核潜艇在中国附近海域频繁进行军演与其他军事活动，对我海洋安全构成直接威胁。以“乔治·华盛顿”号为例，该航母每昼夜能够航行 600 海里，随时可以逼近“京津咽喉”。而且该航母常驻日本横须贺基地，是中国在未来几十年必须面对的强劲对手。中日在海洋问题上存在着领土主权争议与利益冲突，如美国插手，局面势必复杂化，将对我造成更大的压力。

2. 通过实施岛链封锁限制我海上发展空间。中国综合国力日益提高，特别是中国拓展海洋权益的举措，更引起美国高度重视，其通过各种手段遏制中国的快速崛起。关岛位于第二岛链的中心，是美国与日本、菲律宾的联络站，也是驻日美军的后方依托与前进基地，具有重要的战略地位。美军分兵关岛，强化其军事枢纽地位，将兵力重点从第一岛链向第二岛链转移，实行机动部署，依托多边联盟，目的是对中国实施战略封锁。美打算在亚太地区建立“点面结合、网络分布、动态调整”的军力部署格局，这既反映了美国的遏华心态，同时也体现出美国长期以来的海洋观。

3. 导致日本对华安全认知出现偏差。近年来，日本政府追求扩展型、进取型的安全战略，将中国视为重点军事防范对象，突破“武器出口三原则”等原有政策底线。这些引起中国强烈抗议的单方面行动，都是在美国重返亚太的背景下进行的。日本的安全战略是围绕美日同盟展开的，其国内保守势力更将驻日美军视为靠山，并以美日同盟需要为借口，不断挑战军事领域“禁区”。安倍新政府积极推动和平宪法的修改进程，声称要将自卫队改为“国防军”，使自卫队能够行使集体自卫权，从而进一步加速自卫队的职能转换，推动军力的进一步提升。另一方面，美国不仅同日本强化指挥协作、共筑导弹防御体系、提供基地和设施，还将中日海上领土争端视为制约中国的抓手，高调同日本进行防空、反潜、海上作战、岛屿防御及空中加油等实兵演习，积极介入钓鱼岛等问题。美国的支持使日本在钓鱼岛问题上更加有恃无恐，甚至不惜以武力与中国抗争。这不仅对中日关系造成严重不良影响，也给东亚地区带来了紧张局势。

4. 加剧朝鲜半岛的紧张局势。朝鲜半岛是中、美、俄、日四国利益的交汇处，半岛问题是东西方对峙的缩影。目前朝鲜半岛正处于战略调整的关键时期，朝韩双方对外政策均出现较大变化。金正恩接班后，朝鲜不仅在安全、政治、经济方面的利益关切没有得到保障，受到的国际制裁也丝毫没有减轻。韩国政府对朝的强硬态度与军事冒险主义政策更刺激了朝鲜，使双方丧失了修复关系的有利时机。美国希望半岛维持现状，保持适度紧张，将出现松动的美韩、美日军事同盟恢复到可控状态，但驻日美军近年的举动反倒加深了半岛危机。驻日美军是驻韩美军的后方，其调整既受半岛局势影响，又反作用于半岛局势。“天安舰”事件后，美国便提出“朝鲜威胁论”，使日本认识到驻日美军的重要价值，从而解决了争执多年的普天间基地搬迁问题。2010 年 12 月 3—10 日，美日举行了以朝鲜为假想敌的“利剑 2010”联合军演。这是驻日美军史上规模最大的一次军演。日本投入 3.4 万名自卫队员，出动 40 艘舰船与 250 架飞机；美国投入 1 万名驻日美军，出动 20 艘舰船和 150 架飞机，其中包括“华盛顿”号航母与 B－52 轰炸机。此次军演规模是此前美韩联合军演规模的 6 倍以上，可见美国已将驻日美军作为应对朝鲜半岛紧急事态的“杀手锏”。美军强化在东北亚的军事力量，使朝鲜感到严重威胁。朝鲜坚持“拥核自保”的政策，于 2013 年 2 月 12 日进行了第三次核试验，使半岛局势变得更加紧张和复杂。

5. 加重日本民众负担。根据《日美安保条约》和《驻日美军地位协定》，日本需向驻日美军提供保障经费。2011 年驻日美军相关经费预算为 1128 亿日元（合 14 亿美元）。尽管 2011 年日美两国签署了 5 年内削减部分经费的协定，但在 2012 年 4 月的驻日美军整编磋商中，美方以物价上涨为由，要求日本承担的驻日美军移驻费与基地整修费由 2009 年协商的 28 亿美元提高至 31 亿美元。这对日本民众而言是一笔沉重的经济负担。驻日美军频繁调整带来的扰民问题则更严重，其中以冲绳居民受害最深。冲绳县占日本国土面积的 0.6% 左右，却集中了 74% 的驻日美军设施。截至 2010 年 3 月，美军在冲绳设有军事基地和相关设施 34 处，总面积为 232.94 平方公里，约占冲绳土地面积的 11%。以普天间基地为例，该基地处于城市中心，离那霸只有10公里，多年来噪音、环境污染、事故、犯罪问题不断发生，不仅严重扰民，而且影响当地的经济发展。2012年4月，日美政府就修改驻日美军整编计划达成协议，未来美军将部分兵力转移至关岛，并返还部分美军设施。但基地搬迁问题刚出现转机不久，“鱼鹰”又带来了新问题。由于该机型近年多次发生坠机事故，冲绳居民对其安全性的忧虑不断加重，并进行了多次抗议活动。政府虽表示尽力改善现状，但这些问题具有深层次的政治背景，难以取得实质性的进展。

日本配合美国军事战略调整牵制中国

中国现代国际关系研究院日本研究所研究员　王　珊

随着美国战略重心东移，美国在多个领域推进调整战略，其中军事调整战略尤为引人注目。

2012 年，美国总统奥巴马在五角大楼公布了美国国防战略指南，该指南与亚洲相关部分明显地带有针对中国的倾向，自然引起了美国的盟友日本的格外关注。因为分析视角不同，日本各界所得出的结论和判断也不一样。总体来看，日本各界对美国新军事战略调整呈现出官冷民热的态势。

迄今为止，日本对于美国军事战略调整的基本认识可归纳为 3 个方面：首先是日本的官界反应刻意保持低调。2013 年 1 月初，日本防务大臣只是简单回应媒体说，美国军事战略调整，在某种程度上符合日本预想，并表示欢迎。这个表态背后蕴含着比较深刻的政治含义，其弦外之音，一是说明日本对美国新军事战略内容早有了解；二是表明美国新军事战略相关内容早已在日美合作进程中进行。联系到近几年日本出台相关战略文件，包括 2012 年新版防卫大纲以及防卫白皮书可见，日本刻意渲染中国威胁，与美国一脉相承。美国新军事战略内容与其说是符合预想，不如说是现实的反映。值得一提的是，在奥巴马新军事战略指南出台一个月之后，日本军方就出台了一个安全战略报告，专门针对中国。报告内容主要是针对中国海洋战略走向、海洋政策、海军动向等妄加揣测。在日美重新强化同盟关系，美国重返亚洲之际，日本安全战略报告无疑是对美国军事战略调整的某种配合，可以说，日本安全战略报告是把中国问题所在说得更加明确。

日本第二个反应是日本新防卫派对美国新军事战略调整大为赞赏，公开表示美国新军事战略出台令日本欢欣鼓舞。

第三方面，日本一些理性现实主义学者，从地区安全区域秩序构建角度看待美国新军事战略调整，担心美国军事战略调整对亚洲安全格局产生消极负面影响。这些学者指出，美国军事战略调整将给日本带来危机，奥巴马在外交上既要展现出强势，又要大幅削减军费，不足以保全日本。日本的判断是，美国新军事战略并不是围堵中国，而是通过介入东亚，重新确立美国的主导权。这是日本对美国军事战略调整的基本看法。

总的来说，美国军事战略的出台客观上迎合了日本安全需求，适应了日本国内对华强硬政治需要，与其说美国对华军事战略出现重大变化，还不如说日美共同推进加速这一进程。

日本因应美国亚太军事战略调整的背景。日本在 2011 年 3 月份发生地震、海啸、核辐射之后，除了经济上遭受重创外，传统安全领域也加重了危机和防范意识，野田也成为第二次世界大战以后敢于公开言战的日本首相。

对于美国军事战略调整，日本如何应对主要有以下几个方面：第一是适应美国国家安全战略调整转型的需要，制定日本国家安全战略。战后初期，日本和平宪法通过国内的反战思潮和对外经济援助，不仅在政治上赢得亚洲国家的信任和尊重，而且也创造了亚洲经济奇迹。近年来，日本受美国反恐战争影响，原来的和平底线接连突破。民主党上台之后，在与军事相关领域更是采取大胆行动。2011 年底，野田同意放宽武器采购，这有利于进一步提升日本军工企业的技术水平。2013 年 2 月，自民党第二次提出修改宪法草案。近日，自民党总裁安倍公开扬言，要将自卫队改成国防军，坚决保卫尖阁列岛等。所有这些都表明，日本正在不断超越安全战略。

第二，推动美驻日基地调整。由于驻日美军基地经常发生扰民等事件，日美围绕基地搬迁问题一直没有取得实质性进展。2006 年日美之间就驻日美军基地搬迁问题达成日程表，但几年过去实质进展不大。2011 年奥巴马提出新军事战略之后，驻日美军基地才出现转机。2013 年 2 月两国举行两轮磋商，日本对美国海军陆战队调整转移以及对地区安全产生影响给予高度评价，暂时搁浅了这个矛盾。

第三是对中国安全认知出现偏差。民主党上台之后，对如何确立对华关系始终摇摆不定。野田上台尽管多次表明中国崛起是机遇而不是威胁，但是在安全政策上却大幅摇摆靠向美国，中国不仅是日本仅次于朝鲜的安全防范对象，也是日本制定安全政策的出发点。2013 年 3 月 18 日野田在讲话中明确讲出自卫队必须担负起防卫国家、保卫国民的职责。从这个逻辑来看，俨然是大敌当前，必须随时应战。

第四，强化日美同盟名义之下推动军费增长。尽管日美同盟本身是冷战的产物，但是日本竭力标榜日本的正当性、公益性。对日本来说，维护日美同盟不仅可以保障国家安全，还可以合法发展军力，重要的是日本可以根据国内政治需要，以同盟要求为借口，不断突破军事禁区以扩展活动空间。

日本因应美国军事战略调整可能采取的一些举措：第一，通过主导东亚海上安全合作，旨在形成对华牵制之势。鉴于美国军事战略指南的未来发展重点在海空区域，可以设想海上安全是未来相当长时期内日美同盟的重要合作领域。2012 年日本接连向南海国家提议东亚安全海上合作机制，讨论安全保障议题，积极推进海洋外交。2013 年东亚峰会，日本也是大谈海上安全。近年来日本在东亚海洋问题上扮演着双重角色，既是南海问题大国，又是中日东海争端当事国。在南海问题升温之际，日本打着确保海上通道的旗号，谋求海上安全合作机制，以确立其在东亚海洋问题上的领导地位，使南海问题进一步复杂化。

其次，日本可能采取的一些举措就是加剧钓鱼岛争端，推进针对中国的军事部署。大家都知道 2012 年新年伊始，日本在钓鱼岛问题上采取一系列措施，先是议员登岛，接着给岛屿命名，9 月份又公然搞钓鱼岛国有化。这一系列举措都表明钓鱼岛问题将是未来日美安全合作的主要切入点。

第三方面，为美军提供援助，深化对美军事合作。由于日美还难以像英美联军那样并肩作战，在现实条件下日本不太可能采取孤立冒进的政策，但是笔者认为在日美同盟框架下，日本还是可以分担一些具体责任，包括通过无人机强化情报侦查、对美军事警戒区实施警戒等等。

中国的战略选择。日本利用美国军事战略调整，通过推进地区安全政策、扩充军力等手段扼制中国，从一个侧面印证了当前中日关系的本质。无论是长远战略互惠关系还是相互依存理论，都无法改变中日的结构性矛盾。中日唯有消除安全上的怀疑敌视，这才是确保和平发展关键性因素。因此首先必须密切注意日本是否会借助美国亚太军事战略调整，谋求和扩大海洋权益，以推进对钓鱼岛的实际控制。

当前从东北亚安全形式上看，除了朝核问题之外，领土争端已经成为该地区最大的不稳定因素。这从近年来日俄北方领土争端、日韩领土争端以及钓鱼岛问题激化，可以看出些许端倪。日本经常以海洋为平台推进其利益，海洋造就了日本的兴衰，日本看待海洋的价值超出一般国家。为此，必须密切关注日本在海洋问题上谋求不正当权益。

尽管日本的海上实力不断发展，但是从国际环境和国内政治条件来看，短期内日本还不具备符合军国主义的条件。但是，推行外向型、扩张型、膨胀型的军事战略，将成为日本安全政策的重点，军事因素在日本安全中所占的比重将会越来越大。由于日本战后的民主是在美国主导下建立起来的，这种特殊性加之日本民族的单一性，决定了日本国内民主容易走偏，因而日本最新政治生态的变化和社会思潮的变化都要予以密切关注。作为日本的邻国，中国应当积极关注日本战略走向，制定相应地缘战略，并及时调整战略导向。

美国战略东移对东北亚安全的负面影响

中国前驻朝、韩武官，少将　杨锡联

笔者从东北亚地区安全形势的角度，来分析一下美国“亚太再平衡”战略。

首先来回顾一下历年来美国亚太再平衡战略在东亚地区的进展，应该可以得出以下四个结论：

第一，美国的“亚太再平衡”战略对东亚地区造成负面影响。首先是激化东亚战略竞争，使东亚安全环境恶化。其次，美国“亚太再平衡”战略展开部署，是北面巩固东北亚，中间“重返”东南亚，南面强化扩大力量。再次，美国强化美韩关系，构筑5个同盟组成的亚太地区安全体系网络。此外，日本积极推动日美澳三边合作；俄罗斯推动能源外交，恢复西太平洋军事活动，扩大其在东北亚的影响。可见，东亚地区的战略竞争更趋激烈，政治安全环境也被恶化。

第二，美国“亚太再平衡”战略冲击东亚地区经济秩序，干扰区域合作发展。近年来，东亚地区非传统安全领域合作呈扩大趋势，“10+3”、中日韩、东亚峰会，多种合作机制深入发展，中国在东亚的经济影响力上升。美国推出“亚太再平衡”战略是从两个方面，也就是从经济和安全两个领域双管齐下，冲击东北亚地区的经济秩序。美国通过跨太平洋伙伴关系协议直接介入东亚经济整合进程，带动并鼓动东亚地区传统安全领域的对抗升级，以牵制区域合作的发展。2012 年美国推动 TPP 的动作不是太大，但是在传统安全领域的攻势却很明显。美国强化东亚军事区域存在，东亚地区军备竞赛升级，同时东亚地区冷战思维抬头，以推行普世价值观、发动人权攻势等方式使意识形态武器化的这种趋势有所发展，这种传统安全领域的竞争对抗牵制了安全领域深入发展、区域合作发展势头，也就是说东亚地区区域合作发展势头受到一定干扰。特别是中日韩自贸区的谈判是不是会顺利进行，现在颇有疑问。

第三，美国亚太再平衡战略激活潜在不安全因素，提升了日本、韩国两个盟国的身价，激活了东北亚地区两个潜在的不稳定因素，一个是日本极右思潮，一个是韩国极端民族主义。日本的政治右倾化，主要表现在美国重返亚太之后，刺激了日本成为政治大国、军事大国的意识，日本国内保守右翼势力趁势而起。2012 年日本领土扩张野心膨胀，挑起了与邻国的岛屿之争，日本与中、韩、俄三国岛屿之争同时升温。特别是日本把钓鱼岛“国有化”的所作所为，使中日关系恶化。韩国把美国对自己的垂青视为战略机遇期，最大限度地掘进自己的利益，向美国索要核能自主权，摆脱美国对韩国导弹射程的限制。韩国的民族主义恶性膨胀也导致中韩关系的负面因素上升，如在中国遣返非法入境的朝鲜人问题、苏岩礁海域管辖权问题，中国教科书中有关朝鲜半岛的陈述等问题上，韩国负面声音增多。韩国发展外向型军事力量，在济州岛建设海军基地，很难说没有针对中国的考虑。

日韩都把自己的战略关切和美国战略捆绑在一起，都把双边争端推向国际社会，演绎成为大国之间的对抗。

第四，美国“亚太再平衡”战略加大了朝鲜半岛失衡。美国同盟全面展开亚太战略，朝鲜半岛给美国“重返亚太”提供新的战略空间，美国把朝鲜的挑衅和核扩散设定为今后10年面临的三个挑战之一，以保护盟国为借口继续对朝鲜采取高强度军事威胁。美国“亚太再平衡”战略收到的实际效果是加大了朝鲜半岛的战略失衡，为半岛注入新的不稳定因素，半岛停战和和平机制转换的气氛消失殆尽。

美国“亚太再平衡”战略已经进入实际架构阶段，在过去的短短一年时间里，在多个领域取得不同程度的进展。总体来看，在这一年内美国还是得手的。

纵观一年来东北亚战略环境的演变，美国“亚太再平衡”战略对中国的影响可以做进一步认识。

一是美国扼制中国的企图已经不需要再做任何解读，美国通过构建两个网络、扩张一个系统，来推进它的亚太再平衡战略。这两个网络是同盟伙伴国网络、军事基地网络；一个系统就是亚洲导弹防御系统，从朝鲜半岛开始，经过钓鱼岛，一直到南海地区逐个热点连成的结构。过去一年美国对中国遏制的势头是具有进攻性的。美国称不是针对中国，这实际上是战略欺骗。其战略展开部署和目标，无一不是为了对付中国。

美国“亚太再平衡”战略至少收到了“一呼十应”的效果，所谓“十应”就是说5个同盟国家和5个伙伴国家，基本上都是接受美国的“亚太再平衡”战略的。这5个伙伴国家是新加坡、马来西亚、文莱、缅甸和印度。美国的“亚太再平衡”战略加剧了地区势力的组合，也挤压了中国的战略空间。

第二，美国要用自己的规则规范中国的行为。美国构架“亚太再平衡”战略不受国际公约的束缚。比如，当中国谴责日本钓鱼岛“国有化”是对反法西斯胜利成果的公开否定时，美国国会恰恰通过了美日安保条约适用钓鱼岛，这表明美国本身要推翻《波茨坦公告》。美国要建立美国主导的“亚太新秩序”，只会让中国就范于美国的规则，不可能与中国和平竞争。

第三，中美在朝鲜半岛的战略合作空间受到压缩。美国的“亚太再平衡”战略提高了朝鲜半岛的战略地位，朝鲜半岛成为美国牵制中国的一个侧翼方向，美国在朝鲜半岛让韩国压制朝鲜，加大了朝鲜半岛的失衡。中美在朝鲜问题上的整体战略合作受到了一些限制。

第四，未来中美之间的竞争将大于合作。美国推行的亚太再平衡战略在奥巴马政府的第二任期内逐步有所强化。战略调整对地缘战略冲击现在只是第一浪，恐怕还会有后浪，而且今后10年有可能一浪高过一浪。美国在东北亚地区的目标还没有完全达到，下一步美国将扶持更多伙伴关系，在中国周边“挖墙角”的作业不会止步。另外，撮合日韩建立美日韩三边关系，把日韩拉进战略导弹防御系统，这个措施也会继续推进。

从中国方面来看，中国实行民族复兴战略，首先要建设“三强”的目标，也就是“十八大”提出的建设海洋强国、建设文化强国、建设强大军队，这“三强”的目标可能成为美国重要的遏制点。总的来看，中美关系极限对抗的可能性不大，但是实现合作共赢的目标也举步维艰，竞争格局将是长期的。

其次我们要看到美国战略重心东移，是第二次世界战结束后美国最大的战略调整，这个势头是不会扭转的，而且它是可以搞成的。我们要有清醒的战略意识，要作出新的判断来应对美国的战略调整。

第三，要与时俱进，具有前瞻意识，制定国家总体战略，不能再套用以往的模糊战略。

第四，要有谋略意识，要积极反制，不能跟着感觉走，更不能跟在别人后面走。应对日本右倾化，对日本右倾势力的能量、危险性，特别是其在日本国内国外的响应度不能低估。此外，钓鱼岛主权争端只能进不能收，不能抱幻想，做好形势升级的准备，做好应急突发事态的准备，并且做好美国介入的准备。

美军驻亚太兵力部署调整与朝鲜半岛局势

北京航空航天大学战略研究中心研究员　刘江平

随着美国战略重心东移，美军的兵力部署重新进行了调整，减少了在欧洲地区的兵力，增加了亚太地区的兵力。为此，从2012年年底到2013年，美国国防部长帕内塔两次到访亚洲，来到了印度、越南、印度尼西亚、日本和韩国，并在2013年6月初在新加坡香格里拉对话会上宣布，未来8年美军将在亚太部署60%的战舰。可见，美“重返亚太”不是空话，美军的兵力部署正在向亚太地区转移。朝鲜半岛局势将向一个新的动荡期演变。

一、朝鲜半岛军事局势的最新紧张事态

韩国军方和警方在2012年10月22日上午叫停一个民间团体向朝鲜空投传单的活动。警方解释，叫停是出于安全考量。韩国国防部22日强调，韩方部队已经高度戒备，防范朝方可能发动的打击。朝鲜人民军先前发出了几个月以来最严厉的警告，一旦

韩方在临津阁一带投放传单，朝方将不予警告，直接发起“无情”军事打击。朝鲜人民军西部前线司令部在19日发表的公告当中认为，此次散发传单的行动是由韩国当局亲手策划的，并由军方主导推进，这是对朝鲜军民不可容忍的挑战，是故意把北南关系推向最坏局面的行径，同时预告，作为散发传单地点的京畿道坡州市临津阁地区将成为朝鲜的摧毁目标。韩国联合通讯社22日报道，韩方发现朝鲜人民军在韩朝边境调动迫击炮并在迫击炮火力点部署士兵，推测可能准备发动军事打击。报道没有提及消息来源。国防部发言人金珉奭说，如果朝方攻击，韩国军方将“猛烈、彻底”回击，“我们正密切关注朝鲜军方动向”。

二、美军亚太新战略基本雏形逼华色彩甚浓

在亚太地区，在领土、边界争端以及朝鲜半岛问题和钓鱼岛问题等热点问题仍未解决的同时，各国还面临着日益严峻的非传统安全挑战，如恐怖主义、海上安全、自然灾害、跨国犯罪等。而目前该地区安全结构仍然是不同国家间松散的安全合作。因此，美国非常重视随时调整其亚太战略，以适应该地区安全环境的新变化。美国奥巴马政府上台执政以来，对亚太地区进行了一系列调整，其新的亚太战略已经基本形成。

一是进一步巩固美国在亚太地区的战略领导权。美国向来强调其领导权是建立在军事和经济优势地位的基础上的。在亚太地区，美国同样以其军事和经济上的主导地位构筑其领导地位。而作为当今世界最具经济活力和发展潜力的地区，亚太被认为是最有可能对美国经济优势和战略地位构成挑战的地区。在这种情况下，美国加大了在经济上和战略上对亚太地区的介入力度。早在

克林顿政府时期，美国政府就对全球战略进行了大幅度调整，将战略重心由西欧向亚太转移。小布什政府上台后，由于“9·11”事件、两场反恐战争的牵制和干扰，亚太地区在其战略布局中的重要性相对后移。亚太地区在2007—2009年的全球金融危机中展现出的蓬勃生机，更使现任奥巴马政府非常看好该地区的发展前景，希望通过深入参与该地区的经济发展和区域合作，借力实现美国经济的尽快复苏，恢复并巩固美国在亚太的战略领导权。

二是美国军事关注的重点是重新“回归亚太”。奥巴马政府上台伊始，就将“回归亚洲”作为他的政策要点。和小布什政府对东南亚的无所作为完全不同，新政府很快加入了《东南亚友好合作条约》，并通过国务卿希拉里·克林顿和国防部长盖茨的穿梭访问、拉拢军事演练以及密切防务合作强化了华府在该区域的存在。这些举动有很明显的制衡中国的意图。国务卿希拉里毫不讳言，“自奥巴马政府上任的第一天起，亚洲接触政策就是我们的优先考虑事项，因为我们清楚，21世纪的诸多历史将在亚洲撰写”；“不管我们到哪里访问，我们的最终目的就是，保持和加强美国在亚太地区的领导地位，改善地区安全形势，推动地区繁荣，推广美国价值观”。从防务链条上来看，东南亚是自日韩以下直至澳洲对华战略防御的薄弱地带，随着美在日韩军事基地的调整，特别是两岸局势大大缓和之下台湾防务地位的降低，巩固和加强东南亚防线成为华府的政策必然。美军从伊拉克、阿富汗撤军后，奥巴马政府将更有精力来参与亚太事务。

三是进一步夯实和拓展与亚太地区的盟友关系。在亚太这个广阔而分散的地区，与其传统盟友如日本、韩国、澳大利亚、菲律宾、泰国等国家的关系仍然是美国对亚太战略接触的基础。在这种情况下，奥巴马政府上台后，希拉里打破50多年来美国国务卿上任后首访“先欧后亚”的惯例，将亚洲作为首访目的地，并发表演讲全面阐述美国的亚洲接触政策。作为美国在亚太地区的主要盟友，日本和韩国参与“金色眼镜蛇”军演的程度逐年加深。2013 年是日本自卫队士兵首次全程参与“金色眼镜蛇”演习。2 月 12 日，泰国军队、美国海军陆战队和日本自卫队联合进行了“平民疏散”演习。“金色眼镜蛇”同样成了韩国的海外练兵场。2011 年是韩国军队第二次直接参与“金色眼镜蛇”军演，其共派出 304 名军事人员，并仍积极参与了众多演练科目，不仅涉及人道主义救援科目，还包括指挥所及野外训练演习。美国让日本和韩国越来越深入地参与大型联合军演不仅是为两国提供“国际化的练兵舞台”，更重要的是为提升两国在亚太地区的军事影响力，以便为美国的亚太战略服务。此外，美国还进一步拓展了与新加坡、越南等其他东南亚各国的战略伙伴或战略性合作关系。

四是具有明显的应对中国军力崛起的色彩。由于中国在国际舞台上越来越惹眼的表现，华府对两国间可能发生的权力转移越来越关注。实际上，不少美国媒体早就批评白宫尤其是小布什政府到处树敌，不恰当地将精力集中于对付“伊斯兰恐怖主义”这一过分渲染的“威胁”，而“忽视”了中国在全球特别是在东亚显著上升的权力。奥巴马总统上台之初，对华政策曾平稳延续小布什第二任期内的温和色彩，两国关系“高开高走”。希拉里呼吁中美“同舟共济”，盖特纳要求双方“同心协力”，都将中国放在和美利坚同等的地位和水平上，表现出前所未有的尊重。华府甚至信誓旦旦地透过常务副国务卿斯坦伯格的“战略保证”一说，承诺“与中国结为伙伴”而不是“谋求挫败中国的雄心”，以“合作应对全球性挑战”。但仅仅一年多时间，华府对华政策就大幅变脸，两国关系一步步滑向当初所竭力避免的“相互竞争与对抗的境地”。奥巴马政府不仅在对台军售、达赖访美等一系列老议题上刺激中国，还开始强力干涉南海争端，更拉拢周边国家密集军演，中美关系陷入数年未有的紧张状态。中国军事能力提升一向是华盛顿最为担忧的地方：一方面中国经济持续快速增长，但另一方面两国军力不对称依然明显，华盛顿无疑将继续利用这一优势工具对华施压。以此判断，中美未来几乎不可能在安全上出现积极合作，朝鲜半岛、南海问题等也不太可能降温。朝鲜半岛局势将向一个新的动荡期演变。

三、美军进一步强化对亚太的掌控
强化半岛军事威慑

亚太地区全称“亚洲及环太平洋地区”，泛指太平洋沿岸的国家——澳大利亚、美国、加拿大、日本、韩国、新西兰、印度尼西亚、菲律宾、马来西亚、泰国、新加坡、文莱、中国、墨西哥、智利、巴布亚新几内亚和台湾、香港2个地区。2011年2月4日，正在新加坡出席第10届亚洲安全会议的美国前防长罗伯特·盖茨在主旨演讲中公布了美国的亚太安全战略。而随着美国奥巴马政府本届期满，其亚太军事力量部署与调整也基本完成。那么，美军是如何在朝鲜半岛进行军力部署调整的呢？

在21世纪初，驻韩美军有2.75万人，现在还剩2万人，从半岛撤出的是战斗部队，一些步兵、坦克和榴弹炮永久性地离开了韩国，驻扎在汉城龙山的美军基地包括韩美联合司令部及联合军司令部从2007年起全部南迁到汉江以南韩国中部地区的乌山、平泽一带。2013年6月10日，韩国《中央日报》还披露说，美军有可能在韩国部署F-22“猛禽”战机。该报还报道，韩国京畿道平泽市将于2015年建成占地1465万平方米、世界上最大规

模的美军基地。平泽美军基地完工后，以驻韩美军司令部和美军第2师团为首的汉江以北的大部分部队将进驻，预计驻扎4.4万余名士兵，这里从而成为美国陆军在东北亚的“中心基地”。另外，新任驻韩美军司令詹姆斯·瑟曼也于2011年7月14日正式走马上任。

随着美国战略重心向亚太地区转移，美国目前已经构筑起一条完整的所谓“第一岛链”。它是由配置在日本、韩国直至印度洋的迪戈加西亚岛上的基地组成的，构成了一条“岛屿锁链”式的“前沿基地”带，控制着战略地位十分重要的航道、海峡和海域。这条巨大的“太平洋锁链”上密布了美军大量的海空军基地。

如果说在日本部署“鱼鹰”只是增强了美军的特种作战能力的话，那么在韩国部署F-22“猛禽”战机，则更能引起该地区大多数国家的警惕。因为这种新锐战机能将东亚大部分地区纳入打击范围，而且目前的防空雷达还难以有效应对。驻韩美军原司令沃特尔·夏普在记者会上被问及是否准备在韩国部署“猛禽”时说：“F-22是朝鲜半岛防御所需要的核心重要装备。”这番表态暗示了将来在朝鲜半岛配置F-22的可能性。在西太平洋地区除了美国，还没有哪国拥有F-22这样先进的隐形战斗机。一旦几十架F-22部署西太平洋地区，将成为西太平洋地区最大的隐形战斗机部队。

2010年韩国发生“天安号沉舰”事件后，美国立即派出3艘俄亥俄级巡航导弹核潜艇集中现身太平洋和印度洋海域，分别停泊在日本的横须贺、韩国的釜山和印度洋的迭戈加西亚3个美海军基地，对中国沿海正面形成包围之势。这是自冷战结束以来，美国太平洋舰队“少有的一次武力炫耀”。3艘潜艇载有特种部队，提升了情报感应系统，共可携带462枚“战斧”式巡航导弹，令太平洋舰队的“战斧”导弹增加了60%。单艇装备154枚巡航导弹的强大火力，使其成为一个“水下导弹库”，再加上其惊人的安静性和自持力，美国海军可在对手的眼皮底下发难，对上百个高价值目标发动突然袭击，令对手猝不及防。

四、美国新军事战略将使朝鲜半岛形势更加扑朔迷离

新军事战略强调，美国将进一步巩固与现有盟友的联盟。在亚太地区，美国在强化美日、美韩军事同盟的同时，其新军事战略还提出要加强与东盟和印度的军事合作，这是一个重大的战略动向。2011年以来，美国明显地拉近了与日本、韩国、澳大利亚等传统盟友的关系，同时拓展了与新加坡、越南等国家和印度的关系。此外，美国国务卿希拉里还对缅甸进行了国事访问。

朝鲜半岛一直是亚太地区最不稳定的热点地区，近年来多次发生影响地区稳定的突发事件。近年来，朝鲜半岛先后发生了“天安号军舰”事件、延坪岛炮击事件和金正日突然去世的变故，这次美国军事战略调整将使该地区的安全形势更加不稳定。美国公布新军事战略后，韩国《朝鲜日报》2012年1月7日的报道说，美国大幅削减国防费、缩减美国陆军和海军陆战队兵力、回避大规模地面战争的倾向必然给韩国带来有形和无形的负担。

朝鲜半岛停战近60年来，驻守韩国的美军曾因强奸韩国女学生等引发许多争议。小布什政府时期曾经大幅改编驻韩美军，但驻韩美军如今仍有2万兵力，依然是左右朝鲜半岛局势的决定性力量。驻韩美军以陆军为主，作战方式是浅近纵深打击，主要用以防范朝鲜从陆上的大规模入侵。目前，美国在韩国有41个

基地，其中陆军有 38 个，包括龙山卫戍区、凯西兵营、希亚莱兵营、亨利兵营、沃克兵营、乔治兵营、卡洛尔兵营等。龙山卫戍区系驻韩美军司令部和美第 8 集团军司令部所在地，主要部队是驻扎于议政府市的美陆军第 2 步兵师的 1.5 万名官兵，是美驻西太平洋戒备程度最高的部队之一。大邱基地系美军第 19 战区陆军司令部所在地。希亚莱兵营是美军在韩国最重要的后勤基地，拥有驻韩美军最大的仓储设施，驻有美陆军第 4 军需分队。目前，美军在韩国驻军为第 8 集团军（其中包括第 2 步兵师），分别驻扎在汉城、议政府、霍威兵营等 30 多个地方，约有陆军 1.7 万多人。此外，还部署了“爱国者”导弹部队，并不断进行升级。近年来，用两个“阿帕奇”直升机大队代替了原有的 2 个“眼镜蛇”直升机大队，用 M109A6 式 155 毫米自行火炮代替了 M109A2、A3 自行火炮。

美国防部长帕内塔近期在介绍 2013 年度国防预算案时表示，美国虽然决定裁减陆军兵力，削减国防预算，但将在朝鲜半岛继续维持“相当规模”的地面部队。帕内塔重申，在伊拉克战争结束，美国面临财政危机的形势下，美国将缩小美军规模，但美军变得更加敏捷、灵活，而且技术先进。韩国媒体称，帕内塔强调在朝鲜半岛地区“保持有效兵力”，可能是针对“美国推行新国防战略后会裁减驻韩美军”的猜测。帕内塔还表示：“我们将重视循环驻扎方针，以便在世界其他地区进行演习并提供支持。”韩媒体称，此话暗示驻韩美军的驻扎体系可能会有所变化。

从美军在亚太地区海陆空 3 个方向的军事部署的动作来看，美军正积极谋求维持其在亚太地区的主导地位。无论是先进战机、航母、核潜艇的进驻，还是频繁的演习，都无外乎是向该地区潜在的“挑战者”显示自己的实力、起到威慑作用，并在“挑战者”完成崛起之前完成相应的战略部署。美国在亚太地区的穷兵黩武只会加强其他国家对美国的不信任，同时带动该地区国家如日本、印度、韩国、新加坡等军费开支的持续增长。所以说，美国在亚太地区不断增强兵力只会给这一地区带来更多的不安定因素。

五、美韩经常联合军事演习威慑朝鲜的恶劣影响

2010年7月25日，“因故”一推再推的美韩藉韩国“天安舰”爆炸沉没一事举行的联合军演终于在韩国东海（日本海）举行了。演习历时3天，到7月28日结束。美韩两国此次在日本海的军演出动总共20艘战船、200架飞机以及8000名陆海空三军人员。这是自冷战结束以来，美韩军队进行的最大规模军演。

近年来美韩两国还举行了一系列代号为“关键决心”和“秃鹫”的年度例行军事演习，这是奥巴马政府上台后多次举行的大规模军事演习的一部分，这使近来逐渐紧张的朝鲜半岛局势再度升级。

首先，朝韩关系将进一步紧张。朝鲜半岛紧张局势并不是近日突然形成的，而是经历了一个逐渐演变和发展的过程。在朝鲜方面看来，其主要原因是李明博政府否定了朝韩首脑在2000年和2007年签署的两个《宣言》，宣称“要实现以自由民主为基础的统一”。从2011年12月1日起，朝鲜采取中断韩朝铁路运行、中断开城旅游、限制在朝的韩国人员等一系列措施，致使韩、朝过去10年来积累的互信和合作基础被严重破坏，过去10年来活跃的韩朝政府间对话、红十字会交流和经济合作严重受损，朝韩

关系由此跌入低谷。进入 2009 年后，随着朝韩关系不断滑坡，朝鲜军方又于 1 月 17 日宣布，鉴于韩国李明博政府继续执行对朝敌视政策，朝鲜将对韩国进入“全面对抗”状态，使韩朝关系进入 21 世纪的冰点。不仅如此，紧接着朝鲜祖国和平统一委员会又于 1 月 30 日发表声明，宣布废除朝韩间停止政治、军事对抗的全部协议，同时宣废除《关于南北和解、互不侵犯与合作交流协议书》外，南北基本协议书和附带协议书中的“西海北方界线（NLL）相关条例”也全部作废。3 月 9 日美韩演习开始后，作为回应，朝鲜切断与韩国之间最后一条军事通信线路，并命令其百万人规模的军队进入战备状态。朝鲜官方的朝中社（KCNA）援引军方发言人的话说：“当南朝鲜傀儡们在军事演习中陷于狂热，与外国军队一起把枪口对准同胞之时，保持正常的沟通渠道是毫无意义的。”在韩国和美国军队开始军事演习之际，朝鲜此举令局势更为紧张。韩国统一部发言人金虎年当日发表声明，对朝鲜宣布切断韩朝间所有军事通信线路表示遗憾，并要求朝鲜恢复双方军事通信。他呼吁朝鲜停止采取造成紧张局势升级的行动，保证朝鲜开城工业园区和金刚山旅游区内韩方人员的安全，确保这些地区的有关项目正常运转。由此看来，美韩联合军事演习让业已处于“寒潮”期的朝韩关系更是雪上加霜。

其次，使美朝关系进一步恶化。尽管美韩一再强调军演的“防御”性质，但朝鲜方面显然不会相信。朝鲜总参谋部的声明称，有理由相信，“关键决心”军演实质上就是“入侵北方的军事预演”。因此朝鲜声称，这次演习是美韩在为入侵朝鲜施放烟雾。对朝鲜而言，被从恐怖支持者名单中删除、尤其奥巴马政府的上台，曾让他们抱有一些希望。但一段时间过去，朝鲜所渴望的一切——经援、制裁放松、国际活动空间等等，均没有实质性的进展，美朝关系并未因政府的更迭而出现戏剧性的转变。不仅如此，韩国自李明博上任后，“阳光政策”无疾而终，援助和宽容被打压和挑剔所取代，这一切都令内外交困的朝鲜方面感到不安，此时一场有史以来规模最大、参加技术兵力最多、最先进的美韩军演，在朝鲜看来形同挑衅甚至宣战，并作出强烈反应，实不足奇。

再次，导致“六方会谈”复会前途更加飘渺。此次于2009年3月9—20日在韩国境内举行的代号为“关键决心”的美韩联合军事演习，导致朝鲜与美韩关系僵持，使朝鲜半岛安全局势出现恶化迹象，六方会谈复会前途更加飘渺。正在韩国访问的美国朝鲜问题特使博斯沃思对此表示忧虑。他于2009年3月9日在首尔会见韩国政府外交安全部门一些高级官员时说，韩朝之间加强沟通是美韩在推动朝鲜半岛无核化进程与缓和朝鲜半岛紧张局势过程中的核心部分。他同时重申，美国愿意与朝鲜进行对话。博斯沃斯在会见六方会谈韩方代表团团长魏圣洛时表示，美国希望朝核问题“六方会谈”能够尽早重启，美国对美朝之间举行高层对话持积极态度。然而，为期12天的韩美联合军事演习导致朝鲜作出强烈的反弹，“六方会谈”在近段时间很难复会。

此外，将给朝鲜半岛经济发展带来不利影响。韩朝关系的不断恶化已经严重影响到双方在金刚山旅游和开城工业园区项目上的合作，给未来韩朝经济合作蒙上了阴影。鉴于美韩即将举行的联合军事演习很可能引起难以预测的军事冲突，朝鲜宣布，演习期间不能保证通过朝鲜领空及其周围地区特别是朝鲜东海领空的韩国民航飞机的安全。目前，每天约有33架抵达韩国的航班飞临朝鲜半岛东海岸领空，其中15架隶属韩国的航空公司。根据国际协议，朝鲜对经过其领空的每架巨型喷气式飞机收费135万韩元（约870美元）。在执行绕开朝鲜领空的新航线后，每个跨太平洋航班预计将增加1200公里航程，飞行时长增加1个小时，成本增加400万韩元（约2500美元）。此外，一些韩国货船也决定改变例行航线，远离朝鲜水域。韩国情报部门、海军和釜山海上警察部门都认为，现在货船在朝鲜水域附近航行有危险，因此决定将定期往返于韩国釜山港和俄罗斯远东地区港口的13艘韩国集装箱货轮改变航线。原航线接近朝鲜水域，新航线接近日本水域。

六、要高度警惕美日韩加强军事合作

延坪岛炮击事件之后，美日韩三国同盟空前加强。在“延坪岛事件”之后，在美国的主导下，三国之间的联系正在变得越来越紧密。2010年11月，美国和韩国进行了黄海联合军演，美国航母乔治·华盛顿号也参与了此次演习。随后美国和韩国还达成自由贸易协定，在加强战略同盟的同时增加了经济上的联系。而美国和日本近日也举行了联合军演，韩国作为观察员参与了这一行动。由于日韩两国间有历史问题，因此韩国参与日本的军演是一个非同寻常的举动。而就在三国外长华盛顿会晤的同时，美军参谋长联席会议主席迈克·马伦也启程前往韩国访问。根据日本方面透露的消息，未来美、日、韩还将有一系列联合军演以及共同训练行动。

美、日、韩三国作为战略同盟在发生安全危机时加强联系并不出人意料，但世人普遍表示了对三国战略同盟加强后朝鲜半岛局势的担心。《华盛顿邮报》2010年12月6日的文章说，在长达数年的时间内，美、日、韩一直在共同致力于推动对朝鲜的制裁，但对于半岛局势的帮助不大，朝鲜仍然在发展核计划。在加强军事上的同盟之后，韩国和日本对朝鲜的态度将会更加强硬，韩国新任国防部长金宽镇就曾表示如果遭到朝鲜攻击将行使自卫权，而朝方也警告说，韩方的演习将“引燃战争”。而在未来一段时间内，美、韩、日三国将举行密集的军演，因此可以预计半岛局势会更加紧张。也有舆论注意到，美、日、韩三国外长的会晤和加强同盟，意味着三方在解决朝鲜问题上形成了一个“小集团”，而三国外长又明确拒绝重启六方会谈，这会在朝鲜问题有关各方中产生一种对立的情绪，不利于未来朝鲜问题的解决。

美国《华盛顿时报》2010 年 12 月 12 日刊载题为“迟来的美日韩联盟总比没有的好”的文章。文章称，朝鲜最近“促成”了一件美国外交在近半个世纪都未能成功的事情：使日韩结合成为美国所支持的亚洲“和平和稳定联盟力量”的基石。第二次世界大战过后不久，日韩获得了迅速发展，同时还和美国形成了紧密的贸易关系，而且日韩两国之间也同意进行多边的政治和军事合作。三个国家之间保持了密切联系。文章一方面欢呼美日韩联盟的形成，呼吁加强三国之间的合作；另一方面有意借朝鲜问题将中国设定为这一联盟的“假想目标”。文章认为，美国国务卿希拉里和日韩外长在华盛顿的会谈就是这一联盟形成的标志。美韩自由贸易协议即将获得美国国会审议，与此同时，日本也期望与美国签署类似的协议，以此来应对中国日益自信的区域贸易和投资战略。

美、日、韩举行的各种双边联合军演都是意在震慑朝鲜，因为朝鲜一直对美韩、美日联合采取对抗策略。2010 年 12 月上旬美日举行的联合军演，与以往的最大不同还在于韩国军方首次派观察员参加，给人以美、日、韩三国在军事领域突然形成合作的印象。本来，“天安”号事件发生之后，美韩已经于 2010 年 7 月份举行了一次军演，当时日本也趟了一次浑水，首次派遣观察员参加。日本派员参加针对朝鲜的美韩军演，显示了它对朝鲜半岛局势的极度关心和与美韩站在一起的基本立场。而韩国参加此次美日军演，除了是美国意图的反映之外，借美日之力继续向朝鲜“泄愤”也是其动机之一。日本官房长官仙谷由人说，为了东亚的和平与稳定，日、美、韩合作极为重要。即便是这样，这种危险的举动也应引起我们的高度警惕。

七、针对朝鲜半岛新动荡期的有关对策

综上所述，朝鲜半岛新一轮的动荡期已经到来，为了未雨绸缪，中国应及早作出相关的对策准备，以有备无患。具体应体现在以下 3 个方面：其一是大力加强朝鲜半岛的资讯搜集整理工作。纵观新世纪以来朝鲜半岛的风云变幻和风雷激荡，许多重大事件的发生往往都是突如其来的，事前并无半点征兆和迹象。这其中就包括韩国政坛上丑闻频出，政坛大佬瞬间出局，甚至发生前总统卢太愚跳崖自杀这样的惨剧。而朝鲜领导人金正日也是突然逝世，令世人震惊万分。再就是“三八线”上总是不能平静，各种摩擦事件不断发生，并由陆地波及到了海上。这些年来，朝韩双方的舰艇在海上发生了大大小小数次战斗，其中著名的有 4 次黄海海战和延坪岛炮战，不仅造成了人员伤亡、舰毁艇沉和财产损失，更离奇的还有“天安舰沉没”事件，至今未有定论。这些突发的军事冲突事件，不仅严重加剧了朝鲜半岛的紧张局势，更重要的是毒化了整个东北亚地区和平发展的良好氛围，性质是严重的，危害是深远的。因此，必须得到尽可能长的预警时间，这样国家最高决策层才能够对事态的发展作出尽可能详尽的研判，并提前作出决策以及展开相关的武装力量，动员预备役和部分国防工业体系转产等等。尽可能早地掌握朝鲜半岛严重事态处

置的主动权和话语权等，把突发危机造成的损失降低到最小限度。

其二是务必严防半岛上朝、韩两国在常规军事力量现代化水平上的差距过于悬殊。在20世纪90年代初冷战结束前，朝韩两国军队的常规武器现代化水准基本上持平，朝方的主战武器数量还要超过韩方一些，但韩方利用驻韩美军的战术核武器加以平衡。时过境迁，转眼到了21世纪的头10年，朝鲜半岛上常规军力的对比发生了可怕的逆转，韩国军队的常规武器现代化水平远远超过了朝鲜，原有的平衡已被打破。韩军空中拥有F-15K“高丽鹰”、F-16K“高丽隼”等空中优势战斗机，“和平眼”空中预警机和“先进中程空空导弹”等；地面拥有“高丽虎”K2型主战坦克、K9型52倍口径155毫米自行榴弹炮等；海上则装备了“宗世大王”级“宙斯盾”导弹驱逐舰、“独岛”级大型两栖攻击舰和“张一元”级AIP潜艇等。反观朝方军队，除了空军拥有几十架米格-29“支点”先进战斗机外，陆军的坦克装甲车辆、大口径火炮和火箭炮等主战装备仍处于20世纪90年代初的水平；海军则几乎没有一艘像样的护卫舰以上的中型水面作战舰只。究其原因，主要是以下两方面的因素：一是近20年来韩国军队抓住了当代以信息化技术为核心的新军事革命浪潮带来的契机，整体上提升了武器装备的高技术化和信息化作战的水平，使其现代化水平上了一个台阶，接近了世界先进水平；二是近20多年来朝鲜的两个主要盟国由于各自多方面的原因，大大减少了对朝鲜现代化武器装备的援助，使得其北方的陆、海、空三军的主战装备水平停滞不前，尤其是高技术化和信息化作战能力被时代远远抛在后面。因此，在近些年来炒得沸沸扬扬的朝鲜核问题的背后，却有一个可怕的现实：那就是韩方现代化常规军力的全面领先和超出！这是极其危险的局面，因为这样韩军在处置诸如边境小冲突这样低强度的事件上也会变得轻举妄动，不时地大打出手，从而导致整个半岛危机局势失控和变得一发不可收拾，成为引发战争的导火索。痛定思痛，朝鲜的两个主要盟国再也不能坐视半岛常规军力对比的进一步失衡了，须紧急向朝军提供一批现代化的陆、海、空主战装备，将目前的危险局面扭转过来，坚决阻止朝鲜半岛的形势继续滑向战争的危险边缘，这绝对不是耸人听闻。

美国战略重心东移与钓鱼岛形势

第二炮兵工程大学副教授　魏际英

96301 部队工程师　李晓琼

2012 年 9 月 11 日，日本当局不顾中国政府的严正警告，完成了对钓鱼岛的“购岛”程序。首相野田佳彦称，将举全国之力强化钓鱼岛警备，并拟订了修建灯塔、建立避风港、派驻自卫队等 8 套方案以强化对钓鱼岛的实际控制。

对于日本当局明目张胆篡改历史、否定二战成果的行径，美国采取了默认和支持的立场。可以说，钓鱼岛出现斗争升级的严峻局面，在很大程度上是美国战略重心东移、强化与日本军事合作的结果。

一、钓鱼岛争端的由来和发展与美国息息相关

钓鱼岛位于中国东海大陆架的东部边缘，在地质结构上是附属于台湾的大陆性岛屿。中日钓鱼岛问题的产生、发展，都与美国的亚太战略息息相关，都与其谋求亚太霸主地位密不可分，可

以说美国是钓鱼岛问题的直接缔造者和推动者。

钓鱼岛及其附属岛屿自古以来就是中国的固有领土，由中国人最早发现、命名和利用，中国渔民历来在钓鱼岛及其附近海域从事生产活动。早在明朝初期，钓鱼岛就已明确为中国领土，明、清两朝均将其纳入中国海防管辖范围，是台湾的附属岛屿。

1403 年，明朝《顺风相送》一书中就提到钓鱼岛，这也是现存最早记载钓鱼岛的中国典籍。

1895 年 1 月，日本在甲午战争末期非法窃取钓鱼岛及其附属岛屿，划归冲绳县管辖；4 月，强迫清政府签订不平等的《马关条约》，割让“台湾全岛及所有附属各岛屿”。

1943 年 12 月，由美、英、中三国元首共同起草签订的《开罗宣言》规定：“日本将所窃取于中国之领土，包括东北、台湾、澎湖列岛等在内的土地归还中国。”

1945 年 7 月，由美、英、中三国共同签署的《波茨坦公告》第八条又规定：“开罗宣言之条件必将实施，而日本之主权必将限于本州、北海道、九州、四国及吾人所决定其他小岛之内。”

1945 年 8 月，日本接受《波茨坦公告》并宣布无条件投降，中国收回被日本侵占的台湾、澎湖列岛等领土，钓鱼岛及其附属岛屿在国际法上业已回归中国。

至此，中国成功收回对钓鱼岛及其附属岛屿的主权。而美国出于其亚太战略利益考虑，借托管琉球群岛和移交其管理权之机，将中国固有领土私相授受，从而一手制造了钓鱼岛问题。

1946 年 11 月，美国政府将琉球群岛——原日本托管统治区置于自己的战略托管之下，并将具体方案提交联合国。

1947 年 4 月，联合国依照美国《关于原日本托管统治岛屿的协定》，将琉球群岛交给美国托管。

1951 年 9 月，美、日签署《旧金山和约》，日本接受联合国托管措施，美国攫取对琉球群岛之领土及居民，包括领海，行使一切行政、立法与司法的权力。

1953 年 12 月，美国琉球民政府公布“第 27 号令”，即关于“琉球列岛之地理界限”的布告，擅自扩大管辖范围，将钓鱼岛及其附属岛屿非法裹挟其中。

1971 年 6 月，美、日两国在《归还冲绳协定》中擅自把钓鱼岛等岛屿列入“归还区域”。中国政府对美日的非法行径坚决反对，不予承认。美国国务院发言人曾表示，“归还冲绳的施政权，对钓鱼岛的主权问题不发生任何影响”。

20 世纪 70 年代，中、日老一辈领导人在恢复邦交谈判和《和平友好条约》签署过程中，从两国关系大局出发，同意将钓鱼岛问题搁置留待以后解决。

近年来，美国官方对于钓鱼岛的称谓一直采用日本“尖阁群岛”的叫法；2012 年 8 月底，美国政府公开表示《美日安保条约》适用于钓鱼岛；9 月，国防部长帕内塔在日本“购岛”完成后访问日本，签署了在日本部署 X 波段预警雷达协议，明确展示了支持日本的立场；组织了以登陆夺岛作战为背景的联合军演；向亚太地区派出了“斯坦尼斯”号和“华盛顿”号两个航母战斗群，在冲绳美军普天间基地部署“鱼鹰”战机，并计划向菲律宾苏比克海湾派出“洛杉矶”级攻击型核潜艇。10 月，副国务卿伯恩斯访问日本，重申了日美同盟以及全球范围内日美伙伴关系的重要性，并对日本坚持钓鱼岛不存在主权争议表示理解。正是基于美国的支持，日本才敢在钓鱼岛问题上肆意妄为，持续挑战中国核心利益底线。

二、美国战略重心东移对钓鱼岛主权争端的影响

美国战略重心东移助长了日本当局在钓鱼岛争端问题上的嚣张气焰，其“购岛”行径严重侵犯了中国的国家主权与核心利益。

（一）将破坏中国家主权和领土完整

根据《联合国海洋公约》200海里专属经济区划定原则，如果日本在钓鱼岛问题上的非法企图得逞，中国将失去东海70多万平方公里的海洋国土；越南、菲律宾等国将借机效仿，印度也有可能趁机挑起新的事端；近期有一些国家利用苏岩礁主权问题挑拨中韩关系。美国在亚太地区不断强化与这些国家的军事合作，钓鱼岛问题一旦恶化，在美国的支持下，势必会引发中国周边安全局势的连锁反应和进一步恶化。

（二）将损害中国国家形象和国际地位

奥巴马谈道，“21世纪是美国的太平洋世纪”。近年来，美国加速强化在亚太地区的军力部署，努力推进针对中国的“推、拖、堵”战略。作为经济和科技强国的日本，国土面积狭小、能源匮乏，如果按照他们的意愿得到钓鱼岛及南千岛群岛、独岛等，不仅可以彻底解决其能源困境，还可使国土面积从当前的世界第66位上升至第6位，为其争取成为联合国安理会常任理事国创造了必备条件。如果在美国默许下日本非法攫取钓鱼岛主权，中国不仅会失去钓鱼岛周边海域丰富的自然资源，国家形象

和国际地位也将受到严重损害。

（三）将大幅压缩中国东部海域战略空间

钓鱼岛位于台湾和冲绳之间，是第一岛链的重要节点，也是中国通往太平洋的重要航道。二战结束后，美国罗斯福总统曾计划将包含钓鱼岛及其附属岛屿在内的整个琉球群岛交还中国，在协议签署的最后一刻，美军方考虑到其重要的战略价值，最终改变计划，将其交予日本管理并在冲绳部署了驻亚太70%的兵力。如果钓鱼岛被日本侵占，中国将失去重要的海上战略屏障，东海防卫线将被迫向西退后300公里，使得中国军事力量前出东海、突破美国第一岛链变得更加困难。如果日本在岛上构筑军事设施，可直接对我东部沿海及台湾地区实施抵近侦察监视，将对我主要战略方向的军事斗争准备带来直接威胁。

（四）将增大中国维护国内稳定压力

借助美国战略重心东移的机遇，日本将其军事战略由专守防御转为动态防御，防御重心由北面转向西南以重点对抗中国；把防卫厅升格为防卫省；加紧发展大型进攻性武器；极力谋求修改国内和平宪法，摆脱二战后国际社会对战败国的限制；更要借购买钓鱼岛之机企图把自卫队升格为国防军。美国对日本的这种军国主义复苏倾向不仅不加以遏制，还暗中予以纵容和支持。对于美国和日本的这些行径，中国广大民众无不义愤填膺，形成了前所未有、空前高涨的爱国热情，同时也发生了一些过激言行，对此如果引导不当、控制不力，极易被敌对势力所利用，直接影响国内安全形势。

三、坚决和灵活应对美国的干预与介入

美国战略重心东移、特别是对涉华领土主权纠纷的介入，无疑将恶化钓鱼岛局势。对于钓鱼岛主权，中国没有任何妥协和商量的余地。我们必须清醒地看到，以往解决世界领土争端，大多都是通过军事手段实现的。我们应着眼于美国深度干预情况的发生，按照党中央和中央军委的战略部署，扎实做好相应军事斗争准备。

（一）充分表达我军维护国家主权的信心和决心

通过军队作战部署的调整、阅兵、军事演习、导弹试射等形式，运用多种媒体手段，充分表达我军保卫国家主权、领土完整的坚定意志、决心和能力。

（二）强化钓鱼岛及其周边海域的维权执法力度

建立常态化护渔巡航机制，扩大海上执法力量编制，提升海上执法装备性能，优化海上执法力量编组，提高海上维权执法效能，必要时动用军事力量参与钓鱼岛维权。

（三）探索两岸共同保钓途径

探索两岸保钓协作的机制、形式和方法，支持和保护两岸国民保钓行动；论证在岛上建设灯塔、水文和气象观测设施的可行性；鼓励国有和民营机构对钓鱼岛资源进行勘探开发，必要时组织国际招标；共同修建避风港，为两岸渔民捕捞作业营造良好条件。

（四）论证提出琉球群岛主权归属问题

我们应以无可辩驳的史实和法理依据，向国际社会广泛宣传琉球群岛的历史，论证并向联合国提出关于琉球群岛的主权归属问题，争取与钓鱼岛问题一并解决。

（五）将钓鱼岛作为我军武器试验靶场

美、台都曾将钓鱼岛作为靶场使用，我们也可以将钓鱼岛作为我军新型武器试验的靶场并公诸于世，不定时、不定量地进行武器试验活动。

（六）强化钓鱼岛方向的军事力量部署

着眼军事手段解决钓鱼岛问题，研究论证美军可能介入的时机、方式、规模和强度，根据未来钓鱼岛方向作战需求，增强我军的力量预置，并确立相应作战原则、时机、方式和协同模式。提高该方向的侦察预警能力，提升中远程精确打击能力，组织针对性应急演练，形成战场优势。

对两岸共同维护钓鱼岛主权的思考

中共江苏省委台办　桑登平

2012年9月10日，日本政府宣布“购买”钓鱼岛及其附属岛屿，并对其实施所谓的“国有化”。这是对中国领土主权和中华民族整体利益的一个严重侵犯，它不仅涉及到中国的民族情绪，还涉及到中国的核心战略利益，更为重要的是还关系到维护世界反法西斯战争的成果。日本“购岛”闹剧是其多年来国内政治生态右转，民粹主义以一己私利来绑架国家利益和中日关系大局的一个总爆发。这场闹剧在冷战思维的背后更有着美国战略调整的因素。美国“重返亚太”，亟需借重日本力量，因此在钓鱼岛问题上美国借助《美日安保条约》，已从后台走向前台。美国的目的就是利用日本来实现其在亚洲围堵中国的战略企图，削弱中国在东亚地缘政治格局中的影响力。

“兄弟阋于墙，外御其侮”，在民族大义面前，两岸应超越彼此的分歧，站在历史的高度，从维护中华民族根本利益出发，发挥各自优势，有针对性地联手合作，共同寻觅合作保钓的解决之道。这也可以认为是两岸建立政治和军事互信机制的一个前置性试探，如若两岸彼此都能以互信合作来共同维护钓鱼岛的主权，那么就有可能为深化两岸关系的和平发展开创一个更加有意义的探索模式。

2012年7月7日是中日“卢沟桥事变”75周年纪念日，而日本首相野田佳彦却在这个“最坏的日子”宣称：已开始与钓鱼岛的日本“岛主”谈判买卖事项。第二天，日本防卫大臣就表示，要加强对钓鱼岛及周边的警戒。9月10日，日本政府宣布“购买”钓鱼岛及其附属的南小岛和北小岛，实施所谓的“国有化”。日本政府这种与美国联手，利用《美日安保条约》谋划和策动的侵权行为激起了海峡两岸中国人的强烈愤慨，它侵犯了中国领土主权和中华民族的整体利益！“兄弟阋于墙，外御其侮”，维护钓鱼岛的主权，是两岸同胞义不容辞的共同责任。

一、对日本侵权行径的剖析和对等反制

日本政府这种一意孤行的强盗行径，剖析开来不难看出是经过长期的谋划和策动而来的，是放纵国内右翼势力妄图复活军国主义的结果。对此应予以坚决的反制。

（一）日本“购岛”闹剧的潜在原因

剖析日本“购岛”闹剧的潜在原因，不难看出是源于“二战期间日本军国主义扩张战争的惨败，而在右翼势力内心留下的耻辱感；被美国长期占领和控制的压抑感；经济长期停滞不前的焦虑感；对中国大陆经济快速崛起所引发的失落感”这四种感觉在极度高涨中形成了一个中国的集中发泄。中国的强势崛起，使日本感到在东亚地缘政治格局中，中日力量的对比在结构上发生

了变化，动摇了日本自明治维新以来在东亚的强势地位。

日本在感到中国经济强势发展所形成的战略压力的同时，国内的政治生态正在向右转，民粹主义正以一己私利来绑架国家利益和中日关系大局。在冷战思维的引导下，日本国内一直在宣扬“中国威胁论”，鼓噪对中国的“牵制”。在军事战略上，日本也在加速调整，已由专守防御战略转为动态威胁战略，其防御重心已由北面转向西南方向的中国。日本这种“实质性的向右转”，使其在外交和军事战略方面也采取了比二战结束以来任何时候都更加具有对抗性的政策。因此，钓鱼岛争端就不能当作是个偶然事件，日本向中国摊牌，除了是对中日关系在21世纪第二个10年的走向进行严峻挑战外，更是为了实现其窃岛的百年野心。

（二）中国对日本“购岛”闹剧的坚决反制

日本在上演着“购岛”闹剧，这边首相要“举全国之力强化对尖阁诸岛（即中国钓鱼岛）的警备”，那边外相又大言不惭地要求中国“冷静对待、顾全大局”。面对这种强词夺理的无赖行径，中国政府和人民除了表示坚决的反对和强烈的抗议外，也以各种方式果断地进行着对等回击。

1. 中国坚持享有对钓鱼岛行使主权

钓鱼岛及其附属岛屿历来就是中国的固有领土，对于日本不顾史实，妄图霸占钓鱼岛的企图，中国政府用大量的史实来予以驳斥。2012年3月3日，中国公布了钓鱼岛及其部分附属岛屿的标准名称。

7月7日，我外交部表示，中国政府将继续采取必要措施，坚决维护对钓鱼岛及其附属岛屿的主权；海峡两岸中国人和全体中华儿女都有责任维护对钓鱼岛的主权。

9月10日，中国政府发表了《关于钓鱼岛及其附属岛屿领海基线的声明》。

9月12日，国务院台办在例行的新闻发布会上表示，两岸同胞是一家人，“兄弟阋于墙，外御其悔”，维护对钓鱼岛及其附属岛屿的主权，维护中华民族的整体利益，是两岸同胞义不容辞的共同责任。

9月25日，中国国务院新闻办公室发表题为《钓鱼岛是中国的固有领土》白皮书，作为政府发布的具有权威性的定性文件，其五大部分都以无可辩驳的历史事实来全面论证钓鱼岛自古就是属于中国的！除了事实的阐述，书中还用很大的篇幅论述了中日对钓鱼岛争端的来龙去脉，以及双方曾经达成的默契，相互一直控制情绪的外交事实。这在过去是不常见的。

11月20日，在柬埔寨首都金边举行的东亚峰会闭门会上，温家宝总理就地区形势和南海等问题又重申了中方所持的一贯立场：中国维护主权的行动是正当和必要的！

2. 利用外交、军事、经济等手段予以反制

外交手段：中国政府除用大量史实向国际社会宣示钓鱼岛的主权外，还用更加有力的手段对日本的侵权行径予以强烈的反制。美国东部时间9月13日，中国常驻联合国代表李保东大使约见了联合国秘书长潘基文，提交了中国钓鱼岛及其附属岛屿领海基点基线坐标表和海图。至此，中国已履行《联合国海洋法公约》所规定的义务，完成了公布钓鱼岛及其附属岛屿领海基点基线的所有法律手续。

美国当地时间9月27日，中国外长杨洁篪在联合国大会一般性辩论发言时，阐述了中国在钓鱼岛问题上的严正立场，并指出：日本政府采取所谓“购岛”等单方面行动已严重侵犯了中国主权，是对世界反法西斯战争胜利成果的公然否定，是对战后国际秩序和《联合国宪章》宗旨和原则的严重挑战。日方的举措完

全是非法和无效的，丝毫改变不了日本窃取中国领土的历史事实！

就日本抗议中国4艘海监船10月25日相继进入钓鱼岛海域12海里内巡航一事，中国外交部回应：中国海监船在中国钓鱼岛领海进行例行维权巡航，是中国公务船对钓鱼岛海域行使管辖权的正常公务活动。

10月26日，外交部副部长张志军在该部举行的中外媒体吹风会上又就钓鱼岛问题阐述了中方立场和主张。张志军表示，如果有人在领土问题上挑战中方的底线，我们没有退路，必须作出强有力的反应，为走稳和平发展道路排除干扰和障碍。

在11月6日举行的亚欧首脑会议第四次全会上，日本不顾亚欧会议的合作主题，不顾大多数成员的愿望，蓄意在钓鱼岛问题上歪曲事实、无理辩解。对此，杨洁篪外长予以了严正驳斥，并指责日本的“购岛”行径严重侵犯了中国主权，是对世界反法西斯战争胜利的公然否定，是对战后国际秩序与《联合国宪章》宗旨和原则的严重挑战。

军事手段和非军事手段的结合：7月7日，中国人民解放军高调宣布对钓鱼岛附近海域的“禁航通告”和“禁渔通告”，严禁各类船舶在7月10—15日演习期间驰入相关海域。有分析认为，此次实弹演习是向日本发出警告，敦促日本停止在钓鱼岛上的小动作。

9月14日，中国海监6艘船组成的两个巡航编队抵达钓鱼岛海域，进行维权巡航执法，并对钓鱼岛及其附属岛屿实施管辖。这是自9月10日中国政府发表声明后，中国海监船首次在钓鱼岛海域开展维权巡航执法，也是在日本政府拒绝撤消“购岛”决定后，中国政府采取的强烈反制措施，符合中国的有关法律和国际惯例。直至目前，中国渔政船和海监船一直都在钓鱼岛海域进行常规性的巡航执法任务。

9月27日，在国防部举行的例行记者会上，中国军方宣布中国海军军舰将在钓鱼岛海域进行战备巡逻。

10月4—14日，中国海军7艘军舰（2艘导弹驱逐舰、2艘护卫舰、1艘远洋综合补给舰、2艘战斗支援舰）组成的编队通过了位于钓鱼岛以东冲绳县宫古岛东北约110公里的海域，驰往太平洋海域执行远海任务。这是自9月10日日本政府上演“购岛”闹剧以来，中国海军编队首次穿越该海域。在进入钓鱼岛海域时，距离钓鱼岛最近时仅30海里左右。这也是我海军编队首次进入中国钓鱼岛附近海域。

10月19日上午，中国海军东海舰队联合农业部东海区渔政局、国家海洋局东海分局，以11艘舰船、8架各型飞机和1000余人的规模，组织实施了“东海协作—2012”军地联合海空联合立体海上维权、救援演练。此次演练着眼于有效维护中国领土主权和海洋权益，以检验提高军地海上联合维权斗争能力，特别是军地海上联合维权的指挥协同和应急处置能力；检验完善军地海上联合维权方案预案，积累军地海上联合维权经验。外媒一致认为，此次演练的动机是在“警告日本”！

10月25日，中国国防部在例行记者会上再次表示：中国军队维护国家领土主权与海洋权益的决心和意志是坚定不移的。对于中国军舰远航钓鱼岛海域是否实现常态化？国防部表示，今后中国海军舰艇的航行和训练计划，将根据相关情况和任务而定。同日，我4艘海监船相继进入钓鱼岛海域12海里内巡航，时间长达7个小时。

10月30日上午10时许，我海监编队在钓鱼岛领海内对非法活动的日方船只进行监视取证，并对日船实施了“驱离措施”。这是中国第一次公开宣布在钓鱼岛中国领海内“驱离”日本船只。

经济手段：中日钓鱼岛争端业已波及到两国的经济关系，鉴于中日之间的“互相信赖”已荡然无存，中国四大国有商业银行业已拒绝出席10月9日开始在东京举行的国际货币基金组织（IMF）和世界银行年会。中国财政部长谢旭人和央行行长周小川也已取消前往日本的行程。

由于中日两国加剧了钓鱼岛争端，两国贸易额不断下滑，仅在2012年9月份，日本对华出口就锐减了14.1%，当月赤字同样创30多年来的新高。虽然9月份由华进口增长了3.8%，但日本对华出口的品牌消费品大幅下挫，汽车和摩托车分别暴跌45%和31%，电器和照相设备出口也遭遇两位数下滑。“与中国恶化的关系将是对日本经济的重大一击”，法新社10月22日援引法国巴黎银行日本首席经济学家河野龙太郎的话如此表示。10月22日，日本财务省公布的2012年上半财年的贸易收支情况为逆差3.219万亿日元，创下1979年有可比数据以来的半年度最高记录。而主要原因就是对华出口的减少。

日本经济研究机构“大和总研”的报告显示，2013年日本对华出口将减少1万亿日元，拉低日本国内生产总值8200亿日元。这使得仰仗中国巨大市场的日本政府忧心忡忡。

二、台湾当局畏首畏尾的保钓行动

台湾地区在保钓上的官冷民热，主要是基于马英九当局的“外交”政策和岛内的政治格局。在中美台日四角关系中，台美日三角关系一直要比中美日三角关系来得牢固和持久，这也是马当局在保钓行动上显得软弱的原因所在。

(一) 马英九当局的主要动作

在钓鱼岛紧张局势逐步升高之时，马英九当局为了回应岛内各方质询，也采取了一些相应的措施。

1. 重申台湾拥有钓鱼岛的“主权”

2012 年 7 月·7 日，马英九在台北出席“七七事变 75 周年”展览时就表示，台湾和日本关系良好是一回事，但“民族大义和国家主权必须坚持，一寸都不能让步”。

随着钓鱼岛争端的不断升级，马英九于 9 月 7 日下午登上距离钓鱼岛 140 公里的彭佳屿，向全球宣示“钓鱼岛属于宜兰县头城镇大溪乡管辖”。

9 月 10 日，台湾行政主管部门又向国际媒体出示了钓鱼岛的土地产权证明，并核定目前钓鱼岛总价为 11. 6 亿元新台币。

9 月 11 日，台湾对外事务主管部门召回了台北驻日经济文化办事处的代表。

9 月 12 日，台湾保钓团体组织岛内民众以“勿忘九一八、日本停止窃占钓鱼岛”为诉求，前往日本交流协会台北事务所前抗议。

9 月 18 日，马英九公开表态，重申对钓鱼岛的“主权”。同日，台行政主管负责人陈冲在向台立法机构提交的施政报告中，也明确表示决不承认日本对钓鱼岛“国有化”的行动。

9 月 25 日，在台湾“海巡署”12 艘舰艇的护卫下，75 艘台湾渔船悬挂着保钓标语，向钓鱼岛海域集中靠近，宣示对钓鱼岛的“主权”。

10 月 10 日，马英九在台湾“双十集会”的演说中谈到钓鱼岛时表示：“领土不容侵犯，主权不能动摇；相应各方应同时搁置争议，展开对话”。

10 月 19 日，台湾“立法机构”通过“宣示钓鱼台（岛）主权决议文”，要求“政府”全体坚守“宪政”义务，持续以具体、明确作为宣示钓鱼台（岛）列屿主权，“立场永不动摇”。

与此同时，台湾外事主管部门负责人林永乐也在美国知名的《外交政策》（Foreign Policy）双月刊网络版发表专文，抨击日本政府的“购岛”举动而引发的波澜，重申台湾对钓鱼岛的“主权”立场，并呼吁各方以马英九的“东海和平倡议”来消除紧张。

2. 及时抛出“东海和平倡议”

台湾地区为避免自己在钓鱼岛争端中被边缘化，马英九于 8 月 5 日抛出了“东海和平倡议”，这是在日本不断挑起钓鱼岛主权争端后，台湾方面首次提出的系统性应对计划。“倡议”的原则是：“主权在我、搁置争议、和平互惠、共同开发”。岛内舆论认为“倡议”的出台：一是为了提升岛内民众对钓鱼岛争端的关注度；二是为了加强台湾在钓鱼岛争端上的话语权，在客观上能够对日本的所作所为产生一定的牵制力；三是为了向美日说明台湾希望和平解决事端的态度，同时也向大陆表达对钓鱼岛的“主权立场”，以掩饰外界认为两岸在钓鱼岛问题上联手的疑虑。

8 月 20 日，马英九在接受日本 NHK 电视台采访时提议，可仿效日本解决独（竹）岛主权的做法，将钓鱼岛问题提交国际法庭进行诉讼。

3. 竭力否认与大陆在联手保钓

面对日渐高涨的“两岸联手保钓”的呼声，台湾当局却一再表示否定。马英九 8 月 5 日抛出的“东海和平倡议”，实际上是对近年来热议的“两岸联手保钓”一个虚应实避式的答复。

8 月 16 日，为消除日本对“两岸联手保钓”的顾虑，台湾对外事务主管部门负责人在约见日本驻台代表时还特别澄清香港保钓人士的登岛行为与台湾当局无关。

8 月 20 日，马英九在接受日本 NHK 电视台采访时虽然强调了台湾对钓鱼岛的“主权”，但也明确表示，“台湾对日本的关系非常重视，且无意与大陆联手对抗日本，台日关系目前是 40 年来最好的状况，希望避免因主张不同而使台日关系恶化”。

与此同时，马当局还指示台安全主管部门成立应变小组，以确定台湾在“两岸保钓脱钩”后的政策方向。

(二) 岛内其他阻挠保钓的杂音

在抗议日本“购岛”的闹剧中，台湾地区对外事务主管部门在有关声明中竟然说出了“钓鱼岛主权争议确实存在”的不恰当言论。

李登辉公然向岛内媒体“质疑”：“台湾什么时候跟日本打仗得到钓鱼岛了?”并公开宣称：“钓鱼岛是属于日本的。”

民进党对钓鱼岛主权争端提出自己的五项基本主张：一是和平“外交”解决；二是避免冲突扩大；三是台日“外交”优先；四是两岸不应合作；五是马当局言行必须一致。

(三) 马英九当局不敢强硬的主因

在岛内，民间保钓热情一直高过官方。据台湾中时民调显示，针对马当局的保钓表现，有 64% 的人对此不满、有 61% 的人觉得软弱、有 52% 的人希望当局要有强硬动作。

1. 来自美国的因素

虽然两岸关系在近年来取得了突飞猛进的发展，但台湾当局毕竟是视美国为自己的安全屏障，担心如果与大陆走得太近，必会引起美国的猜忌和不满。钓鱼岛问题的始作俑者美国虽宣称在中日间“不会选边站”，但又称“钓鱼岛适用于《美日安保条例》第五条”，同时宣称将与日本举行联合夺岛军演，就是有意地表露出对日本的袒护。美国“重返亚洲”的战略企图就是围堵中国，日本又是美国手中的棋子，钓鱼岛则是引发中日之争的导火索，在此背景下，美国自然是不愿看到台湾与大陆联手保钓的。被美国控制得畏首畏尾、处处唯美国马首是瞻的台湾当局自然也就在保钓问题上显得态度暧昧，顶多只是在岛内民意的压力下，用派些舰船护航的行动来装装样子罢了。

为遏制中国的崛起，美国近年来全方位加大了对亚洲政治和军事的影响力。美国官方已放话，台湾地区要维持自由与民主，只能呆在“民主阵营”里，这对在政经和军事安全方面都严重依赖美国的台湾来说，与大陆联手也就意味着脱离“民主阵营”，其“国家安全战略”也将彻底转变。面对这种难以抗拒的挑战，实力孱弱的马英九只好一再表明“绝无联中抗日的打算”，为此美国也许以台湾“免签”的待遇。岛内有舆论评价，现在似乎已经感觉不到马英九曾经有过的保钓思维，他的实际行动与媚日的李登辉时代没有两样，只不过是在口号上比李登辉稍微强硬些罢了。

2. 来自日本的因素

对日本来说，在中国大陆分别祭出经济牌、军事牌，以及支持台湾渔船大规模进入钓鱼岛海域宣示“主权”后，日本自然不希望在钓鱼岛问题上受到两岸的夹击。他们对台湾采取了诱降策略，表示可在11月与台湾当局继续商谈钓鱼岛海域的渔业权问题，并同意不干扰台湾渔船赴钓鱼岛海域区作业。日本此举其实是以小利来获大利，看似是向台湾开放渔业权，其实是逼迫台湾承认日本对钓鱼岛的主权，同时还在不断地诱使台湾表态不与大陆联手保钓，以免伤害台日关系。台湾为此也担心保钓会引发日本的强烈反弹，伤害被马英九称为“40年来最好”的台日关系。

马英九办公室发言人范姜泰基于9月24日再次表明了台当局“不与大陆合作保钓”的立场。而马英九在台湾“双十集会”上的演讲，也被舆论认为是为了推进台日在钓鱼岛周边海域渔业权磋商的重启进程，同时也是在中国大陆与日本就钓鱼岛问题矛盾激化的背景下，作为“和事佬”来提高台湾在国际社会的存在感。

10月5日，日本外相玄叶光一郎通过“日本交流协会”发表“给台湾人民的信息”，首度声称台日间的钓鱼岛争端是“悬案”，盼与日本重启中断3年半的“渔权谈判”。这是日本为防止两岸出现联手“保钓”而使出的离间之计，这是否会削弱台当局的“保钓”力度，是有待观察的。

3. 来自民进党的因素

马当局在合作保钓问题上一直与大陆保持适当距离的又一个重要原因就是避免因此而引起绿营反弹，怕被绿营扣上“倾中卖台、联共反日”的帽子，从而引发新一轮政争。所以在此重重顾虑之下，马当局只是维持在口头上对钓鱼岛“主权”的宣示而已。

三、美日在“购岛”闹剧前后的表演

美国战略调整，日本是一大推手。现在两国又借钓鱼岛事端来大肆宣扬《美日安保条约》，让外界产生一种为了美日安保利益，日本对钓鱼岛行使“主权”已既成事实的感觉。

（一）美国、日本的做法及美日间的合作行动是为配合“购岛”闹剧

美国在“购岛”闹剧开演之前，就已同日本联手做好了防备

中国的准备。日本陆上自卫队从 8 月 21 日到 9 月 26 日，就与驻日美军在关岛和天宁岛首次实施护岛（离岛）军演。美日在中日钓鱼岛问题紧张加剧之际举行联合军演，无疑被认为是在钓鱼岛问题上“火上浇油”，更是对中国的挑衅。日本现在极力要将钓鱼岛的归属问题同《美日安保条约》扯到一起，试图借外部力量向中国施压，美国还煞有介事地模糊在中日领土争端问题上所持的立场，并不时地向日本递交一些“关心”的信号。“购岛”明明是一场闹剧，却被美日操作得如此热火，这究竟是意在激怒中国的战术小聪明呢？还是他们自己觉得战略上不自信呢？美日两国想必是心知肚明的！

“购岛”闹剧从某种意义上来说，也是美日联合对中国进行的一个战略试探。中日建交时，在钓鱼岛问题上是有默契的，但现在日本的所作所为，已表明它的对华战略从合作转向了对抗。这个转变背后的深层原因在于：日本自二战以后，虽然长期受控于美国的牵制，但它梦寐以求的愿望就是想借助美国“重返亚太”战略，帮助构建自己的东亚安全新格局，重新确立在东亚地区的威权地位。美国的战略调整使美日双方在西太平洋上的战略意图完全重叠，日本军界人员在 2013 年初就曾宣称：“要积极参与空海一体战的构建，是实现日本海洋战略的力量源泉。”这就是日本要在美国宣布战略东移后，迅即放弃对华友好策略，而采取南进战略的原因所在。

日本外相玄叶光一郎在 10 月 16—20 日访问了法国、英国和德国，为的是向这三个国家宣示“日本对于钓鱼岛主权的正当性”，但其结果却是颗粒无收，欧洲三国对此表示了异议。

美国官方虽然一直在坚称“不会介入亚洲国家之间的领土纠纷”，但美国的核动力航母“乔治·华盛顿”号在参加了有关综合演练后，就开始航行在钓鱼岛海域，此举必然会引发美国派遣航母意在遏制中国对钓鱼岛进行维权的猜测。同时，美国也将多架“鱼鹰”飞机部署在冲绳普天间美军基地。美国这些隐含着某些政治信息的军事举动，不能不让世人认为这是“美国将全面介入亚洲领土纠纷”的信号。

虽然日美因怕“刺激中国”而取消了11月5—16日在冲绳举行号称“不针对特定国家”联合军演中的夺岛演习，但有将近5万日美军队参加的军演，无疑会让人们意识到在中日钓鱼岛的争端中，美国是日本的后台，也是中国大陆在钓鱼岛争端上的真正对手。

（二）美国支持日本的“购岛”闹剧意在牵制中国

美国目前深陷中东事务，没有足够的条件和能力同日本一起向中国摊牌，而希望日本对中国进行战略牵制，以换取中国在中东事务上的让步，减少自己在中东事务上的战略阻力。美国也很清楚，中日冲突必将影响美国在亚洲的利益，对自己的战略有所牵制。这也就是9月11日美国在中日争端急剧升级后，以政府名义发表希望中日两国通过对话解决争端声明的原因所在。[13]虽然美国防部长帕内塔9月在北京表示“希望中日能以理性和平的方式解决争端”，但这并非意味着美国有意想解决钓鱼岛争端，美国的真正担心在于台湾将如何提升处理钓鱼岛争端上的战略高度，大陆又是怎样在这个战略高度上再次与台湾形成默契配合的。两岸联手保钓是美日都不愿意看到的，美国是热切期待或争取台湾在钓鱼岛争端上的转向，以自己的具体行动与大陆在联合保钓议题上作出明显的区隔或切割的。

美国所作所为的政策逻辑似乎是：一方面在岛屿主权归属上不持立场，以避免事态更加升级；另一方面又多次确认《日美安保条约》适用于钓鱼岛的争端。美国实际上就是利用这种所谓的

“模糊战略”，来达到对中日的“双重威慑”。美国在中日钓鱼岛争端问题上，并非是什么中立者，日美属于军事同盟关系，美方关于安保条约适用的表态明显表明了美国偏袒日本的立场。美国同日本加强安保合作，并且将这种合作扩大到其他亚太国家的做法，无疑被认为有针对中国的色彩。正因如此，中国才多次强调不需要美国来传话或者做中间人。

日本为了应对所谓的中国崛起带来的挑战，在过去10年里主要采取了强化日美同盟、建立自由国家联盟、构筑欧亚“自由繁荣之弧”等行为，这些外交行为说到底着眼点都是中国。实际上日本这种玩小聪明，促美压华的短期战术利益，是日本战略上的错误。

中日钓鱼岛争端会向什么态势发展，这将取决于美国的态度。美国是不会袖手旁观钓鱼岛主权之争的，而是想用钓鱼岛问题来阻挠中国的和平崛起。实际上全球都心知肚明，“购岛”闹剧的祸根来自美国的冷战思维，其用意就是利用日本来围堵中国。

四、两岸联手保钓还有多远?

两岸关系和平发展迎来了前所未有的战略机遇期，在这一大背景下，两岸不是对抗者，而是合作者，更是联合者。台湾当局应该丢弃冷战思维模式，为捍卫中华民族的整体利益而效力。

（一）两岸合作保钓面临的主要障碍

两岸在合作保钓问题上，存在着较多且又复杂的障碍，加之时机和条件的限制，许多事情不能操之过急，需要面对现实做好规划。

1. 台湾当局对大陆“两岸共同保钓”建议的歧解

在渔业利益方面，台湾当局认为若大陆扩张到了钓鱼岛，目前台湾当局控制的西北渔场就会成为大陆渔民的作业区域，今后台湾渔民能否继续在此作业，将全系于大陆的控制程度。

在战略安全方面，台湾当局认为若大陆控制了钓鱼岛，其势力就会东扩 200 里，可对北方三岛形成包围。而台湾东北角的航道就将在大陆的掌控之下，仿佛就是大陆在其后脑勺上放置了一把利剑，使台湾有挥之不去的阴影或“威胁”。

在与其友邦等合作方面，台湾当局认为若与大陆合作保钓，必会离间台湾与美日长期的军事和战略合作关系。若与大陆共同对抗日本，那过去多年一切的台日“友好果实”将归于泡沫，还将让美国对台产生疑虑。两岸一旦发生“战事”，就恐无美日的协助了。

2. 两岸在保钓问题上难以合作的客观现实

两岸在保钓问题上，无论是维权还是开发，政治利益和经济利益均是一致的。之所以这些共同的立场未能转化为共同的合作，就是因为两岸受到各种内外因素的影响和制约。难以合作的问题并不在于主权立场，而是受限于政治现实。虽然在过去的几年里两岸在一些领域内的交流与合作赢得了较大的发展，但在政治、军事等敏感领域内却并未实现突破，两岸政治互信都不够深化，哪里谈得到建立两岸军事互信机制？这就是两岸在合作保钓的具体问题上得不到共识和呼应的主要原因。

3. 台湾的潜在忧虑和底线

两岸互信不足是两岸无法联手的主因。台湾当局怕在两岸联手下失去自己的对外自主权；又担心两岸合作保钓是迈向统一的第一步，不符合岛内多数人“维持现状”的期望；更担心大陆会分化台美战略关系。台湾既不想成为美日的对立面，又不想在宣示钓鱼岛“主权”方面假手他人，这就是台湾当局不愿与大陆联手保钓的潜在缘由。

从目前情况来看，如若事态进一步恶化，估计台湾当局遵从的底线也就在于继续采取各种方式宣示钓鱼岛极其附属岛屿的“主权”；坚决不让岛内军事力量介入；不与大陆联手抗日保钓；在必要时幻想美国能对日本施压。

（二）两岸合作保钓的基础所在

两岸是休戚与共的利益共同体，应站在历史的高度，从守卫共同家园的角度，以维护中华民族的根本利益为第一出发点，发挥各自优势，有针对性地联手寻觅合作保钓的解决之道。

1. 台湾当局不得不面对的现实

马英九虽然撇清两岸没有联手保钓，但两岸的立场却相当类似，其差别仅在于国际地位不同，发声力道不同而已。日本外相8月7日拒绝了马英九提出的“东海和平倡议”，表示钓鱼岛是“日本的固有领土，不存在主权问题”，这无疑是对台湾当局的一个沉重打击。台湾当局提出“东海和平倡议”，反映出台湾当局对于当今东亚海洋争端可能触发霸权冲突，危害台湾整体安全环境的深刻忧虑与关切，从某种意义上也揭示出了台湾当局拒绝两岸共同保钓的立场有所松动，开启了两岸对钓鱼岛海域海洋资源开发直接对话的管道。

台湾当局应该清醒地认识到，美国包括对台出售武器在内的对台政策的基本目的，只是基于想让台湾成为阻挡大陆进入太平洋海域的棋子，而美国说不准随时会根据自身的利益而抛弃台湾。除此之外，日本直到现在还想复活军国主义，因此不管是现在还是将来，两岸关系远比台美关系、台日关系要靠得住。台湾当局应放弃对美日的幻想，尽早走上两岸合作保钓之路。

2. 岛内有助于合作保钓的舆论氛围

美日战略联手已成事实，两岸中国人已不可能通过妥协和让步来换取和平发展的时间和空间。而须紧密地联起手来，以自己高超的战略智慧和捍卫领土主权的坚决意志，粉碎日本霸我领土的企图。相对于台湾当局在联合保钓问题上的畏缩，包括一些退役高级将领在内的岛内学界，对联合保钓则显得更加积极和热心。他们主张将共同保钓视为建立两岸军事互信机制的一个前置性试探。在此前提下，两岸还可以商讨维护双方渔权安全、展开联合军演、预拟如何对付霸权国家不合理的军事行为等等。如若两岸能互助合作，共同维护钓鱼岛的主权，就有可能为深化两岸关系和平发展开创一个全新的探索模式。因此，两岸允宜共同合作，相互支持（甚至可以是军事上的支持），尽速研拟相应的机制及相关的支持措施，以因应未来之需要。

岛内有识之士也在不断地提醒当局，台湾面对东海、南海问题，应该有历史的反思和两岸观点，要警惕和避免再让台湾沦为冷战时代充当美国“不沉航母”的窘态，如若那样，就会“自陷危局、损及两岸关系”。

3. 民调显现出两岸民众对合作保钓的态度

两岸民众对合作保钓持何态度？大陆《环球时报》旗下的环球舆情调查中心在大陆的7个城市，台湾《中国时报》旗下的旺旺中时民调中心在台湾的22个县市居民中间，对同一话题进行了同步民调。结果显示，有逾八成的大陆受访者和过半的台湾受访者支持两岸联手保钓。此外，在“两岸处理钓鱼岛主权争端是否有默契或配合”的问题上，逾六成的大陆受访者和三成的台湾受访者认可两岸保钓有不同程度的默契或配合。

两岸在处理钓鱼岛争端上虽然各行其是，但民调至少可以说明两岸民众对携手护土有一定程度上的共识：如果丢失了钓鱼岛，日本就可独占其渔业资源、油气资源和矿藏资源，在军事上也可封锁大陆的海上力量进入太平洋通道，对台湾更能起到盯防作用，这样两岸都将无安宁之日。在民意的作用下，两岸应主动寻求合作起点，先求合作，再诉感情，然后共同对敌！

（三）两岸合作保钓的现实、途径与设想

9月18日，贾庆林在南京会见连战时表示，“在民族大义面前，两岸双方应超越彼此分歧，以各自的方式，共同维护国家的领土完整，共同维护民族的利益和尊严”。

1. 两岸合作的总体设想

两岸合作保钓的总体设想在于：一是少说空话，多做实事。合作既要意志坚定、格局宏大、态度开放，又不拘形式、不事张扬，务求实效。二是分清先后，逐步推进。按照先易后难、先急后缓、先民间后官方、先单项后多项的原则，由浅入深地逐步深化两岸双方的合作。三是把握层次，区别对待。在主权问题上，两岸必须坚持“一中原则”，在确保钓鱼岛主权属于中国的同时不能造成“两个中国”。

2. 从现实的角度来探索两岸合作途径的可行性

从长远的观点来看，在目前台湾当局对联手保钓顾虑较多的情况下，大陆可以做一些既照顾到两岸政治现实，又尽可能地协商两岸在领土主权问题上达成一致立场的务实工作。从目前两岸关系的发展态势来看，可以尝试一些具有现实性和可操作性的合作构想。

在政治层面：随着两岸关系和平发展的不断深入，可将联合保钓的若干问题交与“两会”进行商谈，待时机成熟后，成立由两岸官方授权的“两岸联合保钓委员会”之类的组织，以统筹协

商保钓事宜。在此基础上，两岸应适时开启政治谈判和军事协商，只要两岸有政治互信，就不难找到保钓的具体办法。

在军事层面：两岸可各自拟订相关的行动计划，在对方遭到外国攻击时，另一方可主动提供人道救援、后勤保障、侧翼防护等必需的支援。两岸联手在钓鱼岛海域实行护渔、海上轮岗值班巡逻，可先从渔政、海监入手，视情况再逐步扩展到作战舰艇的联合参与。

在学术舆论层面：两岸可就钓鱼岛主权的索求问题进行多层次、宽领域的学术研讨，在史实和法理依据，以及对一些可以解决的现实问题达成一致共识的前提下，对外展开舆论攻势。

在技术功能支持层面：互通和共享钓鱼岛海域的水文气象信息、能源开发、资源享用、海上救援等；两岸渔业界还可共建避风港口、警示灯塔、油水补给站、救护站等护渔设施。

美国战略调整特点与制约因素

广东省青少年军校校长　温元麟

美国是当今世界头号的超级大国。美国的战略调整与中国当今及未来的发展息息相关。认真研究和准确把握美国战略调整的特点，寻找出切实可行的应对策略和措施，关乎中美两国的发展乃至世界和平以及人类进步事业。

一、当今美国战略调整特点分析

美国把全球战略的重心从欧洲东移至亚洲，其特点如下：

（一）其动因主要是针对中国的

自中华人民共和国成立以来，美国就视中国为意识形态方面的敌人、政治方面的威胁、安全方面的潜在对手。随着苏联的解体和中国经济的迅速发展，美国更认为中国是美国最大的战略对手。美国战略重心东移在很大程度上就是冲中国来的。

早在20多年前冷战结束后，美国战略重心东移就开始显现出来，在科索沃战争后日益明显。21世纪开始后，小布什政府继续延续这项战略调整，后因发生“9·11”事件，才放缓了调整的步伐。奥巴马执政后，世界格局发生了很大的变化，以美国为首的西方国家陷入严重的金融危机和经济衰退之中，美国的经济实力和世界影响力相对下降，而新兴国家经济发展迅速，尤其是中国，经济实力大增，在国际上的影响力也不断上升。诸多因素促成美国加快了战略重心东移的步伐。

（二）其策略仍是惯用的两手

美国推行战略重心东移这一新战略，依然采取了惯用的两手策略：

一手是极力遏制中国的发展。这是美国战略重心东移的首要任务。2012 年美国国防部长在印度尼西亚会见东盟 10 国国防部长时曾保证，尽管美国面临削减国防开支的压力，但是美国不仅不会减少而且还会加强在亚太地区的军事存在，其目的就是“对抗中国”。毋庸置疑，美国已赤裸裸地把中国锁定为美国军事上的主要敌人。美国遏制中国的手段主要有以下几个方面：增强美国在亚太地区的军事力量，在中国周边地区频繁进行军演，对中国实施威慑；加强美国与日本、韩国、澳大利亚等盟国的关系，与印度建立长期的战略伙伴关系，拉拢中国周边国家，对中国形成围堵之势；利用领土方面存在的争端，挑拨邻国与中国的关系，支持这些国家向中国叫板，尤其是在南海和钓鱼岛问题上掀起风波，让中国不得安宁；利用朝鲜半岛局势，不断制造麻烦，牵制中国的力量；暗中支持从事台独、藏独和疆独的分裂分子活动，在中国国内制造动乱；在亚太组建以美国为首的“跨太平洋战略经济伙伴关系协议”（TPP）自由贸易区，已有 10 个国家参加，以掌控亚太地区经济发展的领导权，制衡中国在亚太地区经济发展中的主导作用。

另一手是在与中国的接触中“暗藏杀机”。美国方面清楚，与中国保持接触甚至进行某种程度的“合作”，对美国有多方面的好处和利益。首先，虽然美国视中国为敌手，但其心知肚明的是，中国并没有与其争夺世界霸权的意愿，不会立即危及美国的核心利益，相反，在当代许多国际问题上，美国还需要中国的配合，不能一下子翻脸。其次，两国的经济联系和依存度日趋加深。美国从中国 30 年来的经济发展中获利颇丰。而且，深陷经济危机的美国更是难以离开中国这个潜力无限的消费市场。第三，在接触中进行意识形态渗透，用美国的价值观从内部来颠覆中国的政治体制，把中国纳入美国的体系内，这是实现美国战略意图的最佳方式，可以起到武力遏制起不到的作用。美国在中国设立合作基金会，培植线人，就是其手段之一。第四，通过接触可以在一定程度上消除中国的警惕，软化中国的政治意志，减轻美国推行新战略的阻力。

（三）其影响是严重威胁中国的安全

近年来，伴随着美国全球战略重心东移及“重返亚洲”步伐的加快，中国的战略安全环境恶化已是不争的事实，主要表现在以下几个方面：

一是在美国的主导下，中国周边国家正在不断提升本国的军事力量。印度大量向俄罗斯购买潜艇，大规模、多领域地开展造军运动；越南甚至拿出年度国防预算的一半，购买了 6 艘俄罗斯造“基洛”级柴油潜艇；新加坡和印度尼西亚也竞相进口“欧洲造”舰艇；韩国以民族英雄“安重根”命名的一艘“214 型”AIP 潜艇在釜山下水并正式服役；作为亚洲海洋大国，日本在周边存在严峻挑战和舰艇竞争加剧的情况下，对超大舰艇建造的兴趣浓厚，其尺度逐渐突破和平宪法的限制。这些国家提升自身的军事实力，加强与相关国家的军事合作，努力加强相互间的合纵连横，有的甚至公开声称，是为应对中国的。

二是美国通过恶化朝鲜半岛及东北亚局势，为重整美韩、美日军事同盟创造条件。近年来，美国联合多国在太平洋、东北亚、东南亚等地区，特别是在中国周边海域频频举行军事演习。近来，美国在中日钓鱼岛问题上也表现出一种积极介入的姿态。美国海军与日本海上自卫队将联合实施大规模军演，其重点是模拟如何从中国军队手中“夺回”钓鱼岛。美国与韩日进行了一系列军演，目的就是渲染美国在东北亚的军事存在，增加其在亚洲地区的军事话语权，一方面可以强化美日韩同盟关系，一方面可以遏制中国的影响力，防止日韩脱离美国的安保体制而亲近中国，发展同中国的战略合作关系。

三是美国通过介入南海问题，主张南海问题多边化，挑起中国与东盟国家的矛盾。美国从遏制中国的战略需要出发，加强与东南亚有关国家的关系，有意利用南海问题牵制中国，维持其全球体系的霸主地位。近两年美国“重返”南海的速度加快，通过军售、军援、联合军演和非传统安全领域合作等方式提升与部分南海周边国家的合作水平。与此相适应，美国对越南、对缅甸关系都有新发展。与此同时，美国军舰在南海的活动加强，并出现与中国飞机、船只发生对峙甚至相撞的现象。特别值得注意的最新事态是，美国与曾经与之血战 14 年、迄今仍不堪回首的冷战对手越南，也加快了军事接近的步伐，美越军事关系在加快发展。更令人忧虑的消息则是，最近传出美越正在进行核协议谈判。在投入军事力量的同时，美国一改过去在南海问题上“中立”的立场，变为高调“积极介入”。针对越南声称拥有主权的中越争议地区南沙和西沙群岛，美国竟首次明确表示支持越南，将中越双边问题国际化，对中国南海权益制造出新的挑战。

四是美国通过对台军售，深化与台湾地区的军事合作。奥巴马政府在 2010 年 1 月 29 日通知国会，计划向台湾销售总值达 64 亿美元的武器项目，并于 3 月初正式生效，通过对台军售离间两岸关系。

五是自 2010 年以来，美军在亚太地区的潜艇活动明显增多，其中在中国周边海域频频演练反潜能力，旨在炫耀武力，威吓中国。

通过上述军事部署，美国对中国形成了一个“环形”战略包围圈。这一战略无疑又重新具有了冷战时期“岛链”封锁战略的特征。美国这一战略无疑想达到“一石三鸟”的目的：一是恶化中国崛起的地区安全环境与经济环境；二是以台湾问题、朝鲜半岛问题、南海问题和钓鱼岛问题四大热点问题，整合日趋松散的亚太同盟体系；最后就是阻碍东亚的一体化进程。美国亚洲重心从西线“反恐”向东线“反华”转移，将导致东亚地区的“冷战遗产”变得更加沉重，地区安全环境将进一步恶化，自主性一体化进程也将遭到严重削弱。因此，如果美国进一步加强对抗性对华政策，不仅中国会面临考验，而且整个东亚都将面临考验。

二、美国战略重心东移的制衡因素分析

实际上，美国战略重心东移存在诸多掣肘，前景难料。眼下，就在其铆足了劲要“战略东移”，发誓要在亚太大干一场、放手一搏之际，“人算不如天算”，内外四大挑战与不利态势一并发作，令美国决策层寝食难安。

一是美俄关系转冷。美国罔顾俄罗斯的战略利益，顽固推进北约在欧洲部署“反导系统”，俄忍无可忍，不得不强硬反制，

美俄版“导弹危机”上演。同时，围绕叙利亚内政，美俄干涉与反干涉针锋相对，双方海军剑拔弩张。随着2012年3月普京“王者归来”与坚决捍卫俄大国权益，美俄角力势将有增无减。

二是西亚、北非再度吃紧。埃及民众要“将革命进行到底”，针对军政府酝酿“二次革命”。“基地”组织在也门趁火打劫。叙利亚内外较量加剧，局势演变牵动各方。2011年的“阿拉伯故事”没完没了，中东乱局进入关键期，可谓一团乱麻，“阿拉伯之春”正向“阿拉伯之冬”演变，美国一再投机取巧、见风使舵、趋利避害，唯恐变局失控，其“敏感神经”被牵制，战略精力被牵扯。

三是美巴关系恶化冲击美国在南亚的“反恐大业”与“退出”战略。北约驻阿战机越境“误炸”“反恐盟友”巴基斯坦的军事检查站，造成巴军严重伤亡，致使巴“暂停”与美国及北约的反恐合作。美国无视巴为反恐作出的巨大牺牲，无视巴领土主权，一贯自私、傲慢、霸道，一而再、再而三地越境打恐，造成巴大量军民伤亡，引起巴政府与民众的强烈反感。缺少了巴的关键支持配合，美国要想从阿富汗“泥潭”全身而退，只能是白日做梦了。

四是美国财政危机影响其全球与亚太军事能力的提升。美国财政赤字连续三年超过1.3万亿美元，联邦债务超过15万亿美元，政府行政部门靠“临时预算”维持运作与“发饷”。近期民主与共和两党削减财政赤字谈判失败，美国需要财力支持整体经济缓慢复苏，其庞大军费势必受到制约。尽管奥巴马在澳大利亚演讲时指出亚太乃美国“首要之务”，强调“削减国防开支不会以牺牲亚太地区为代价，美国在该地区的军事存在不会减少，军事能力也不会下降”，但英国《金融时报》却不客气地强调“五角大楼应当‘瘦身’”，指出未来10年美国需削减1万亿美元军费，奥巴马的信誓旦旦不过是“打肿脸充胖子”，美国的亚太军事雄心难免要打折扣。

再深一层分析，美国“战略转向”包括两个层面：首先是地缘战略重心由欧洲转向亚太，亦即“战略东移”；其次是安全战略的优先任务由反恐防扩散转向应对崛起大国。

美国要应对上述内外多重困境，其“战略转向”与“战略东移”均难得心应手。

一方面，“大中东”“难舍”。西亚南亚热点难点多多、危机四伏，伊拉克战后恐怖袭击不断、安全局势脆弱，阿富汗前途未卜、美国十年“阿战”难以善终；西亚北非巨变侵蚀美国既得利益，伊朗坚定反美反以，“大中东”仍将严重牵制美国，其战略重心自西向东转移绝非易事。

另一方面，美国安全战略优先任务在“转向”过程中，反恐防扩散仍然牵制美国，其将主要精力用来应对崛起大国并不容易。美国虽接连击毙“基地”头目，但国际恐怖主义“土壤”与温床犹在，且西方“本土化”、“网络化”恐情严峻。美国的双重标准致使防扩散陷入僵局，朝鲜与伊朗核问题难解甚至“无解”。

与此同时，美国内部政经挑战也势必制约其对外行动能力，“战略东移”难以例外。政治上，民主、共和两党恶斗不断且有加剧趋势，美国决策后的主要精力更多地是“内向”，这势必减少美国对包括亚太在内的对外关注与投入；同时，美国的社会矛盾与制度弊病难以短期化解，“占领华尔街”运动不畏美国当局暴力强权，继续抗争。经济上，欧债危机向美国“传导”并可能与美债危机“共振”。

三、思考与建议

美国战略重心东移无疑主要是针对中国的，这与其力图强化在亚太地区的主导权，巩固它在全球的霸主地位是一致的。同时，在经济上，它也不愿意被全球经济发展最快的亚太列车落下。中国对美国的战略，也应是以两手对两手甚至是以多手应对。

（一）对美国的遏制行为，应有清晰的认识和有力的应对措施

美国是一个欺小怕大、欺软怕硬的国家，要摸准美国的软肋，掌握好尺度，击溃美国的遏制企图，让美国知难而退。为此，一是要增强与周边邻国的关系，加深与周边国家的经济依存度，同时也应使它们认识到，做中国的邻居是安全的；即使是对美国在亚太地区的盟国，也应该使它们感受到，它们与中国的经济利益超过了与美国关系的重要性。二是在东海南海问题上，比如在钓鱼岛问题以及南海岛屿归属问题的争端中，不容许美国持公开支持对方的立场，否则应立即进行抗议和交涉，并采取一定的应对措施，让美国在经济领域或某些方面付出代价。为达此目的，有必要加强和发挥渔政在东海和南海的维权作用；可以组织渔民规模化、民兵化出海捕鱼；鼓励渔民在我岛屿上居住和进行开发，同时加大渔政的执法力度。对某些邻国肆意侵犯中国领域的行动，应及时坚决予以制止；对在有争议地区进行开发活动的邻国及其合作者应采取强硬态度，可实施严厉经济制裁措施，并对其合作项目实施摧毁，捍卫中国的主权和领土完整。部队尤其是相关部队要随时做好应对不测的准备。另外，加强与俄罗斯的

战略伙伴关系，支持俄罗斯反对北约东扩和建立导弹防御系统的主张；提升上海合作组织的作用；扩大与阿富汗等西部邻国的经贸往来。此外，积极拓展在亚太地区以外的外交活动和经济联系，如在被美国搅动得不得安宁的中东地区，根据联合国宪章，有理、有利、有节地支持叙利亚和伊朗等中东国家与美国霸权主义的斗争。

（二）加强危机管控，尽量避免局面失控

中美关系少震荡、多平稳地发展，有利于把美国对华战略的攻击性、破坏性减到最低限度，有利于中美两国乃至世界和平发展的大局。为此，我们首先要在思想上、沟通中多做美国有识之士的工作，通过他们去影响美国的上层和国民。如果美国上层人士乃至广大国民深明中美友好的大义，矛盾就会得到化解，意识形态问题也更容易求同存异。经济上，要继续加大与美国的经贸关系，尤其是科技和科技产品方面的经贸关系。在支持鼓励美国商人来华投资的同时，要不断增加对美国国内的投资，这既有利于中国及美国经济的发展，也在一定程度上可以牵制美国对华战略冲动。在国际问题上，可有选择、有条件地与美国合作，不断地提升中国的话语权。

（三）加快奋进的步伐，使中华民族更加自强起来

习近平同志最近强调：打铁必须身先硬。战争是靠实力去赢得的，也是靠实力去遏制乃至避免的。换句话说，和平与发展是靠实力去维护和推动的。我们只有拥有稳定的政治基础、强大的经济实力和国防力量，才能保证中国平等而坚定地参与严酷的国际竞争，并在竞争中敢于并善于放手一搏，最终完成中华民族伟大复兴并屹立于世界之林的神圣使命。

美国实施战略重心东移的策略分析

国务院侨办文化司　陈水胜

冷战结束以来，国际格局发生了深刻而复杂的变化。21 世纪头 10 年，国际格局出现了两点最引人注目的深刻变化：一是作为最大社会主义国家和最大发展中国家的中国正迅速崛起，经济总量已跃居世界第二。历经 30 多年的改革开放，中国坚定走和平发展道路，努力开创中国模式，日益与世界融合，并被视为变化着的世界中最重要的变量。二是受反恐战争和国际金融危机的影响，作为冷战后“世界霸主”的美国遭遇严重的困难和挑战，权势呈衰减趋势，美国的主导地位有所撼动。

面对中国的崛起和美自身权势的衰弱，美国强烈感受到中国对其霸主地位和国家利益的巨大冲击，于是加快了对外战略调整的步伐，把“重返亚洲”作为外交政策调整的“头等大戏”，反复强调美国的“太平洋世纪”。上任伊始，美国总统奥巴马就毫不掩饰地强调：“将我们在亚太地区的存在和使命列为重中之重。”美国如此看重亚太，高调宣布“重返亚太”，就是为了恢复并不断增强美国在亚太地区的主导权和领导力，保持美国在全球的战略影响力和领导作用，以扭转美国权势衰弱的趋势。

一、多管齐下

为了实现“重返亚太”的战略目标，美国将战略重心东移，并在政治、外交、经济、军事等方面多管齐下、齐头并进，采取了一系列实质性措施。

（一）政治方面

政治上，美国不断为其“重返亚太”造势，利用各种场合阐述美国“重返亚太”的重要性和必要性。2009年7月，美国国务卿希拉里·克林顿在东盟地区论坛上高调表示“We are back”，吹响了美国“重返亚太”的号角。2009年11月14日，正在日本访问的美国总统奥巴马在东京发表演讲，首次全面地阐明了美国政府的亚洲政策。2010年1月12日，克林顿在夏威夷发表题为《亚洲的地区性架构：原则与重点》的演讲，向世界正式表达了美国外交“重返亚太”的转向。奥巴马扬言要在外交、经济、战略和其他方面“锁定亚太地区”，打造“美国的太平洋世纪”。奥巴马甚至称其本人是美国首位“太平洋总统”。

（二）外交方面

在积极造势的同时，美国在外交上也是动作频频，主要有三：一是拉帮结派。美国高官忙着穿梭于亚太各国，继续巩固和强化与日本、韩国、泰国、菲律宾以及澳大利亚等五大传统联盟的关系。以此为依托，加大了对中国周边亚太国家的拉拢，与越南和菲律宾加强海上安全合作，缓和与缅甸的紧张关系，与印度尼西亚重启军事合作，加大力度做印度的工作，支持印度“东向”战略，积极开辟“美国—湄公河下游国家框架合作”等小多边、次区域合作渠道，加强与东盟的接触与合作，等等。二是挑拨离间。放弃原来所宣称的在主权问题上“不持立场”的态度，公开在南海问题、钓鱼岛问题上偏袒与中国对立的有关方面，使这些国家认为有美国撑腰而有恃无恐，不断将这些问题“激烈化”、“复杂化”。三是到处插足。全面参与本地区多边机制和框架，密切与地区国家关系。几年来，从东盟地区论坛到东盟10+3、东亚峰会等区域性多边国际组织和机构，美国不仅全面进入，而且要强力主导，最终实现美国在亚太的领导地位。

（三）经济方面

鉴于亚太已成为全球经济发展最快、最具活力的地区，美国把“重返亚太”视为扭转美国经济形势，重振美国经济实力的重要战略抓手。为此，美国大力推动《跨太平洋战略经济伙伴关系协定》（TPP），希望建立以美国为中心的“泛太平洋经济区”。对美国而言，这是一石多鸟的伎俩。往浅了说，美国此时高调介入，既可在谈判中发挥主导作用，又可借机重新梳理美国与其他亚太经济体的经贸关系。往深了说，美国投入精力发展“跨太平洋伙伴关系协定”，希望将之打造成一个大规模、大范围和高标准的经贸平台：一可对中国—东盟自贸区起到制衡作用，削弱中国经济在该区域的影响力；二可在未来数年内，为其经济向“出口驱动”转型奠定坚实基础；三可适时适度地架空“人多嘴杂”的世界贸易组织，其在“多哈回合”谈判桌前底气将会更足一些。

此外，美国还在中美经贸关系中不断制造各种摩擦，在人民币升值、反倾销反补贴调查等各方面故意寻找借口，持续施压、发难，打压中国出口，提升自己的竞争力。

（四）军事方面

保持军事上的绝对优势，是美国推行各种战略的先决条件，也是美国最得意和最在意的方面。“重返亚太”战略也不例外。军事部署成为美国“重返亚太”战略的优先步骤，而且其步步为营，逐步拉起封锁中国的锁链。比如：在朝鲜半岛，利用美日韩军事同盟，构建美国坐镇的东北亚军事板块。在朝鲜半岛，美国加强了与韩国的安保合作，特别是在延坪岛炮击事件后，美韩、美日频频在朝鲜半岛举行大规模军事演习。在日本，美国重申了《美日安保条约》，明确将钓鱼岛纳入美日安保范围，并与日本举行联合军事演习。在南海问题上，美国也一改往日中立的态度，高调介入中国与东南亚国家的南海争端，重申将加强与菲律宾、泰国、越南、马来西亚、巴基斯坦、印度尼西亚以及新加坡等国的军事关系，形成美国主导的东南亚军事同盟，进而强化在东南亚的军事存在。在澳洲，奥巴马亲自宣布在澳驻军，巩固第二岛链防线。此外，美国特别加强与印度的军事合作关系，蒙古也成为美国关注的“新角色”。

保持军事上的绝对优势还体现在提升作战能力上。比如，将投入120亿美元全面升级关岛军事基地，加强以关岛为中心的多个军事基地建设；提出“空海一体战”的作战理念，将全军种纳入统一作战体系，强化网络提升作战规模和能力，增强战略威慑。

二、目的何在?

历史上，美国巧妙利地用各种矛盾、冲突获取了许多好处，使自己一再打败对手，并逐渐奠定了如今的“一超独霸”地位。近年来，美国在亚太地区煽风点火，唯恐天下不乱，隐含着几个层级的战略图谋。

(一)“开路”——为美国“重返亚太”营造氛围

美国要实现战略重心东移，除了自身具备强烈意愿外，也需要为其强势“重返亚太”创造条件，营造氛围，否则可能遭到亚太有关各方的质疑或排斥。于是，美国便利用这一地区的某些问题，支持相关方面与中国对抗，逼迫中国作出反应，借此不断炒热、夸大“中国威胁论”，以凸显美国介入亚太地区事务的必要性。其实美国才是最近亚太地区摩擦升级的背后推手，也是摩擦中的最大获利者。

(二)“搅局”——搅乱中国和平发展所需要的稳定周边环境

美国在南海问题、钓鱼岛问题上或明或暗地支持中国的对立方，通过它们公开与中国叫板，在领海、领土问题上不断制造纷争，直接目的就是要搅乱中国和平发展所需要的稳定周边环境。一些国家甘于充当美国“重返亚太”战略的马前卒，扛起美国的开路大旗，便是错误地认为有美国撑腰，可以“以小搏大”，坐享中美之争的“渔利”。

（三）“恫吓”——发挥美国实力强大的优势来压垮中国，阻止中国和平发展

美国认为，中国和平崛起是自己最大的威胁，会挑战其霸主地位。因此，它是不愿意也不容许中国再这么快速发展下去的。它必须趁中国实力处于弱势的时候将中国从“发展”拉到“对抗”的路上来，发挥美国实力强大的优势来压垮中国，以实现“不战而胜”的目的。这是美国的单方谋略，还必须得到中国的响应。如果中国神经衰弱，可能就会被吓倒。但是，中国早就看穿了美国色厉内荏的本质，就是不上这个当。中国淡定从容，有理、有利、有节，掌握着斗争的主动权。

（四）“促变”——通过非战争状态下的“较量”拖垮或演变和平崛起的中国

在军事科学技术飞速发展的今天，如果大国间爆发大规模战争，那么后果必然是毁灭性的，不会有赢家。对于这个道理，不但政治家和决策者们心中有数，各国民众也多有共识。因此，中美两国间爆发大规模战争的可能性不大。美国无论怎么摆架势，也不可能通过战争来“解决”中国这个“竞争对手”。那么，美国就要靠“以压促变”，通过非战争的方式来拖垮中国或者演变中国，以捍卫其“世界霸主”的地位。

总的看来，无论是“开路”、“搅局”还是“恫吓”，美国的最终目的是在较量中拖垮中国或改变中国，排除美国21世纪最强有力的竞争对手。

三、如何应对?

美国煽风点火的确产生了系列连锁反应，给中国的和平发展制造了不小的麻烦。一方面，中国周边局势跌宕起伏，纠纷不断，变得不再安静；另一方面，中国民众群情激愤，纷纷要求政府“硬”起来，以硬对硬。可以说，中国承受着内外双重压力的严峻考验。如何应对这一局面？笔者认为，可以概括为以下四句话。

（一）沉着冷静，站稳阵脚

越是局势混乱的时候，越要沉着冷静，越要首先稳住自己的阵脚。无论美国如何“搅局”，只要我们坚持和平发展道路不动摇，冷静分析形势，充分利用各种有利因素沉着应对各种挑战与困难，那么我们就能掌握一定的主动权。反之，如果被美国牵着鼻子走，则会疲于应付，最终不是筋疲力尽就是错过发展机遇期，陷入战略被动。

（二）亮出红线，守住底线

中国有些时候“软”，是为了传达善意，化解矛盾，是和平发展的需要。但这并不意味着中国为了和平发展就不敢“硬起来”。亚太是中国的安身立命之地，是中美利益交汇最集中的地方。在美国战略重心东移，“重返亚太”的新形势下，中国必须亮出红线，要明确地告诉美国及其盟友，国家主权、民族尊严与和平发展是中国的核心利益，在涉及中国核心利益的问题上，中国没有退路也不可能后退。

光“说”不够，还要“做”。为了守住底线，中国一方面要继续大力发展强大的国防力量，这是和平的基础和保证；另一方面，要对敢于挑战中国底线的国家予以必要的惩戒，尤其是那些趁火打劫、企图渔翁得利的国家或个人。这方面，如今的中国可以综合运用多种手段，尤其是经济手段。不少人认为，采用经济手段的话，我们自身也会遭受损失，于我不利。这种看法有其合理性，但不够全面。现如今，军事手段已退居二线，经济为先。因此，必要时我们一定要拿出气魄来，才镇得住、守得住，绝不能让那些“赚中国钱，却最反华”的国家或个人洋洋得意。

该“软”时“软”，不逞一时之气，该“硬”时敢于“硬”，只有把“软”、“硬”有机结合起来，才能较好地稳住局面，营造对我有利的发展环境。

（三）协商对话，管控危机

中美力量悬殊还比较大，在处理各类争端和纠纷时，如果任由危机愈演愈烈，那么很容易闹到双方或各方都难以收拾的尴尬局面，因此还是要立足于协商对话。越是在冲突激烈的时候，越要敞开协商对话的大门，通过对话“降火”、“降温”、“降压”，这是管控危机的先决条件。当然，对话是双向的，如果仅仅我们一厢情愿那也是很难实现的。因此，无论是钓鱼岛问题还是南海问题，有关各方都要本着和平友好的原则，坚持通过对话表达关切，通过对话寻求解决之道。

新形势下，尤其要做好中美两国的战略对话，这是构建新型中美大国关系的必要条件，也是维和世界和平与稳定特别是保持亚太地区和平稳定的重要保障。

（四）齐心协力，埋头发展

应对美国煽风点火以及其他各种针对中国的遏制活动最好的办法和最有力的回击，就是齐心协力，埋头发展自己。中国只有不断增强自身综合国力，努力缩小与美国的实力差距，才有与美国和平共处的可能，这也是中美实现良性互动的前提和保证。

编后语

在本书编辑过程中，崔晓霞、李一飞同志，做了大量的工作，付出了辛勤的劳动，谨此表示感谢！

图书在版编目（CIP）数据

美国战略调整与中国国家安全/巴忠倓主编．—北京：时事出版社，2013.12

ISBN 978-7-80232-674-3

Ⅰ.①美…　Ⅱ.①巴…　Ⅲ.①国家战略—调整—研究—美国②国家安全—研究—中国　Ⅳ.①D771.2②D631

中国版本图书馆 CIP 数据核字（2013）第 275699 号

出版发行：时事出版社
地　　址：北京市海淀区巨山村 375 号
邮　　编：100093
发行热线：（010）82546061　82546062
读者服务部：（010）61157595
传　　真：（010）82546050
电子邮箱：shishishe@ sina. com
网　　址：www. shishishe. com
印　　刷：北京百善印刷厂

开本：787×1092　1/16　印张：22.25　字数：260 千字
2013 年 12 月第 1 版　2013 年 12 月第 1 次印刷
定价：78.00 元
（如有印装质量问题，请与本社发行部联系调换）